胥渡吧
XUDUBA

历史太好玩了！
古代帝王群聊

唐朝篇1

仙仙/著　姜东星/绘

中国致公出版社

主要人物图鉴

高祖
李 渊

晋阳起兵　开国之君
开元通宝　被迫退位　太上皇

太宗
李世民

战功卓著　玄武门之变　天可汗
贞观之治　千古明君　暴脾气

高宗
李 治

雉奴　打压门阀　唐朝疆域最大
永徽之治　风疾　二圣临朝

武周皇帝
武则天

千古女帝　清理李唐宗室　信佛
杀伐果决　打破常规　开创武举

中宗
李 显

"六位帝皇丸"　两登帝位
傀儡皇帝　胆小懦弱　怕韦皇后

睿宗
李 旦

妻妾被武则天处死　求生欲强
两登帝位　三让天下　得以善终

玄宗
李隆基

三郎　风流天子　才华横溢
开元盛世　长寿　安史之乱

肃宗
李 亨

与李隆基关系紧张　灵武称帝
怕张皇后　宠李辅国　不爱杜甫

代宗
李 豫

孝顺　平定安史之乱　铲除奸宦
找老婆　《醉打金枝》里的皇帝

文宗
李 昂

爱读诗文　找舅舅　节俭
甘露之变　宦官专权　抑郁而终

宣宗
李忱（chén）

小太宗　隐忍内敛　提防"女祸"
推翻会昌之政　大中之治

僖宗
李儇（xuān）

热爱游乐　擅长马球　昏聩
黄巢起义　逃难四川　提拔朱温

昭容
上官婉儿

巾帼宰相　诗坛领袖　武皇秘书
唐隆政变中死于李隆基之手

镇国太平公主
太平公主

家中团宠　权倾朝野　富可敌国
先天政变中被李隆基赐死

贵妃
杨玉环

貌美如花　通晓音律　擅长舞蹈
汉人　爱吃荔枝　死于马嵬驿

齐国公
高力士

千古贤宦　位高权重　忠心耿耿
武艺高强　李隆基的唯一陪葬

唐朝皇帝生卒年及在位年份表

姓名	生卒年	在位时间
李渊	566—635	618—626
李世民	598—649	626—649
李治	628—683	649—683
李显	656—710	683—684
		705—710
李旦	662—716	684—690
		710—712
武则天（周）	624—705	690—705
李重茂	694—714	710
李隆基	685—762	712—756
李亨	711—762	756—762
李豫	727—779	762—779
李适	742—805	779—805
李诵	761—806	805
李纯	778—820	805—820
李恒	795—824	820—824

续表

姓名	生卒年	在位时间
李湛	809—827	824—827
李昂	809—840	826—840
李炎	814—846	840—846
李忱	810—859	846—859
李漼	833—873	859—873
李儇	862—888	873—888
李晔	867—904	888—904
李柷	892—908	904—907

* 李世民的出生年份有598年和599年两种说法，本书采用598
  年之说。

唐朝皇帝世系图

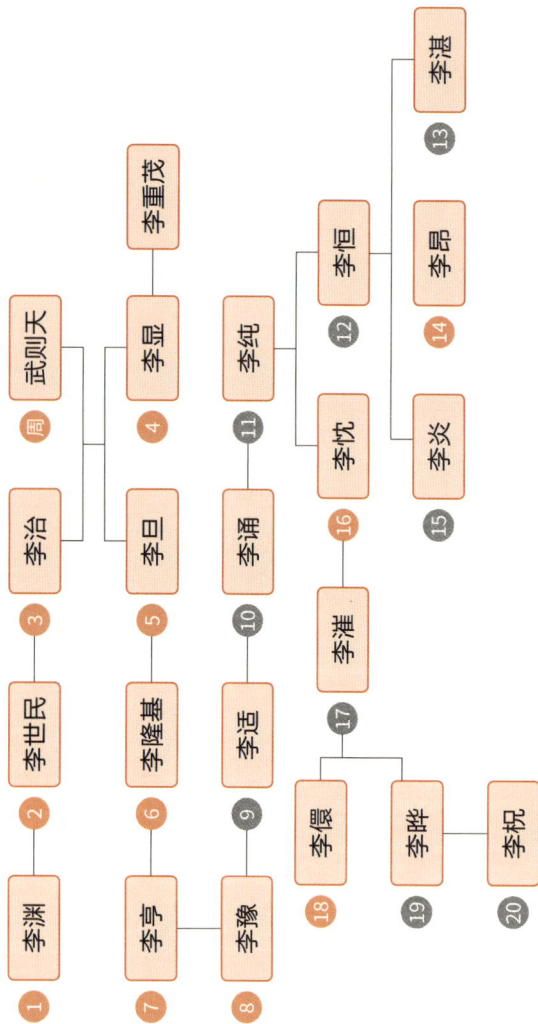

李渊 ①

李世民 ②

李治 ③ ━ 武则天 ⑩周

李隆基 ⑥

李亨 ⑦

李豫 ⑧

李适 ⑨

李诵 ⑩

李纯 ⑪

李显 ④

李重茂

李旦 ⑤

李恒 ⑫

李昂 ⑭

李湛 ⑬

李忱 ⑯

李炎 ⑮

李漼 ⑰

李儇 ⑱

李晔 ⑲

李柷 ⑳

● 为已进群的皇帝　　● 为未进群的皇帝

周 武后称帝，改国号为周。李显于705年复国号为唐。

自 序

　　回想起来，决定写唐朝系列是2020年初的事了。那时胥渡刚做历史群聊不久，清朝系列的视频热度很高。恰好广州这边有个新媒体的演讲活动，胥渡对我说："你离得近，就代表胥渡吧参加吧。"我有些心虚，因为整个系列我只给孝庄文皇后这一个角色配过音，别的啥也没做，怎么好意思做代表呢？最后硬着头皮去了，在台上介绍胥渡吧的"十年发展"时紧张得差点忘词。直到谈起最新的历史配音，现场播了一小段，观众们笑得开心，气氛也很好。我如释重负又有些惊讶，群聊视频这么受欢迎吗？

　　于是我回去就对胥渡说："我也想写，把唐朝系列分给我吧！"胥渡爽快地答应了。当时我还在折腾论文，就约好等弄完论文再写。没想到从那之后，我的状态就下降得厉害，一直到8月底，我想论文反正是写不出了，干脆先写唐朝系列吧！于是我开启了人生中第一段正式的"编剧"历程。

　　帝王群聊的创意来自胥渡，就是将一群在现实中可能并无交集的古代皇帝拉进群里，以趣味聊天的形式来科普历史。我的任务是制作一个这样的唐朝帝王群，尽可能通过群成员"穿越时空"的对话，介绍重要的人物和梳理有名的事件。视频是边写边播的，历时5个月，最终做成12集正片、6集番外和1个人物诗MV，唐朝皇帝群聊视频播放量过千万，口碑也不错。

与视频相比，书中除了原对话，还加入了"敲黑板"版块，将对话中隐含的历史知识择要列举。因为是正经科普，所以尽量标注了出处（有些内容在不同史料中皆有出现，通常以时间最早的文献为准），以方便读者进一步查阅。胥渡之前常吐槽我的剧本"知识太满"，我标注时才真正体会到这一点，恨不得大删原文，但权衡之后，还是保留原样，仅修正了原对话中的错漏之处，调整了少部分内容，希望能提高阅读的体验。

除了唐朝正史的基本脉络，书中也加入了一些民间流传已久的逸闻趣事、人物传说。其中不乏虚构捏造、以讹传讹之事，希望借人物之口及科普部分的"辟谣"，向读者展示一些传闻的"本来面目"。但由于篇幅所限，个别皇帝未能进群，有些想谈的话题也未能切入。最终的成品，我不敢说写得怎样，只能说尽了最大的努力。如果群聊的内容能让大家对唐朝历史增加一点点了解，或产生一丁点兴趣，我想，这些努力就绝没有白费。

最后要感谢好拍档胥渡、编辑唐品蓝，以及为唐朝群聊共同付出过的小伙伴，也谢谢曾在网络上给我鼓励支持或批评意见的朋友。自己的作品头一回得到那么多关注和讨论，虽然有压力，但收获和感动都是独一无二的。尤其对当时状态低迷的我而言，不啻为柳暗花明。如今能将剧本整理出版，是我的荣幸，也是对这段难忘历程的最好纪念。

限于时间和能力，本书难免存在缺憾，若有错讹之处，恳请各位不吝赐教！

仙仙

2022年3月

小科普　读懂大唐史绕不开的四部典籍

《旧唐书》：署名撰者为后晋的刘昫（xù），实为后晋的赵莹主持编修的纪传体史书。初名《唐书》，后世为区别于北宋的《唐书》，分别冠以"旧""新"之名。全书共200卷，包括《本纪》20卷、《志》30卷、《列传》150卷。《旧唐书》成书于945年（五代时期的后晋），离唐朝灭亡时间（907年）较近，资料大多源于唐时期的文献，一般认为它是唐朝正史中可信度最高的一部。

《唐会要》：北宋的王溥编撰的一部断代典制体史书，详细记载了唐朝的各种典章制度及其沿革变迁，成书于961年。全书共100卷，分514目，是在唐朝苏冕的《唐会要》（40卷）、杨绍复等人的《续唐会要》（40卷）的基础上续补而成。《唐会要》记录了许多两《唐书》未载的史事，尤其唐朝的部分起居注（记载帝王在公开活动中的言行）、实录（记载帝王在位时期的大事）多靠此书得以保存，具有不可替代的史料价值。

《新唐书》：北宋时期宋祁、欧阳修、范镇、吕夏卿等合撰的纪传体史书，成书于1060年。全书共225卷，包括《本纪》

10卷、《志》50卷、《表》15卷、《列传》150卷。《新唐书》增补了许多《旧唐书》未参考的散佚史料，尤其《志》的质量较高。但受考核不周、作者好恶、政治立场等因素影响，存在一些事件矛盾、时间模糊、文辞晦涩的现象。

《资治通鉴》：由北宋史学家司马光主编的编年体史书，成书于1084年。全书共294卷，所记历史自周朝（公元前403年）至五代时期的后周（959年），按朝代分为16纪（其中《唐纪》81卷），内容以政治、军事和民族关系为主，兼及经济、文化和历史人物评价。另有《考异》和《目录》各30卷。《资治通鉴》规模空前，保存、整理了大量史料，在史学界、文学界享有极高地位，但在立场、主题、内容上仍存在局限，有不少失实、混淆、矛盾的记录。

以上四部典籍是本书史实科普最主要的参考来源。

目 录

前方高能
请勿喝水

壹

唐朝那些奇奇怪怪的称呼：

儿子叫爸爸"哥哥"？！

●●●○○ 大唐通信 📶　　　　　　　100% 🔋

〈　**大唐雄风（8）**　　　　　　　⋯

李治

> 阿翁您记错了吧！哥哥他最爱喝葡萄酒，还自己酿呢……

李世民

> 那个……群里有几个人了？雉奴，你都拉了谁啊？@李治

李治

> 照您吩咐，除了晚唐那一帮不肖子孙，其余的大唐皇帝我都发出了邀请。

李治

> 显儿、旦儿，在就吱一声！

李显

> 吱。

李治

> 说人话。

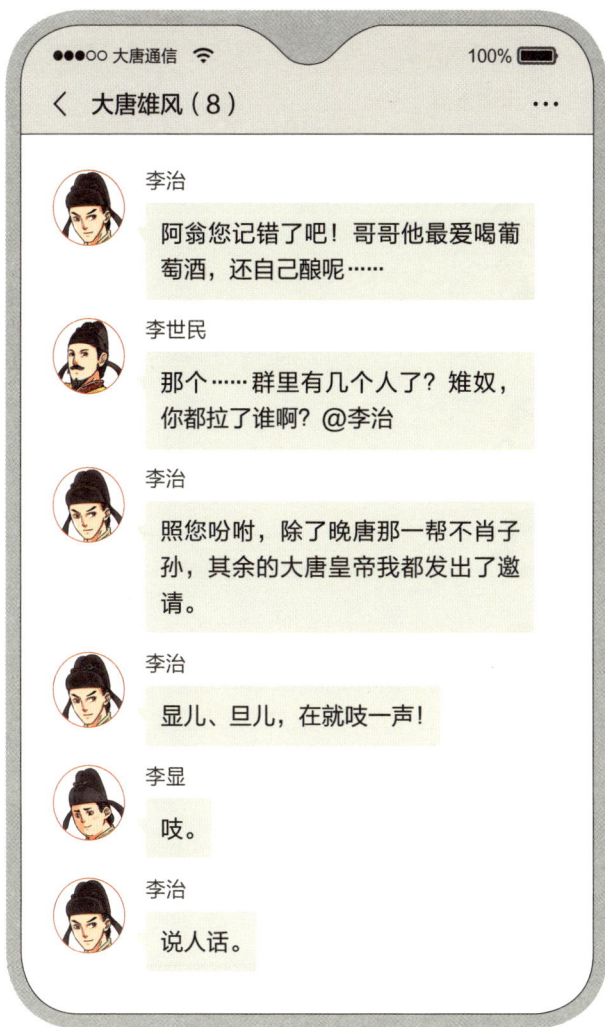

*李治口中的"阿翁"是"爷爷"的意思，"哥哥"是"爸爸"的意思。

●●●○○ 大唐通信 🛜 100% 🔋

< **大唐雄风（8）** ⋯

李显
> 爷爷，我在呢。

李旦
> 大人，我刚进群，我儿三郎在否？

李隆基
> 我在这儿呢！四哥也来啦？

李世民
> 住口！你们喊得我脑袋都疼了。

李世民
> 我们唐人的传统称谓习俗先搁一边，还是按照后世的规矩称呼吧！

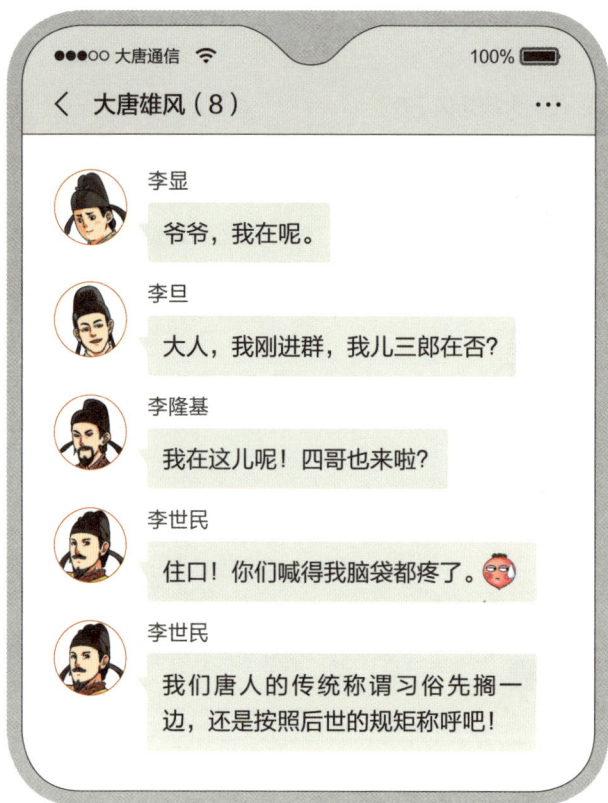

*李显口中的"爷爷（耶耶）"、李旦口中的"大人"、李隆基口中的"四哥"都是"爸爸"的意思。

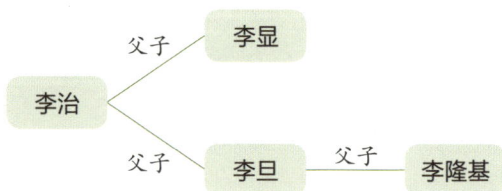

```
                    父子        李显
         李治
                    父子        李旦       父子       李隆基
```

敲黑板

🔊　唐朝人称爷爷为"阿翁""大父""翁翁"。

🔊　唐朝人对父亲的称呼，除了"父"还有好几种：一种是叫"哥哥"，如《旧唐书》记载李隆基曾称李旦为"四哥"；另一种是叫"耶耶（爷爷）"，如李世民在给李治的家信中就曾自称"耶耶（爷爷）"；还有一种是叫"大人"，在唐朝，"大人"是对父母的敬称，不能用来称呼官员。

🔊　关于李世民是否饮酒，史料中存在争议。据《旧唐书》记载，李建成和李元吉曾经想毒杀李世民，李世民喝了毒酒后吐血数升，李渊得知后斥责李建成说："秦王（李世民）一向不能喝酒，以后聚会不要再饮酒了。"但在北宋的官修史书《册府元龟》中，李世民灭高昌国后，学到了酿葡萄酒的方法，还亲自酿酒赏赐群臣。

🔊　李治是李世民的第九子，长孙皇后的第三子（也是幺子），小名叫"雉奴"。"雉"是野鸡的意思，"奴"为爱称。

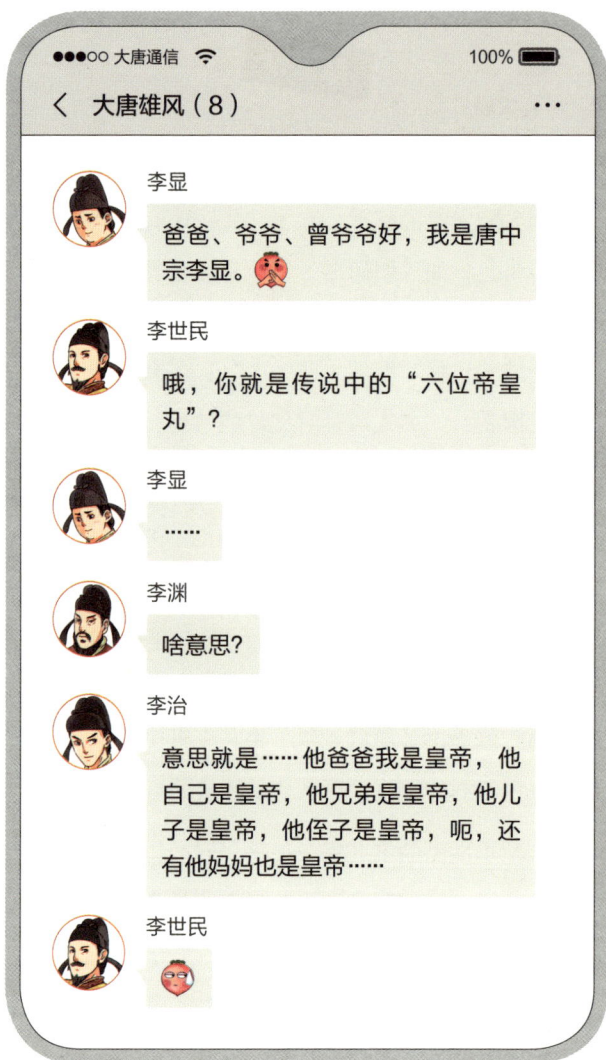

●●●○○ 大唐通信 🛜　　　　　　100% 🔋

〈　大唐雄风（8）　　　　　　　⋯

李治

加起来一共六个皇帝，所以叫"六位帝皇丸"！

李世民

好的，那以后就叫你大丸子吧。@李显

李显

⋯⋯

李显

不敢不敢，这个称号给我弟弟李旦也合适，他的情况和我完全一致！

李旦

哥你太谦虚了！

李旦

你的老婆和女儿也差点当了皇帝，这要真成了，你们一家子"三皇五帝"的，我哪比得上啊。🐕

李显

⋯⋯

敲黑板

🔊 李显家的六位皇帝：爸爸李治，妈妈武则天，弟弟李旦，儿子李重茂，侄子李隆基，他自己。另外，他的妻子韦（wéi）皇后和女儿安乐公主都曾有夺取皇位的意图。

🔊 李旦家的六位皇帝：爸爸李治，妈妈武则天，哥哥李显，儿子李隆基，侄子李重茂，他自己。

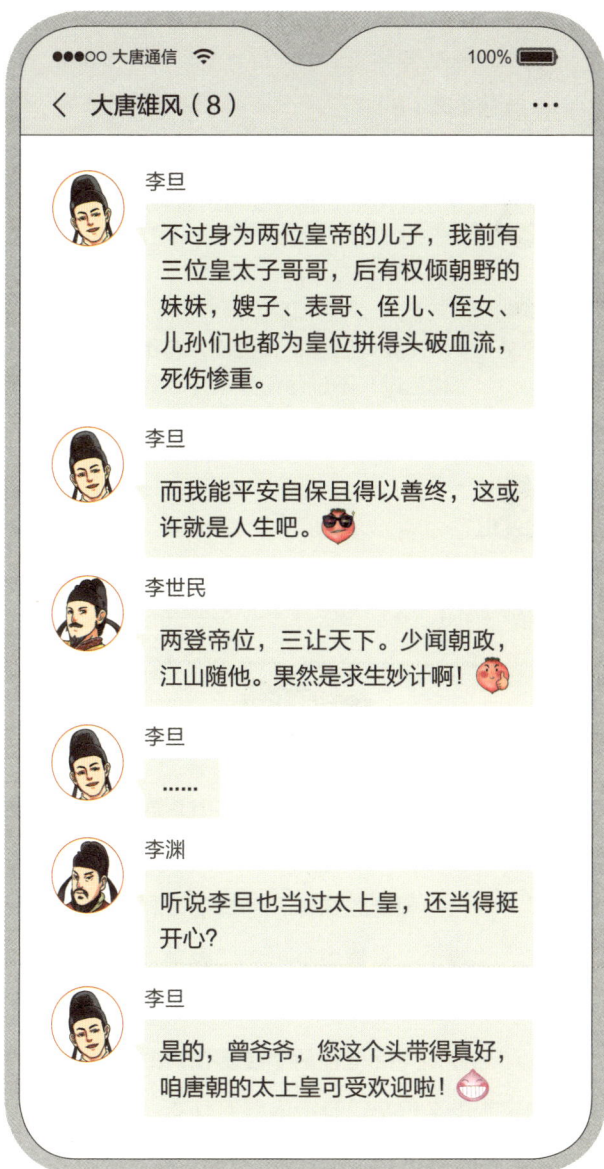

●●●○○ 大唐通信 🛜　　　　　　　100% 🔋

< 大唐雄风（8）　　　　　　···

李旦

不过身为两位皇帝的儿子，我前有三位皇太子哥哥，后有权倾朝野的妹妹、嫂子、表哥、侄儿、侄女、儿孙们也都为皇位拼得头破血流，死伤惨重。

李旦

而我能平安自保且得以善终，这或许就是人生吧。😎

李世民

两登帝位，三让天下。少闻朝政，江山随他。果然是求生妙计啊！🐷

李旦

……

李渊

听说李旦也当过太上皇，还当得挺开心？

李旦

是的，曾爷爷，您这个头带得真好，咱唐朝的太上皇可受欢迎啦！😁

●●●○○ 大唐通信 📶 100% 🔋

〈 大唐雄风（8） ・・・

李渊

・・・・・・

李旦

不光我妈当过，我当过，连我儿子
也当过！不过他们开不开心我就不
知道喽！🐕

李隆基

・・・・・・

敲黑板

🔊 　李旦所说的"两位皇帝"是指李治和武则天。"三位
　　皇太子哥哥"是指李治和武则天的长子李弘、次子李贤、
　　三子李显。"权倾朝野的妹妹"是指李治和武则天的幺女
　　太平公主。"嫂子"是指韦皇后。"表哥"是指武三思。
　　"侄儿"是指李重俊、李重福、李重茂。"侄女"是指安
　　乐公主。"儿孙们"泛指包括李隆基在内的子孙后代。他
　　们都在一定程度上参与过皇室内部的政变。

🔊　李旦有过两段登基称帝的经历：第一段是在684—690年，由于唐中宗李显被废，贬为庐陵王，李旦于是作为"替补皇帝"登基，但真正的权力一直把持在武则天手里；第二段是在710—712年，唐隆政变（李隆基和太平公主针对韦氏集团发动的政变）之后，李旦接受了唐少帝李重茂的让位，再度登基。

🔊　李旦曾三次禅让皇位。第一次在690年，李旦上表请母后即位，并求赐武姓，于是武则天顺水推舟，登基称帝。第二次在698年，女皇武则天决定"还政于李唐"，命人将庐陵王李显接回洛阳。李旦多次称病不朝，请求将储君之位让给哥哥李显，随后武则天重立李显为皇太子。第三次在712年，李旦主动将皇位传给儿子李隆基，自退为太上皇。李旦经历了多次险恶的政治斗争，却始终能保全自身，是兄妹六人中唯一得以善终的人。

🔊　中国历史上第一位太上皇是秦庄襄王（秦始皇之父），此后几乎各朝都有太上皇，其中唐朝数量最多，至少有7位。分别是：唐高祖李渊、圣神皇帝武曌（武则天）、唐睿宗李旦、唐玄宗李隆基、唐顺宗李诵、唐昭宗李晔（yè）。另外，唐僖宗李儇曾在李煴（yūn）事变中被尊为"太上元皇圣帝"，但他不能算正式的太上皇。

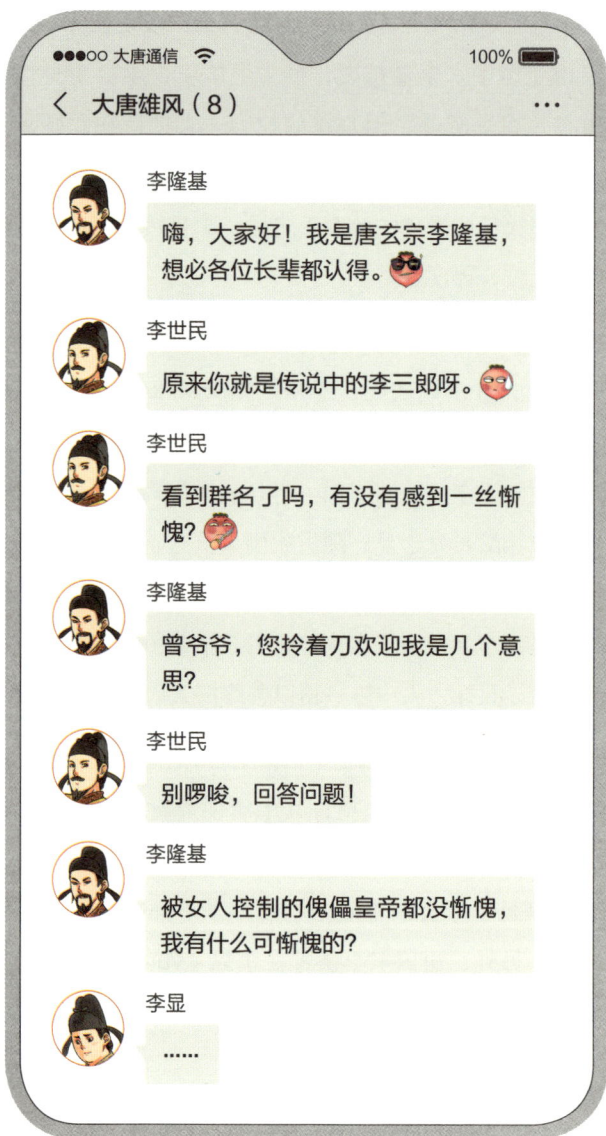

●●●○○ 大唐通信 📶　　　　　　100% 🔋

< **大唐雄风（8）**　　　　　···

李隆基
> 嗨，大家好！我是唐玄宗李隆基，想必各位长辈都认得。😎🍑

李世民
> 原来你就是传说中的李三郎呀。🍑

李世民
> 看到群名了吗，有没有感到一丝惭愧？🍑

李隆基
> 曾爷爷，您拎着刀欢迎我是几个意思？

李世民
> 别啰唆，回答问题！

李隆基
> 被女人控制的傀儡皇帝都没惭愧，我有什么可惭愧的？

李显
> ……

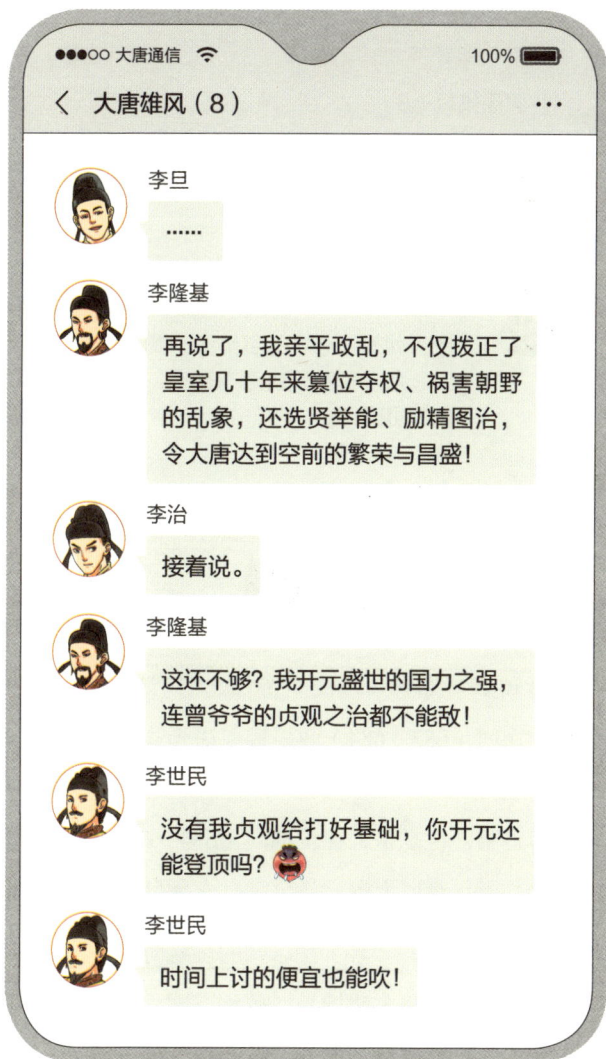

李旦
……

李隆基
再说了，我亲平政乱，不仅拨正了皇室几十年来篡位夺权、祸害朝野的乱象，还选贤举能、励精图治，令大唐达到空前的繁荣与昌盛！

李治
接着说。

李隆基
这还不够？我开元盛世的国力之强，连曾爷爷的贞观之治都不能敌！

李世民
没有我贞观给打好基础，你开元还能登顶吗？

李世民
时间上讨的便宜也能吹！

●●●○○ 大唐通信 📶   100% 🔋

< 大唐雄风（8）   ···

李治

还有呢?

李隆基

还有就是……除了当皇帝，我对书法、音乐和舞蹈也颇有研究，欢迎各位切磋。🤝

敲黑板

🔊 李显和李旦都有"傀儡皇帝"之名。李显第一次登基，在位期间（683—684）政事皆取决于武则天。第二次登基，在位期间（705—710）韦皇后一党的势力把持朝政。而李旦第一次登基，在位期间（684—690）几乎被武则天软禁，不仅难以干政，甚至没有人身自由。

🔊 开元盛世（712—741）是唐朝的全盛时期。此时唐朝国力空前鼎盛，人口大幅增长。政治方面，李隆基选贤举能、重用人才，官僚机构的办事效率得到极大的提高。经济方面，农业、手工业、商业均繁荣发展，对外贸易也十分活跃，长安成为各民族交往的中心，是当时的国际性大都市。文化方面，朝廷优待儒生，以唐诗和传奇为代表的文学领域佳作纷呈，书法、音乐、绘画、雕刻等艺术也都有令人瞩目的成就。

🔊 李隆基是有名的书法家，擅长八分、章草，传世书迹有《鹡鸰颂》《纪泰山铭》《石台孝经》等，其中《鹡鸰颂》被后人赞誉"行墨间具含龙章凤姿，非人文臣者所能仿佛"。此外，据说他擅长演奏羯鼓、琵琶、二胡、笛子等乐器，并且爱好歌舞，作了《霓裳羽衣曲》《小破阵乐》《春光好》等百余首乐曲。

●●●○○ 大唐通信 📶 　　　　　　　100% 🔋

‹ 大唐雄风（8）　　　　　　 •••

李渊

天宝年间你干的那些破事，怎么就不提了？

李隆基

高祖爷爷@李渊，我这不是刚进群自我介绍嘛，哪有自揭短处的道理？

●●●○○ 大唐通信 📶　　　　　　　　100% 🔋

〈　大唐雄风（8）　　　　　　···

李隆基

那我曾奶奶进了群，该如何称呼
您，她大概挺头疼的吧?

李世民

······

李治

······

婉儿

幸好杨贵妃不在群里，不然该如何
称呼您，她也挺头疼的吧? 😳

李隆基

······

李治

婉儿，你怎么进来了?

婉儿

4″

回禀，呃，回禀······

●●●○○ 大唐通信 📶　　　　　　　　100% 🔋

‹　大唐雄风（8）　　　　　　·· ·

李隆基
> 哈哈！上官婉儿，你先是高宗的才人，后为中宗的昭容，该如何称呼 @李治，你先自己想想。

李治
> ……

婉儿
> ……

李显
> 🈳

敲黑板

🔊　"天宝年间的破事"指安史之乱（755—763），这是一场由边将安禄山与史思明发动的叛乱，以讨伐宰相杨国忠为名，争夺唐廷统治权为实，最后愈演愈烈，不仅国都失陷、皇权重分，更造成了社会混乱、藩镇割据、边疆不稳的恶劣影响，令全国人口大量丧失，是唐朝由盛而衰的

重大转折点。

🔊 武则天先被册封为唐太宗李世民的才人（后宫嫔妃称号，正五品），后被立为唐高宗李治的皇后。

🔊 杨贵妃先为李隆基之子、寿王李瑁（chāng）（后世讹称为李瑁）的王妃，后被李隆基册封为贵妃。

🔊 据2013年出土的上官婉儿墓志铭记载，上官婉儿13岁时被册封为唐高宗李治的才人，42岁被册封为唐中宗李显的昭容。不过，有学者认为"唐高宗才人"是武则天为了免去上官婉儿的奴婢身份所赐的名分，有名无实。

●●●○○ 大唐通信 🛜　　　　　　100% 🔋

〈 大唐雄风（8）　　　　　　⋯

李世民
怎么回事，我大唐雄风群怎么混入了女子？武媚娘呢？！

李治
爸爸，阿武她拒绝了我的入群邀请。

●●●○○ 大唐通信 📶　　　　　　100% 🔋

< **大唐雄风（8）**　　　　　　　●●●

李治
> 她说我们男人聚在一起就喜欢互吹功绩，她看着就生气。

李世民
> ……

李隆基
> ……

李渊
> 岂有此理！😆

李渊
> 我李家的江山差点被这个女人半道劫走，死在她手里的李唐宗室更是不计其数！

李渊
> 你们不思前车之鉴，又想引狼入室，居然还被狼拒绝了？！

李治
> 爷爷，只是聊天而已，没那么严重吧……

李旦
其实要说皇族内部自相残杀，我们老李家也没少干过，最早的就是……

李世民
别跑题！谁放上官进来的？

李旦
••••••

李显
回爷爷，我妈说我在政绩上无所作为，全靠女人出名，所以派婉儿来给我镇场子，省得我被欺负。

李隆基
要给您撑场面，光请她哪够啊？何不把韦皇后、李裹儿，还有姑姑一并叫来，正好凑桌麻将！

●●●○○ 大唐通信 📶　　　　　　　100% 🔋

〈 大唐雄风（8） 　　　　　　　 **···**

婉儿

🙈 用不着害怕。她们不来，我也不跟你算旧账。

李隆基

······

李隆基

我怕了吗？你们四个一起上，我眼睛都不眨一下！

敲黑板

🔊 "最早的皇族内部自相残杀"是指626年，以秦王李世民为首的功臣集团发动政变，诛杀太子李建成、齐王李元吉及其党羽。事后李世民被立为皇太子，并于两个月后登基，李渊退位为太上皇。因为这场政变发生在大兴宫（710年后改称太极宫）的玄武门，故史称"玄武门之变"。

🔊 韦皇后、李裹儿（即安乐公主）、上官婉儿、太平公主（即李隆基所说的"姑姑"）均死于李隆基之手。前三人皆被杀于唐隆政变（710年），韦皇后和安乐公主的罪名是弑君谋反，上官婉儿的死因较为复杂，表面上是因为政治立场不坚定，实际上可能与李隆基和太平公主的权力博弈有关。太平公主死于先天政变（713年），以发动叛乱的罪名被赐死家中。

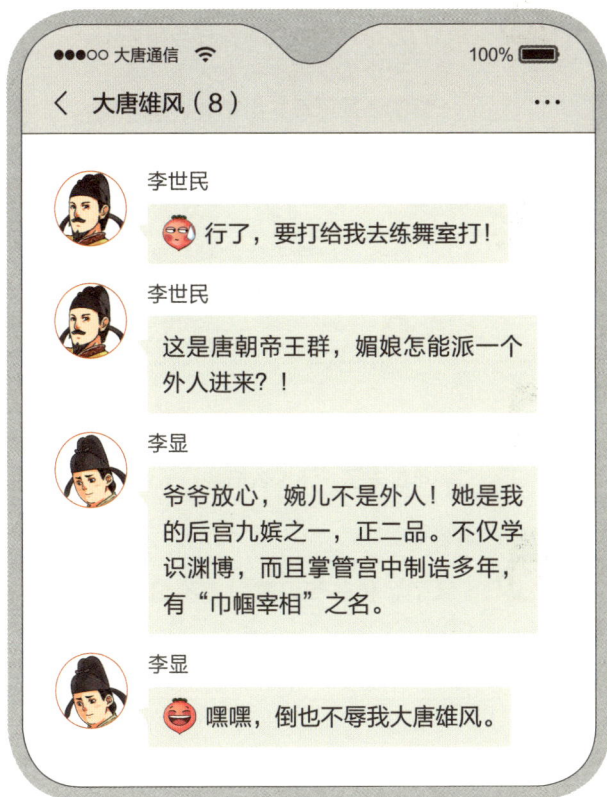

李世民
🙂 行了，要打给我去练舞室打！

李世民
这是唐朝帝王群，媚娘怎能派一个外人进来？！

李显
爷爷放心，婉儿不是外人！她是我的后宫九嫔之一，正二品。不仅学识渊博，而且掌管宫中制诰多年，有"巾帼宰相"之名。

李显
🍅 嘿嘿，倒也不辱我大唐雄风。

●●●○○ 大唐通信 📶　　　　　　　100% 🔋

< **大唐雄风（8）**　　　　　　　···

李治

> 有道理，还是阿武考虑周全。

李渊

> 哼！江山社稷被女人捏在手里还不算，建个聊天群都被女人管，秦王一脉的子孙可真有出息啊！@李世民

李世民

> ……爸爸，我是无辜的啊！武媚娘干政的时候，咱父子俩早就团聚了。🍅

李世民

> @李治 雉奴！你也忒不争气了，一千多年过去了，还这么怕她！

李治

> 除了您和爷爷，群里有不怕她的吗？

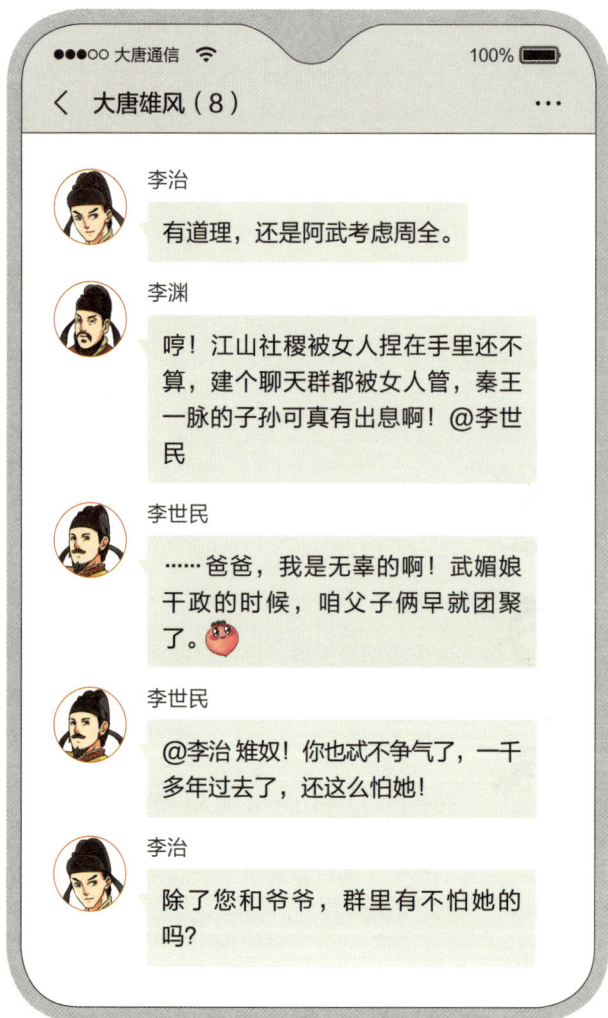

* 李治此言一出，群成员一齐陷入了沉默……

敲黑板

🔊 上官婉儿文思敏捷、才华过人，在武则天一朝就掌管宫中诏命，处理百司奏表、参决政务，到李显一朝更是深得信任，以皇妃的身份掌管内廷与外朝的政令文告，并且经常谏言政事，例如广揽昭文馆学士、反对立安乐公主为"皇太女"等等，在政坛有着重要地位。

🔊 据《资治通鉴》记载，660年，李治因风疾发作，病体难支，无法处理国家大事，便开始让武则天处理朝政。当时李世民已去世11年。

●●●○○ 大唐通信 📶	100% 🔋

〈 **大唐雄风（8）** ⋯

李忱
自信点，把"吗"字去掉。😎

李渊
你是?

李忱
晚辈唐宣宗李忱，见过高祖爷爷。🤭

●●●○○ 大唐通信 📶 100% 🔋

〈 大唐雄风（8） ⋯

李世民
啥？不是不让晚唐的那群废物进群的吗？

李世民
@李治 你怎么当的群管理？

李治
爸爸，他说他是晚唐最有作为的皇帝，是那群废物中最出色的一个！

李世民
那也不行！

李显
唐宣宗李忱？我听说过。

李显
他在位期间严明法度、勤俭治国，击败吐蕃、收复河湟……据说他的"大中之治"可与"贞观之治""开元盛世"并称。

李隆基
并称？！太不公平了吧！🍅

●●●○○ 大唐通信 📶　　　　　　　　100% 🔋

〈　大唐雄风（8）　　　　　　⋯

李忱

> 他们夸我精明强干、英明神武，颇
> 有几分太宗爷爷的风采⋯⋯

李世民

> 🐤 欢迎进群！！！

李治

> ⋯⋯

李隆基

> ⋯⋯

敲黑板

🔊　大中之治（846—859）是李忱在位期间的治世。据多数正史记载，这一时期李忱致力于改善安史之乱遗留的问题，勤俭治国、减少赋税，打击权贵党争、注重人才选拔，令社会的阶级矛盾得到一定程度的缓解，本已衰败的朝政渐呈中兴之势。《旧唐书》认为大中之治颇有贞观之治的遗风，但也有正史持相反意见，如《新唐书》认为大中时期与太宗的贞观之治有云泥之别。

当时以大中之政有贞观之风焉。

——《旧唐书》

唐亡，诸盗皆生于大中之朝，太宗之遗德余泽去民也久矣，而贤臣斥死，庸懦在位，厚赋深刑，天下愁苦。

——《新唐书》

◀》 "小太宗"的说法源于《资治通鉴》，但对李忱的评价在后世有颇多争议。明朝思想家李贽（zhì）认为李忱在政事上十分英明，明末清初的思想家王夫之则认为李忱猜忌刻薄、刚愎（bì）自用。

宣宗性明察沉断，用法无私，从谏如流，重惜官赏，恭谨节俭，惠爱民物。故大中之政，讫于唐亡，人思咏之，谓之小太宗。

——《资治通鉴》

最是无情帝王家：

互相伤害不过是家常便饭

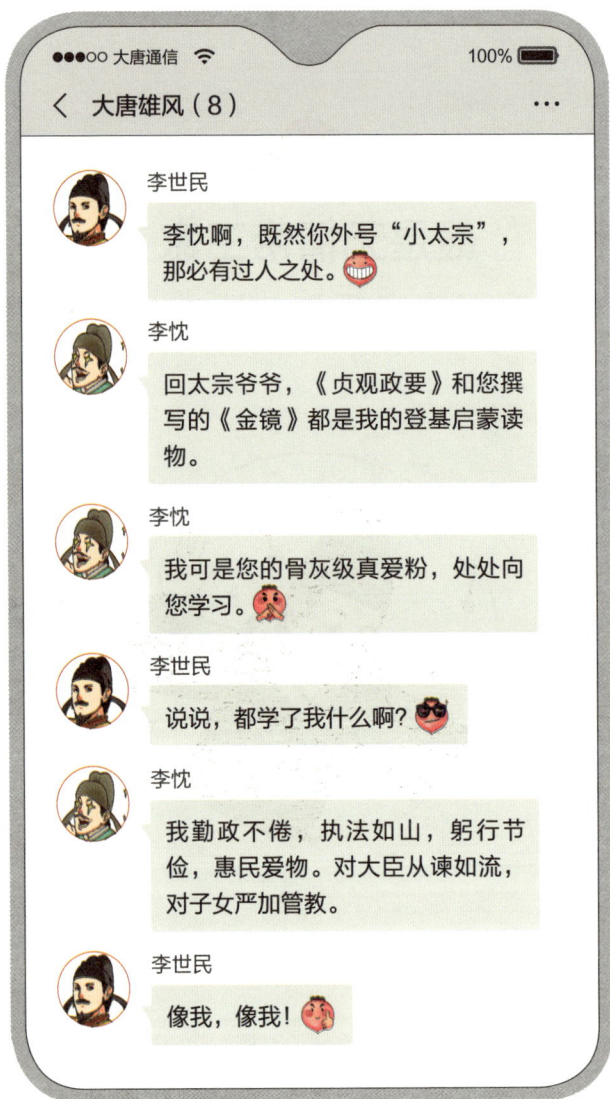

●●●○○ 大唐通信 　　　　　　100% ▭

＜ 大唐雄风（8）　　　　　···

李世民
李忱啊，既然你外号"小太宗"，那必有过人之处。😁

李忱
回太宗爷爷，《贞观政要》和您撰写的《金镜》都是我的登基启蒙读物。

李忱
我可是您的骨灰级真爱粉，处处向您学习。🙊

李世民
说说，都学了我什么啊？😎

李忱
我勤政不倦，执法如山，躬行节俭，惠民爱物。对大臣从谏如流，对子女严加管教。

李世民
像我，像我！😄

●●●○○ 大唐通信 📶   100% 🔋

< 大唐雄风（8）   •••

李忱
我对内加强皇权、重视人才，对外击退敌寇、收复失地，扬我大唐军威。

李世民
真像，真像！ 🐷

李忱
而且我和您一样，也是吃丹药中毒归西的！

李世民
……

李世民
这个就算了，还有呢？

李旦
据我所知，李忱即位后就逼死了郭太后，又对他哥哥唐穆宗李恒所遗留的皇族力量大肆捕杀。

李旦
可谓是同室操戈，不顾亲伦。 🐕

大唐雄风（8）

李渊
嗯，确实挺像的。

李忱
......

李世民
......

敲黑板

🔊 《金镜》是李世民在贞观年间（627—649）撰写的一篇政治批判文章，文中对历史上的治乱成败进行分析，并总结出值得借鉴的经验教训。

《贞观政要》是史学家吴兢在开元（713—741）至天宝年间（742—756）编著的一部政论性史书，辑录了李世民和臣僚间的问答片段，反映了贞观年间的政治、经济、文化、军事、礼仪、教育等方面的施政方针和实践效果。

据《资治通鉴》记载，李忱将《贞观政要》的内容写在屏风上，常常正色拱手拜读。另外，他还推荐大臣读《金镜》。

上（宣宗李忱）尝以太宗所撰《金镜》授绹（宰相令狐绹），使读之……又书《贞观政要》于屏风，每正色拱手而读之。

——《资治通鉴》

◆　据《资治通鉴》记载，李忱因为滥服丹药导致身体每况愈下，最终病重不治。而关于李世民的死因，史料中说法不一。如《旧唐书》卷八十八中的"先帝服之，竟无异效"，卷一百九十八中的"药成，服竟不效"等记载只说明了胡药无效，而卷十四中则记载唐宪宗时期的宰相李藩认为李世民"服胡僧长生药，遂致暴疾不救"。历代以来，此事众说纷纭，多数人认为李世民是病逝或服丹药而亡。

◆　郭太后即懿安皇后，是唐宪宗李纯（即李忱之父）的嫡妻，也是唐穆宗李恒的生母。据《资治通鉴》记载，李忱怀疑是郭太后谋害了李纯，且因郑太后是郭太后的侍女，有宿怨，所以李忱登基后对郭太后态度冷淡，郭太后最后不明不白地暴死。另外，李忱借着为李纯报仇的名义，诛杀了一大批李恒留下来的宦官、外戚和东宫官吏。《新唐书》还记录了李忱废除李恒祭日、停止对光陵（即李恒之墓）朝拜和守陵之事。

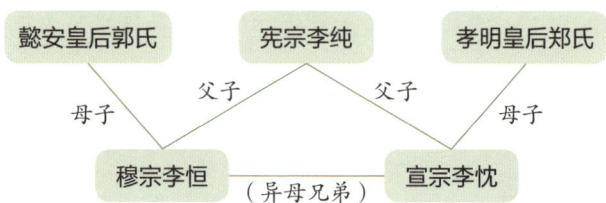

李隆基

……

婉儿

🍅 高宗陛下好歹等父亲去世后才娶，总不至于人还活着就明抢。

李隆基

……

李治

……

李治

我们老李家有鲜卑血统，鲜卑的收继婚制就是"父死则妻其后母，兄死则妻其嫂"，所以……对吧？

李世民

🐸

李渊

没错，所以李世民杀了他弟弟李元吉之后，赐死了弟弟所有的儿子，却娶了其妻杨氏！

敲黑板

🔊　李隆基自称"阿瞒"一事，见于唐朝南卓的《羯鼓录》。

上（唐玄宗）笑曰："大哥不必过虑，阿瞒自是相师。"

——《羯鼓录》

🔊　"曹操爱抢他人之妻"的说法是一种调侃，并非事实。据考证，曹操的16位妻妾中有3位嫁过人，但均在离异或丧偶后跟随曹操，并不处于婚姻状态中。

🔊　婉儿所说的"去世后才娶"指武则天，"活着就明抢"指杨玉环。

武则天在李世民驾崩后离宫出家，两年后被李治召回宫廷。而杨玉环嫁给寿王李瑁（即李瑁）五年后奉旨出家，在太真宫修道，后被李隆基立为贵妃，这期间李瑁始终在世，并一直活到了775年（杨玉环死于756年，李隆基死于762年）。

🔊　"父死则妻其后母，兄死则妻其嫂"的婚俗在鲜卑、女真、匈奴等游牧民族中较为常见。

李唐起源于陇西，虽属汉族，但因曾与北方的游牧民族长时间共同生活，在血统和文化方面都颇受影响，所以他们的伦理观念和一般的中原人有很大不同。

🔊 李明是李世民第十四子，被封为曹王。据《旧唐书》记载，李治在位期间，李明因与废太子李贤合谋造反的罪名被贬为零陵郡王，流放至黔（qián）州。黔州都督在武皇后的授意下，逼迫李明自尽。

●●●○○ 大唐通信 📶　　　　　　　100% 🔋

< 大唐雄风（8）　　　　　　···

李显
> 诸位能不能别再互相伤害了，都是自家人。❤️

婉儿
> 自家人? 😳

婉儿
> 唐朝皇室有这个概念吗?

李渊
> ......

李世民
> ......

●●●○○ 大唐通信 📶　　　　　　　100% 🔋

〈　大唐雄风（8）　　　　　　···

李隆基

> 咋没有？你在我奶奶身边多年，接触到的只能是人伦惨案。殊不知我们老李家也有父慈子孝、兄友弟恭的温情一面。

婉儿

> 比如？😳

李隆基

> 我李隆基不但孝顺父亲，而且和四位兄弟几十年来相亲相爱！大家住在一处、玩在一处，生病了互相关心，连皇位都互相谦让。

李隆基

> 这就叫骨肉亲情，血浓于水。❤️

婉儿

> 那你赐死姑姑，处死堂姐，还一天之内连杀三个儿子，是因为没有血缘关系啊？😳

婉儿

> 难道儿子不是亲生的？

●●●○○ 大唐通信 📶   100% 🔋

〈 大唐雄风（8）   ・・・

李隆基
> ……

李隆基
> 上官婉儿，我忍你很久了！你这是公报私仇，我要告诉奶奶去！

李世民
> 够了！这个群里的皇帝，谁不是在腥风血雨里长大，才坐上龙椅的？

李世民
> 朝不保夕，还想父慈子孝、兄友弟恭？做什么春秋大梦！

李渊
> 😳

李忱
> 正如白居易所说，最是无情帝王家……

李隆基
> 那也有例外。

```
●●●○○ 大唐通信 📶                        100% 🔋

〈  大唐雄风（8）                         …

      👤 李隆基

      今天就让大家见识一下，啥叫有情
      有义！
```

敲黑板

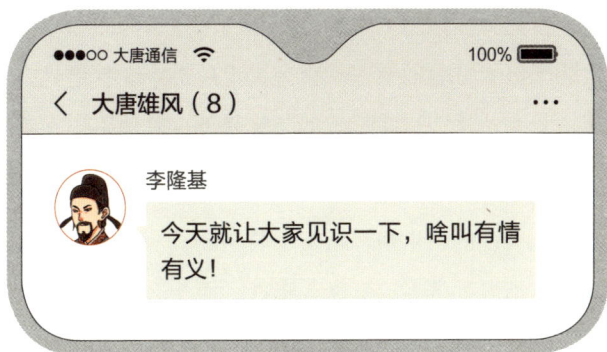

🔊　677年，上官婉儿被武则天挑中，开始掌管诏命、参与政事。到705年武则天退位为止，她在武则天身边长达28年。

🔊　李隆基共有五个兄弟，分别是李宪（原名李成器）、李捴（zǒng）、李范、李业和李隆悌（tì）。除了李隆悌早夭，其余五人常年在一起生活。

　　李宪作为李旦的嫡长子，原本是继承皇位的合理人选，但他主动将太子之位让给了李隆基。李隆基登基后，在长安的兴庆宫周边为兄弟们赐宅居住，并修筑花萼相辉楼作为宴会欢娱之所，兄弟们经常同食共饮、出游作乐。

　　据《旧唐书》记载，李业卧病在床，李隆基亲自为他祈祷；李宪身体抱恙，李隆基不断命人送去药品和珍膳，并赏赐了医术灵验的僧医。李宪去世后被李隆基追封为皇帝，谥号为"让"，除早夭的李隆悌外，其他三位兄弟均被追谥为太子。如此手足情深，在唐王室中并不多见。

🔊 婉儿所说的"堂姐"指安乐公主。"一天之内连杀三个儿子"指唐朝著名的三庶人事件，源于玄宗时期的储君之争。据《旧唐书》记载，737年，李隆基因听信武惠妃的谗言，将太子李瑛、鄂（è）王李瑶、光王李琚（jū）废为庶人，随后又赐死于城东驿。

●●●○○ 大唐通信 📶   100% 🔋

〈 大唐雄风（9）   **···**

"李隆基"邀请"李豫"加入群聊

李世民
来者何人？

李隆基
这是我最爱的孙子，唐代宗李豫。
❤️

●●●○○ 大唐通信 📶   100% 🔋

< 大唐雄风（10）   ⋯

李豫

爷爷，您看这每一代先人皇帝都在群里，我要是自个儿进群，岂不是避开了我爹地？那我也太僭越了。

李治

果然是个懂事守礼的孩子。🍑

李亨

@李隆基 爸爸，what are you talking about?

李隆基

正聊家庭温情呢！你个反面教材，退后十米！🍑

李渊

反面教材？

婉儿

这位肃宗皇帝@李亨 在马嵬驿兵变之后，迫使父亲让位，改尊他为太上皇。后来又杀死了弟弟李璘和亲儿子李俶。

李渊
🍅 赶紧问问，他的偶像也是李世民吧？

李亨
......

李世民
......

敲黑板

🔊　李隆基介绍李豫时所说的"长辈"指李豫的母亲、乳母、父亲和爷爷。李豫的生母吴氏早逝，他即位后追谥母亲为章敬皇后，为她修建章敬寺以求冥福，并厚待母亲的娘家人；李豫与乳母元氏感情深厚，特为她下敕书，破格将她封为颍川郡太夫人；至于父亲李亨和爷爷李隆基，李豫更是侍奉左右，极尽儿孙之道。

（李豫）仁孝温恭，动必由礼。幼而好学，尤专

《礼》《易》，玄宗钟爱之。

——《旧唐书》

李隆基说的"兄弟"指李豫的三弟李倓（tán）。李倓受冤而死，李豫在登基后将他追谥为承天皇帝，改葬于顺陵，并写下诏令称颂李倓的功德和才能。"子女"特指升平公主和华阳公主，李豫对她俩都很宠爱。

🔊 婉儿对李亨的介绍，共提到三件事：第一，756年李亨在灵武（今宁夏）称帝，将身在四川的李隆基尊为太上皇；第二，李璘是李亨的十六弟，安史之乱时被李隆基任命为四道节度都使，镇守江陵，之后起兵反抗已登基的李亨，757年兵败被杀；第三，李倓是李亨第三子，安史之乱时统军作战，多次击溃关中叛军，757年遭受李辅国和张皇后诬陷而被李亨赐死。李亨不顾亲情，迫害父亲、兄弟和儿子，与李世民将李渊尊为太上皇、诛杀四弟李元吉、赐死第五子李祐这三件事正好对应。

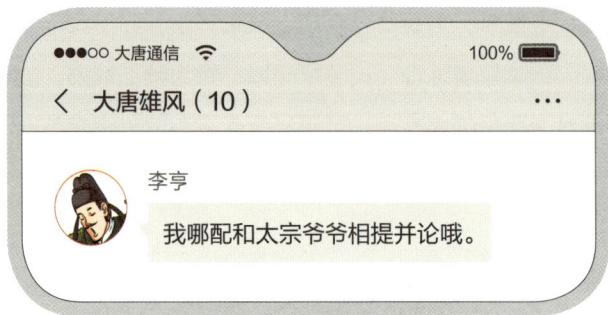

●●●○○ 大唐通信 📶   100% 🔋

‹ 大唐雄风（10）   ···

李亨

我哪配和太宗爷爷相提并论哦。

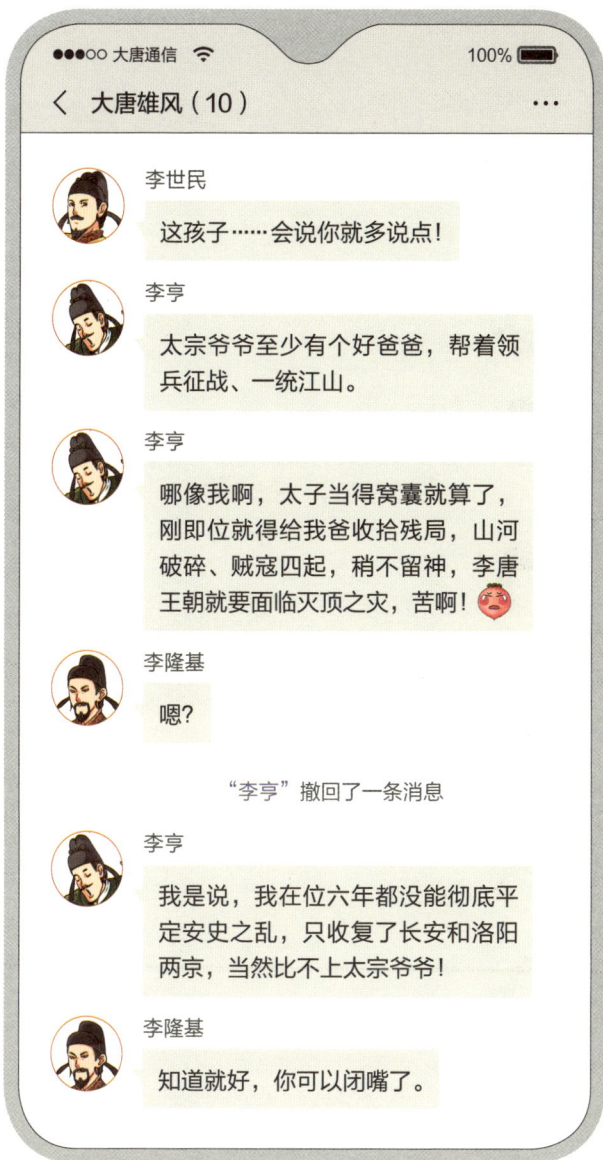

●●●○○ 大唐通信 📶　　　　　　　100% 🔋

‹ 大唐雄风（10）　　　　　　　•••

李世民

这孩子……会说你就多说点！

李亨

太宗爷爷至少有个好爸爸，帮着领兵征战、一统江山。

李亨

哪像我啊，太子当得窝囊就算了，刚即位就得给我爸收拾残局，山河破碎、贼寇四起，稍不留神，李唐王朝就要面临灭顶之灾，苦啊！😡

李隆基

嗯？

"李亨"撤回了一条消息

李亨

我是说，我在位六年都没能彻底平定安史之乱，只收复了长安和洛阳两京，当然比不上太宗爷爷！

李隆基

知道就好，你可以闭嘴了。

📍

李亨
好的，爸爸。

李隆基
回到正题。

李隆基
上官婉儿，你说，我孙子是不是做到了父慈子孝、兄友弟恭？

婉儿
当然。毕竟大唐开国后150年，直到中唐，才终于出了这个以长子身份继位的皇帝。

李世民
……

李治
长……

李显
长子……

●●●○○ 大唐通信 🛜　　　　　　　100% 🔋

‹　大唐雄风（10）　　　　　···

李旦

长子继位……

李渊

😈 都给我睁大眼睛，看看人家，再看看你们自己！

李渊

@李世民 老二，@李治 老九，@李显 老七，@李旦 老八，@李隆基 老三，@李亨 老三！

李渊

你呢？@李忱

李忱

……

李忱

回高祖爷爷，我是老十三。

李渊

呵！连武则天都是个次女，一群篡位夺权的货！

●●●○○ 大唐通信 📶 　　　　　　　100% 🔋

‹　大唐雄风（10）　　　　　···

李显

······

李旦

······

李治

爷爷，您不能这样无差别扫射······

李隆基

在我们老李家，长子登基也算是逆袭了。

李隆基

孙子啊，这可是祖宗们都做不到的事，而你做到了！😭

李豫

爷爷过奖了。

李豫

平定叛乱、立下战功，孝敬长辈、亲尝汤药，加上百分之百的努力和"亿点点"的运气——长子登基，so easy！🍑

敲黑板

🔊 这里说的辈分排行是现代意义上的。事实上，中国古代遵循的是"嫡长子继承制"，即便不是长子，只要是正妻（即皇后）所生的大儿子，就享有皇位的优先继承权。不过，群里的皇帝们也均非嫡长子，李隆基和李豫甚至都不是嫡子。

🔊 李治继承皇位，是李世民权衡再三的决定；李显第一次登基时，比他年长的嫡长子李弘已死，嫡次子李贤已被废为庶人；李旦第一次登基，是被武则天推上龙椅的，他没有自主选择的权利。所以这三人均不属于"篡位夺权"。

🔊 "亲尝汤药"的说法源于《旧唐书》。上元末年（761年），李隆基和李亨双双患病，李豫在两人病榻前来回奔走，衣不解带地日夜服侍，每次送上药膳之前都会亲自品尝。

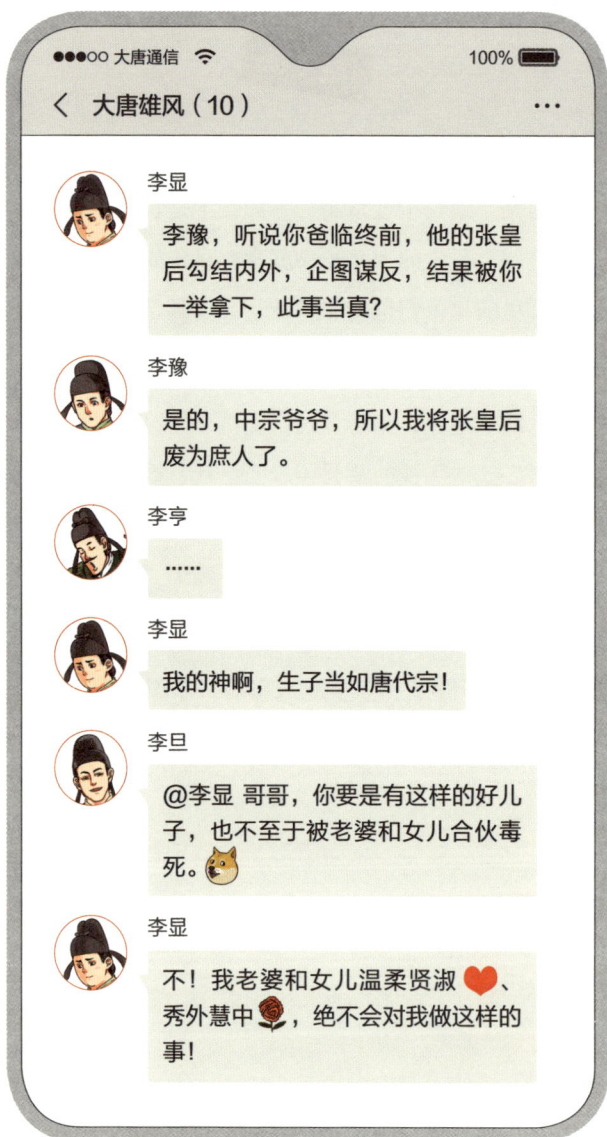

●●●○○ 大唐通信 🛜 100% 🔋

< 大唐雄风（10） ⋯

李显
> 李豫，听说你爸临终前，他的张皇后勾结内外，企图谋反，结果被你一举拿下，此事当真？

李豫
> 是的，中宗爷爷，所以我将张皇后废为庶人了。

李亨
> ⋯⋯

李显
> 我的神啊，生子当如唐代宗！

李旦
> @李显 哥哥，你要是有这样的好儿子，也不至于被老婆和女儿合伙毒死。🐕

李显
> 不！我老婆和女儿温柔贤淑 ❤️、秀外慧中 🌹，绝不会对我做这样的事！

●●●○○ 大唐通信 📶　　　　　　100% 🔋

< 大唐雄风（10）　　　　　···

婉儿
您放心，她俩不在群里……

李显
在我也这么说！

李显
万一隔墙有耳……

李世民
🍅 大丸子还是这么怕老婆啊。

李隆基
等等！要开始聊怕老婆的话题了吗？

李渊
可以啊。

李世民
+1

李旦
+1

●●●○○ 大唐通信 📶　　　　　　　100% 🔋

＜　**大唐雄风（10）**　　　　···

李忱
+1

李隆基
@李亨 出来！接下来是你的强项，你可以开麦了！👏 👏 👏

李亨
······

敲黑板

🔊　762年李亨病重，张皇后为掌控政局，联合一批内臣想要谋害李豫，拥立越王李系（即李亨次子）。不料事情败露，宦官李辅国、程元振力保李豫，并率兵将涉事之人全部抓捕。李豫登基后，张皇后被废为庶人，幽闭而死。

🔊　按正史的说法，李显是中毒身亡的。《旧唐书》直接指出下毒者是韦皇后和安乐公主。但此事疑点甚多，历来争议不断。有学者认为李显死于李唐的家族遗传病（类似于心脑血管疾病），和妻女无关。

小剧场　中秋诗会

●●●○○ 大唐通信 📶　　　　　　100% 🔋

〈　大唐雄风（10）　　　　　⋯

李隆基
海上生明月，天涯共此时。各位中秋节快乐！❤️

李隆基

> 🧧 恭喜发财，大吉大利
> ───────────────
> 红包

群红包提醒："李隆基"刚刚发了一个价值88贯开元通宝的红包！（点击可前往设置取消该提醒）

李豫
谢谢爷爷，可中秋节昨天刚过……

李隆基
过了就不能庆祝吗？哈哈哈哈！

李渊
😟三郎在瞎开心什么？

●●●○○ 大唐通信 🛜   100% 🔋

‹ 大唐雄风（10）   •••

李旦
> 昨晚我们一家子过节，杨贵妃陪他又跳又唱的！佳人在侧，当然开心咯。🐕

李世民
> 🐵 难怪他朋友圈发了一段贵妃醉酒。

李隆基
> 😁 而且我偶像曹公点了赞哦，他还在评论区送了我两句诗！

李渊
> 什么诗？

婉儿
> "但为君故，沉吟至今。"

李显
> 不对啊婉儿，你怎么有曹操的微信？

婉儿
> ……

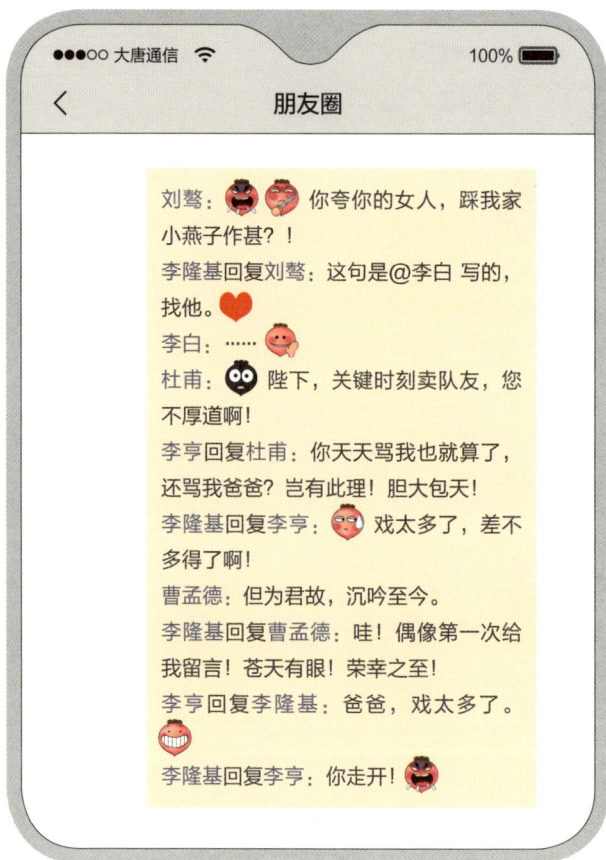

●●●○○ 大唐通信 📶　　　　　　　　100% ▭

< 大唐雄风（10）　　　　　　　⋯

李治
记得提醒贵妃和其他唐室女子，不要随便和陌生人说话。🍅

李隆基
哪来的陌生人？

李治
出宫就有啊！我昨天陪阿武去洛阳赏花，路上好多人。

李渊
这月份牡丹又没开，赏什么？

李隆基
🍅还可以赏桂花和菊花，这才叫花前月下嘛！

李世民
哼，铺张浪费！还是我的长孙皇后贤惠体贴，陪我深夜研墨，吟诗写字。

李渊
……

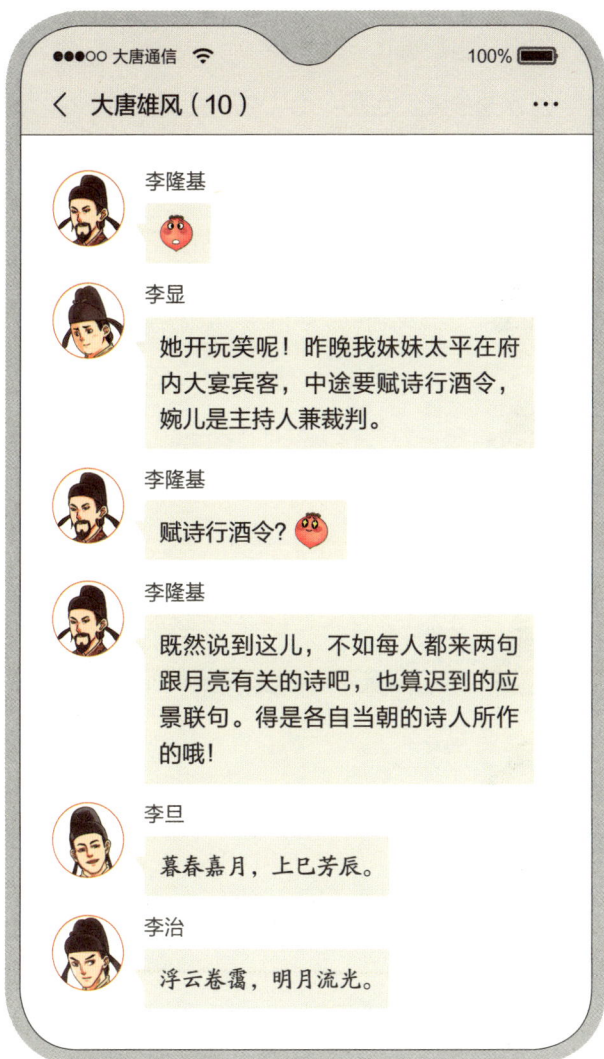

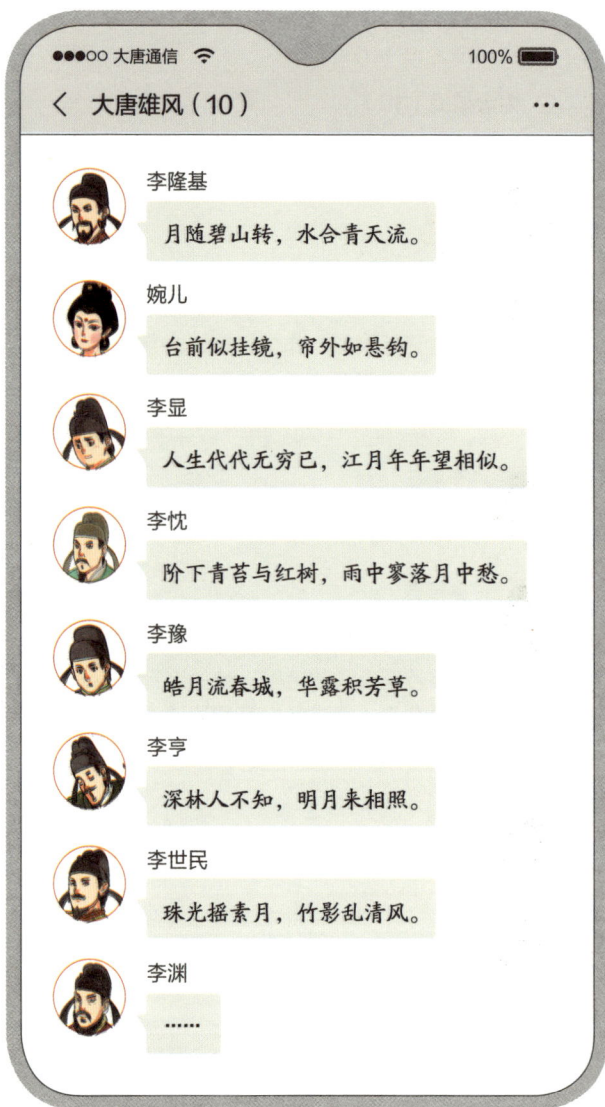

●●●○○ 大唐通信 📶　　　　　　　100% 🔋

< 大唐雄风（10）　　　　　　⋯

李隆基
月随碧山转，水合青天流。

婉儿
台前似挂镜，帘外如悬钩。

李显
人生代代无穷已，江月年年望相似。

李忱
阶下青苔与红树，雨中寥落月中愁。

李豫
皓月流春城，华露积芳草。

李亨
深林人不知，明月来相照。

李世民
珠光摇素月，竹影乱清风。

李渊
……

●●●○○ 大唐通信 📶　　　　100% 🔋

< 大唐雄风（10）　　　⋯

李渊
😡 我累死累活为你们打下这江山，哪有闲情去背诗！

李治
不用另背，我大伯和四叔昨晚念的那首就不错。

李世民
什么？谁？！🥶

李旦
隐太子李建成和巢刺王李元吉呀！

李旦
🐕 他们爷仨昨天一起过的中秋。

李忱
高祖爷爷的朋友圈刷了一晚上，又是合影又是小视频，太宗爷爷没看到吗？

李世民
……

●●●○○ 大唐通信 📶　　　　　　100% 🔋

＜　大唐雄风（10）　　　　　⋯

李世民

李世民
爸爸，您心里还有我吗？！

李渊
······

李渊
我就是顾及你的感受，所以才把你给屏蔽了！

李世民
💔💔💔

敲黑板

◀» "人生代代无穷已，江月年年望相似"出自张若虚的《春江花月夜》。这首诗笔法清丽，意境空明，艺术价值很高，有"孤篇盖全唐"之美名。不过，"孤篇盖全唐"的说法并无明确出处，历来颇受争议。

◀» 行酒令中其他诗句出处：

诗句	出处	作者
暮春嘉月，上巳芳辰。	《三月三日宴王明府山亭》	陈子昂
浮云卷霭，明月流光。	《明月引》	卢照邻
月随碧山转，水合青天流。	《月夜江行寄崔员外宗之》	李白
台前似挂镜，帘外如悬钩。	《望月有怀》	宋之问
阶下青苔与红树，雨中寥落月中愁。	《端居》	李商隐
皓月流春城，华露积芳草。	《月夜》	韦应物
深林人不知，明月来相照。	《竹里馆》	王维
珠光摇素月，竹影乱清风。	《赋帘》	李世民

🔊 开元通宝由李渊在 621 年下令铸造，是唐朝流通的货币之一，以铜制为主，也有少量金银制。它沿袭方孔圆钱的样式，钱文由初唐书法家欧阳询书写。

🔊 长孙皇后出身贵族世家，不仅颇有政治才能，还擅长诗文，可惜她的作品大多散佚，仅存《春游曲》传世。此外，她也是一位优秀的书法家，清朝的女诗人沈彩在《玉台名翰跋》中称赞她与吴采鸾、胡惠斋等女书法家"皆具有俊才，出其柔翰，俱各精妍"。

🔊 李豫所说的"女儿和女婿"，指的是升平公主和郭暧。据《资治通鉴》记载，升平公主和丈夫郭暧曾发生争吵，公主回宫哭诉，被李豫极力抚慰。郭暧的父亲郭子仪得知后入宫领罪，李豫说"不痴不聋，不作家翁"，化解了一场矛盾。郭子仪谢恩回家，打了郭暧数十杖。这就是著名戏剧《醉打金枝》的原型故事。

郭暧尝与升平公主争言，暧曰："汝倚乃父为天子邪？我父薄天子不为！"公主恚，奔车奏之。上曰："此非汝所知。彼诚如是，使彼欲为天子，天下岂汝家所有邪？"慰谕令归。子仪闻之，囚暧，入待罪。上曰："鄙谚有之：'不痴不聋，不作家翁。'儿女子闺房之言，何足听也！"子仪归，杖暧数十。

——《资治通鉴》

◄» 　马球（又称马毬、击鞠）是一种骑马持杆并击球入门的体育活动。曹植的诗歌《名都篇》就曾记载过它。

马球在唐朝十分风靡，尤其受到贵族阶层的喜爱，唐朝皇帝如中宗李显、玄宗李隆基、穆宗李恒、敬宗李湛、宣宗李忱、僖宗李儇、昭宗李晔都是有名的马球迷，李隆基甚至专门颁诏，将马球定为军队训练的课目之一。

不仅如此，马球在对外交流中也发挥了重要作用，唐王室与吐蕃（bō）、突厥、日本等外来使节都开展过马球竞技活动。

叁

谁说女子不如男：

盛唐女子风貌

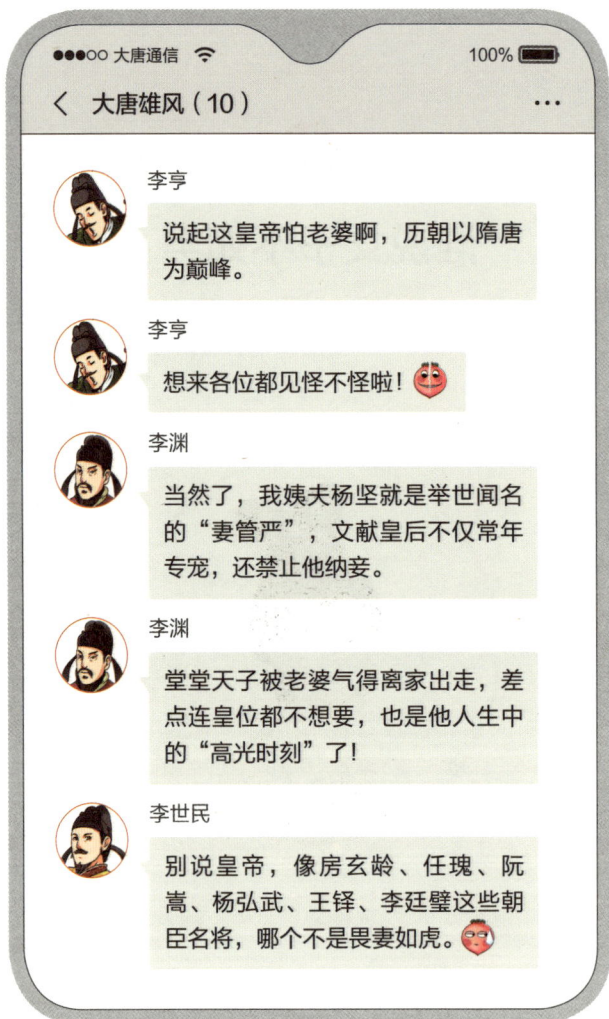

敲黑板

🔊 杨坚即隋朝的开国之君隋文帝。隋文帝的妻子独孤伽罗（谥号文献皇后）与李渊的母亲元贞皇后是亲姐妹。后人经常将隋唐并称，其中一个原因是隋唐两朝的皇帝有血缘亲戚关系。

🔊 据唐朝刘悚（sù）的笔记小说《国史异纂（zuǎn）》记载，宰相房玄龄的夫人善妒。李世民为了犒赏房玄龄，想要赐他美人，房玄龄却坚决推辞。李世民就让长孙皇后去劝说房夫人，依然无用。李世民无奈之下，送去一杯毒酒，对房夫人说："如果你愿意不再嫉妒，就可以活下去；如果继续嫉妒成性，只能被处死。"房夫人回答："我愿意被处死。"于是一饮而尽。当然，酒是无毒的。李世民感叹："我都有点怕她了，更何况房玄龄呢！"

唐朝张鷟（zhuó）的笔记小说《朝野佥载》记载了相似的故事，只是男主人公从房玄龄变成了任瑰。两部书的成书时间不明，很可能较为接近。

🔊 据唐朝韩琬所撰史书《御史台记》记载，初唐的兵部尚书任瑰有一套"怕老婆理论"，他认为："初娶老婆时，她端庄得像菩萨一样，谁不怕菩萨？生儿育女后，她像个养崽的母老虎一样，谁不怕老虎？上了年纪后，她满脸皱纹像鬼一样，谁不怕鬼？所以我怕老婆，有什么可奇怪的！"

🔊 据《朝野佥载》记载，贞观年间有个县令名叫阮嵩，有一次阮嵩在家中待客，招来女仆唱歌助兴，结果他夫人阎氏披头散发、光脚露臂，拎着刀冲进客厅，吓得客人四散而去，女仆狼狈逃走，阮嵩更是躲到床底不敢出来。此事传扬出去，考察官认为阮嵩不够威严、缺乏管理能力，免去了他的官职。

🔊 据《国史异纂》记载，兵部侍郎杨弘武的夫人韦氏性格彪悍。杨弘武常授予一些莫名其妙的人官职，从而遭到李治的责问。他回答说："这是夫人的要求，如果我不听，恐怕后患无穷。"李治听罢一笑而过。

🔊 据宋朝孙光宪的笔记小说《北梦琐言》记载，宰相王铎有一次率军征讨黄巢，只带了姬妾随行，夫人十分妒恨。一日，听说夫人离京前来，王铎大惊："黄巢从南边逼近，夫人自北方赶来，旦夕而至，我该怎么办？"幕僚调侃道："不如投降黄巢！"王铎不禁大笑。

🔊 据唐朝卢瑰的笔记小说《抒情集》记载，舒州军倅（即副将）李廷璧某次因公赴宴，三天没回家。他的夫人扬言，如果他回来就把他杀了。李廷璧哭着告知了州郡长官，得以住进佛寺避难。尽管如此，他后来还是作了一首《咏愁》以表达对夫人的思念。

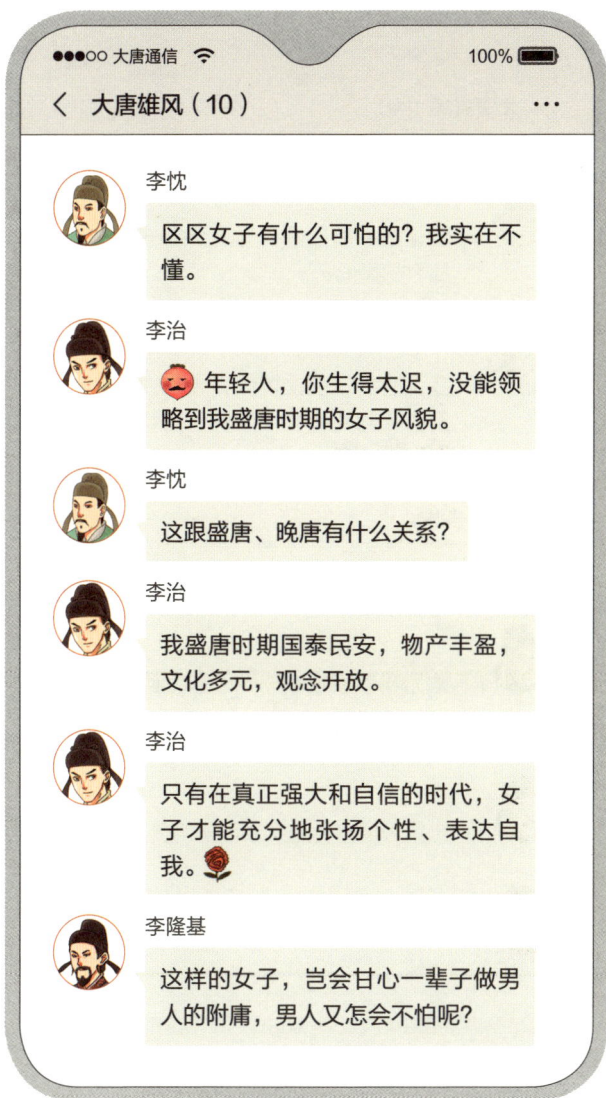

●●●○○ 大唐通信 📶　　　　　100% 🔋

‹ 大唐雄风（10）　　　　　···

李忱
区区女子有什么可怕的？我实在不懂。

李治
😡 年轻人，你生得太迟，没能领略到我盛唐时期的女子风貌。

李忱
这跟盛唐、晚唐有什么关系？

李治
我盛唐时期国泰民安，物产丰盈，文化多元，观念开放。

李治
只有在真正强大和自信的时代，女子才能充分地张扬个性、表达自我。🌹

李隆基
这样的女子，岂会甘心一辈子做男人的附庸，男人又怎会不怕呢？

李豫

难怪在中唐以前，男人惧内一度是社会的风尚……

李世民

我大唐女子能文能武，才华横溢，至少在封建社会还是艳压他朝的。

李渊

论武，谁比得上我的平阳公主？

李渊

她为我李家攻城略地、东征西讨，打下半壁江山。

李渊

比某人最出名的女儿可争气多了！

李世民

……

敲黑板

◄»　中唐之前的社会风气普遍开放，女性的地位比较高。尤其在上层阶级，一些家庭中妻子的地位甚至高于丈夫，这很大程度是因为妻子的娘家是名门望族。唐朝的婚姻观念非常重视门第，许多士大夫将迎娶高门之女视作人生理想，所以"女强男弱"的夫妻关系并不罕见。

◄»　平阳公主是李渊的第三个女儿，武将柴绍之妻，以出色的军事才华和组织能力闻名于世。据《旧唐书》记载，李渊起兵之时，她招集义军，痛击隋兵，在关中连续攻占户县、周至、武功、始平等地，之后与李世民会师于渭北，共破长安。623年，平阳公主去世，谥号为昭，李渊破格以军礼为她下葬。

◄»　"某人最出名的女儿"暗指李世民的女儿高阳公主。据正史记载，高阳公主与高僧辩机私通，后因参与653年的皇室谋反案被赐死。但这两件事在后世均有争议，真假难辨。

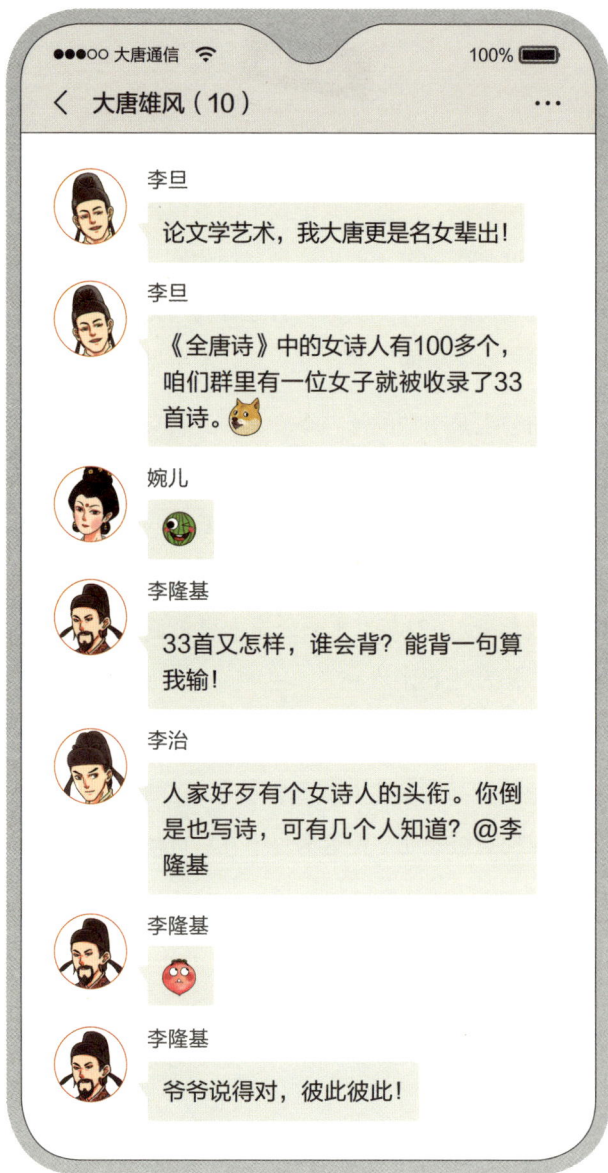

●●●○○ 大唐通信 📶   100% 🔋

‹ 大唐雄风（10）   ···

李旦
> 论文学艺术，我大唐更是名女辈出！

李旦
> 《全唐诗》中的女诗人有100多个，咱们群里有一位女子就被收录了33首诗。🐕

婉儿
> 🐸

李隆基
> 33首又怎样，谁会背？能背一句算我输！

李治
> 人家好歹有个女诗人的头衔。你倒是也写诗，可有几个人知道？@李隆基

李隆基
> ❤️

李隆基
> 爷爷说得对，彼此彼此！

●●●○○ 大唐通信 📶   100% 🔋

< 大唐雄风（10）   ⋯

李治

敲黑板

🔊 唐朝的民风包容开放，诗歌创作空前繁荣，并且允许女子识经史、读诗书，所以上至帝王妃嫔，下至尼道歌伎，能诗者遍及社会各阶层。著名的女诗人有薛涛、李冶、刘采春、鱼玄机、宋氏五姐妹等，她们借笔墨挥洒才情，并通过酬唱诗歌来结交文人贤士，在诗坛享有较高的声名。

🔊 《全唐诗》收录了上官婉儿的诗作33首，也有人将《驾幸新丰温泉宫献诗三首》和《游长宁公主流杯池二十五首》分别计为一首，认为《全唐诗》收录了上官婉儿的诗作7首。

🔊 《全唐诗》收录了李治的诗作9首（如果把《七夕宴悬圃二首》算作一首，则为8首），李隆基的诗作64首。唐朝的诗坛可以说是人才辈出、群星璀璨，尽管皇帝们大多能文善墨，但相形之下并不突出。

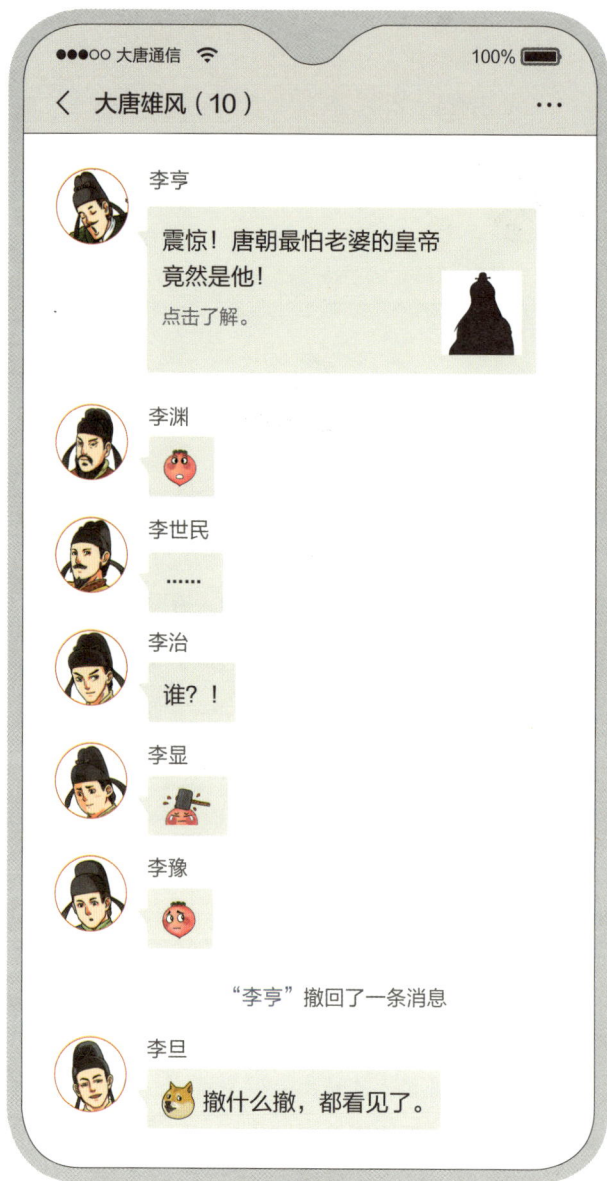

●●●○○ 大唐通信 📶   100% 🔋

〈 大唐雄风（10）   ···

李亨

> 震惊！唐朝最怕老婆的皇帝
> 竟然是他！
> 点击了解。

李渊

李世民

> ······

李治

> 谁？！

李显

李豫

"李亨"撤回了一条消息

李旦

> 撤什么撤，都看见了。

📍
080

●●●○○ 大唐通信 📶　　　　　　100% 🔋

〈　大唐雄风（10）　　　⋯

李世民
> 爸爸一生只追立了妈妈窦皇后，正如我对长孙皇后一样专情。🍑

李隆基
> 我怎么听说长孙皇后去世后，您差点就立了亲弟的原配夫人杨氏为皇后呢？

李世民
> 😬😬😬

李世民
> 谁造的谣？！

婉儿
> 《新唐书》和《资治通鉴》。都是宋人写的史书。

李世民
> 😡 隔了几百年，这写书的人难道是穿越到我家床底下偷听了？死无对证就不用负责了？！

●●●○○ 大唐通信 📶　　　　　　　100% 🔋

< 大唐雄风（10）　　　　　　···

李世民

这种混账书简直比营销号还可恶！
💣

李隆基

这群里私生活被造谣的还少吗？我孙子@李豫 也深有体会吧？

李豫

是的，爷爷，史传崔妃妒悍，令我十分畏惧，这绝对不是真的！

李隆基

那听说你对沈氏一生痴情、矢志不渝，这是真的吗？

李豫

······

李世民

没事，问你话的也不是什么痴情汉，你大胆地说！

李隆基

🐸

敲黑板

◀) 首次记载李世民想立杨氏为皇后的是《新唐书》，在它之前将近400年间未发现任何相关史料。杨氏原本是李渊第四子李元吉的王妃，她的封号始终依附于李元吉（如齐王妃、海陵王妃、巢王妃），而李世民从未给过她正式的后宫名分。考虑到《新唐书》的成书背景和立场，后世一般认为立后之事不可信。

◀) 崔妃是李豫的嫡妻，杨玉环的姐姐韩国夫人之女。她也应该是升平公主的生母（此事有争议）。据《旧唐书》记载，由于娘家的势力强大，崔妃甚是彪悍好妒。但安史之乱后，杨家的风光一去不返，崔妃也遭到李豫的冷落，最后郁郁而终。

初，妃挟母氏之势，性颇妒悍，及西京陷贼，母党皆诛，妃从王至灵武，恩顾渐薄，达京而薨。

——《旧唐书》

◀) 沈氏就是传说中的吴兴才女沈珍珠（此名无史据），唐德宗李适的生母。据《旧唐书》记载，开元末年，她以良家子（即名门世家之女）的身份嫁给李豫，安史之乱时未能跟随李豫出宫避难，陷于叛军之手。李豫收复洛阳后，在掖庭宫中与沈氏重逢，但没有将她带回长安，而是将她留在了洛阳宫中。759年，洛阳再次陷落，沈氏下落不明。李豫此后派人寻访了十几年，一无所获。

●●●○○ 大唐通信 📶　　　　　　　100% 🔋

〈　大唐雄风（10）　　　　　　　⋯

李治

有啥好说的……

李治

李豫的子女有40个左右，只有长子是沈氏所生，这也叫情圣？

李治

那我跟阿武生了6个，我岂不是"情癫大圣"？

李世民

6个了不起？我家长孙皇后还生了7个呢！

李渊

🐸

李渊

咳，孩子多并不能说明什么。

●●●○○ 大唐通信 📶　　　　　　100% 🔋

‹ 　大唐雄风（10）　　　　　⋯

李渊
李豫要是真爱沈氏，怎么会接连两次将她抛在战乱之地，以至下落不明呢？

李隆基
[表情]

李旦
就连沈氏的皇后之位，都是她儿子李适即位后追封的。

李旦
对比一下独孤氏和她女儿华阳公主去世后的待遇，李豫更偏心谁，一目了然嘛。🐕

李豫
[表情]

敲黑板

🔊 李渊觉得"孩子数量"的话题让他很尴尬，因为他虽和窦皇后生了5个子女，但另外还有36个孩子，并且大多数是在窦皇后逝世后生的。李隆基觉得"战乱之地"的话题让他很尴尬，因为杨贵妃也是在躲避战乱的逃亡路上被他抛弃的，甚至丢掉了性命。

🔊 据《旧唐书》记载，独孤贵妃病逝后，李豫将她追谥为贞懿皇后，她去世后三年，李豫都不忍心将她迁出宫安葬。后来李豫想为她在长安近郊修陵，被大臣上书劝阻，才归葬于庄陵之园。而华阳公主去世后，李豫因悲痛过度而多日不肯上朝，直到群臣进谏才恢复听政。

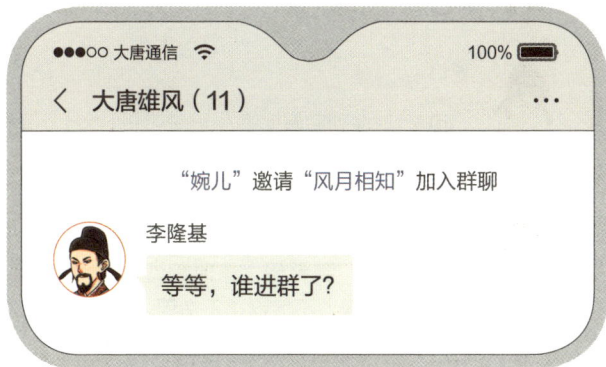

●●●○○ 大唐通信 📶 　　　　　　100% 🔋

〈 大唐雄风（11） 　　　　　 ⋯

"婉儿"邀请"风月相知"加入群聊

李隆基
等等，谁进群了？

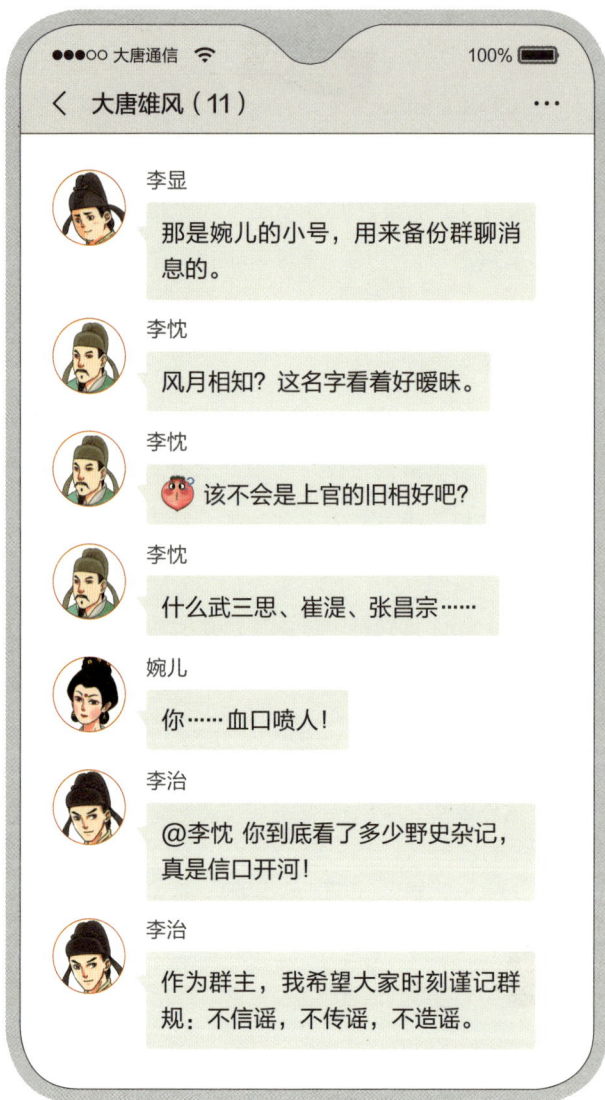

●●●○○ 大唐通信 📶　　　　　100% 🔋

＜　大唐雄风（11）　　　　　···

李显
> 那是婉儿的小号，用来备份群聊消息的。

李忱
> 风月相知？这名字看着好暧昧。

李忱
> 🙈 该不会是上官的旧相好吧？

李忱
> 什么武三思、崔湜、张昌宗……

婉儿
> 你……血口喷人！

李治
> @李忱 你到底看了多少野史杂记，真是信口开河！

李治
> 作为群主，我希望大家时刻谨记群规：不信谣，不传谣，不造谣。

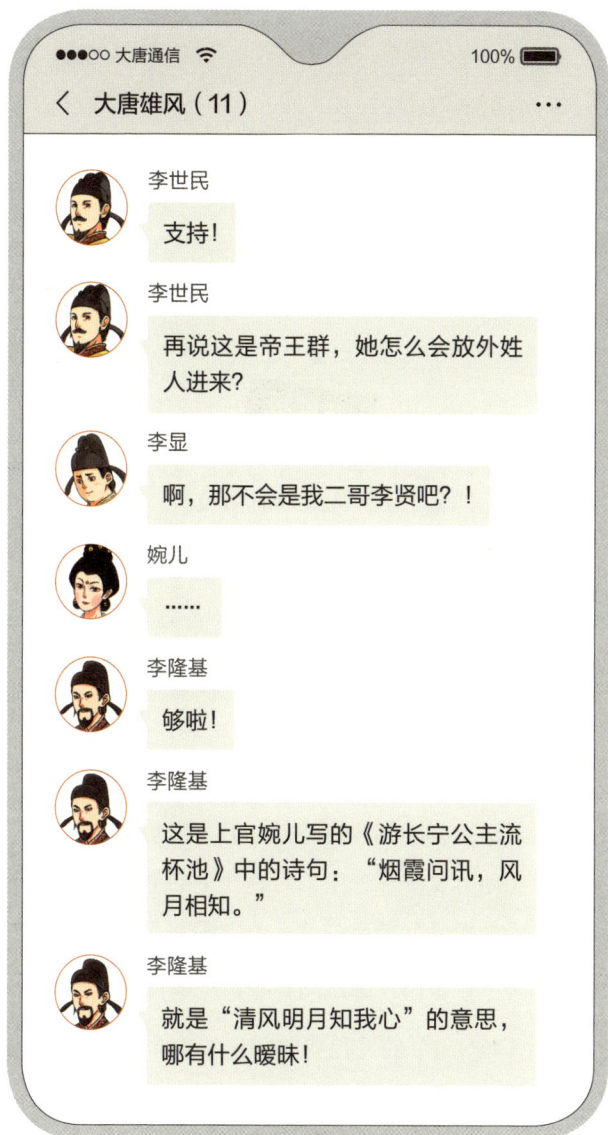

●●●○○ 大唐通信 📶　　　　　　　100% 🔋

❮　大唐雄风（11）　　　　　　⋯

李世民

支持！

李世民

再说这是帝王群，她怎么会放外姓
人进来？

李显

啊，那不会是我二哥李贤吧？！

婉儿

……

李隆基

够啦！

李隆基

这是上官婉儿写的《游长宁公主流
杯池》中的诗句："烟霞问讯，风
月相知。"

李隆基

就是"清风明月知我心"的意思，
哪有什么暧昧！

●●●●○○ 大唐通信 📶　　　　　　100% 🔋

〈　大唐雄风（11）　　　　⋯

李豫

敲黑板

🔊　上官婉儿的私生活，历来颇具争议。

据《旧唐书》记载，上官婉儿不仅与武三思有私情，而且"通于吏部侍郎崔湜（shí）"。这个"通"，被《新唐书》定为私通之意，说她"与崔湜乱"，并且在外宅与多人有不正当男女关系。

对此，有学者认为，两唐书和《资治通鉴》等正史非唐人编撰，对上官婉儿评价较低，但在唐朝文献如《景龙文馆记》《昭容文集序》中，对她几乎都是褒扬称颂，并无任何私生活混乱的确凿记录。上官婉儿一生无子，并且谥号"惠文"，若她秽乱宫廷，恐怕难以得到如此评价。

🔊　唐朝张垍（jì）的《控鹤监秘记》中有上官婉儿与张昌宗私相调谑的情节，但此书为艳情小说，不足为据。

◀》　　上官婉儿与章怀太子李贤在影视剧中常被设定为青梅竹马的初恋，但在正史中未见相关记载，应为后世的杜撰附会。

李世民
@李显 大丸子，有传言说韦皇后专权时期奢侈无度，甚至背着你养面首，你却装聋作哑，这难道不是空穴来风？

李忱
太不像话了！武则天好歹都等丈夫去世才……

李世民
😡

李治
😡😡

李忱
才……才当上皇帝！

●●●○○ 大唐通信 📶 100% 🔋

< 大唐雄风（11） ···

婉儿

意思是：张皇后不开心，肃宗皇帝就急得上蹿下跳！

李亨

😈 这也配叫诗？是哪个文盲胡编的？！

婉儿

杜甫。

李亨

……

李亨

哼，是那个连叛军都没法抓住的杜甫吗？他整天忙着忧国忧民，怎么还有闲心来八卦我的家事！😡

敲黑板

🔊 "面首"是美男子的意思，此处指男宠。正史中明确

记载的韦皇后的情人有武三思、马秦客、杨均、叶静等。

🔊　歌谣"外边只有裴谈，内里无过李老"的意思是：皇宫之外，最怕老婆的首推裴谈，皇宫之内，最怕老婆的当属李显。据唐朝孟棨（qǐ）的诗论《本事诗》记载，此曲名为《回波乐》，是一次皇宫内部的宴会上，优人当着李显的面唱的，优人还因此得到韦皇后的赏赐。

🔊　"叛军都没法抓住"是指杜甫从叛军手中逃脱一事。据元朝辛文房的评传汇编《唐才子传》记载，安史之乱发生后，杜甫曾不幸被叛军所俘。757年，杜甫冒着生命危险出逃，前去凤翔投奔李亨，获任左拾遗一职。

●●●○○ 大唐通信 📶　　　　　　100% 🔋

〈　大唐雄风（11）　　　　　⋯⋯

李显
帝王何来家事？都是天下事。

李显
比如废立皇后吧，一不留神就能给天下换个主……

李治
😡 你小子什么意思？

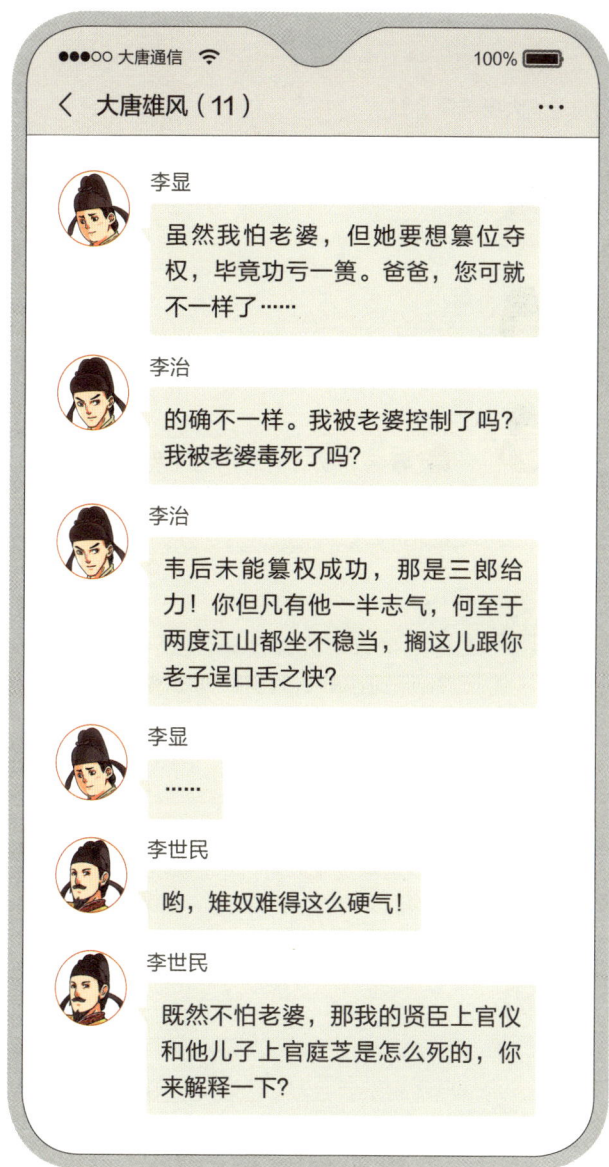

●●●○○ 大唐通信 🛜   100% 🔋

< 大唐雄风（11）   •••

李显

虽然我怕老婆，但她要想篡位夺权，毕竟功亏一篑。爸爸，您可就不一样了⋯⋯

李治

的确不一样。我被老婆控制了吗？我被老婆毒死了吗？

李治

韦后未能篡权成功，那是三郎给力！你但凡有他一半志气，何至于两度江山都坐不稳当，搁这儿跟你老子逞口舌之快？

李显

⋯⋯

李世民

哟，雉奴难得这么硬气！

李世民

既然不怕老婆，那我的贤臣上官仪和他儿子上官庭芝是怎么死的，你来解释一下？

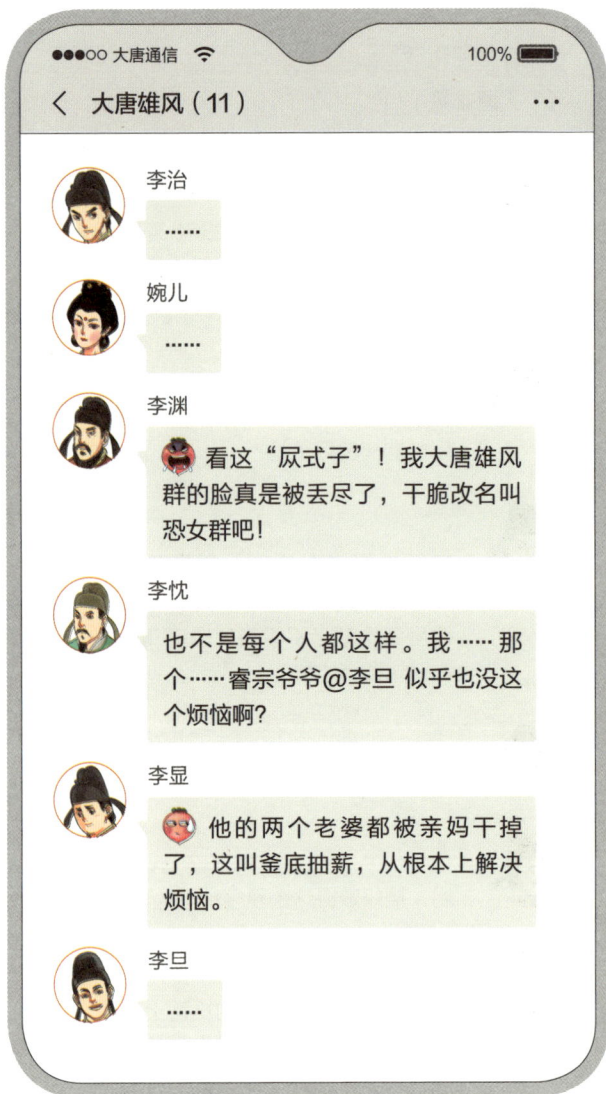

●●●○○ 大唐通信 📶   100% 🔋

< 大唐雄风（11）   ···

李治
······

婉儿
······

李渊
😡 看这"尿式子"！我大唐雄风群的脸真是被丢尽了，干脆改名叫恐女群吧！

李忱
也不是每个人都这样。我······那个······睿宗爷爷@李旦 似乎也没这个烦恼啊？

李显
😎 他的两个老婆都被亲妈干掉了，这叫釜底抽薪，从根本上解决烦恼。

李旦
······

●●●○○ 大唐通信 📶　　　　　　100% 🔋

< 　大唐雄风（11）　　　　　　⋯

李隆基
……

李亨
啊这……曾奶奶她到底杀了多少皇室成员啊？😨

李豫
《旧唐书》所载的一百多个非正常死亡的李唐皇族，在她掌权时期死去的就占六成。

李渊
😡😡

李世民
😆😆

李显
哇，我妈可真是个"皇室清理大师"！

李治

●●●○○ 大唐通信 📶　　　　　　　　100% 🔋

〈　大唐雄风（11）　　　　　　···

李治

你给我闭嘴！

李忱

这么说来，玄宗爷爷和上官，一个是母亲和嫡母，一个是父亲和祖父，都是被……

武则天

都是被我杀的。

武则天

😡 怎么，你想帮他们报仇吗？

李忱

……

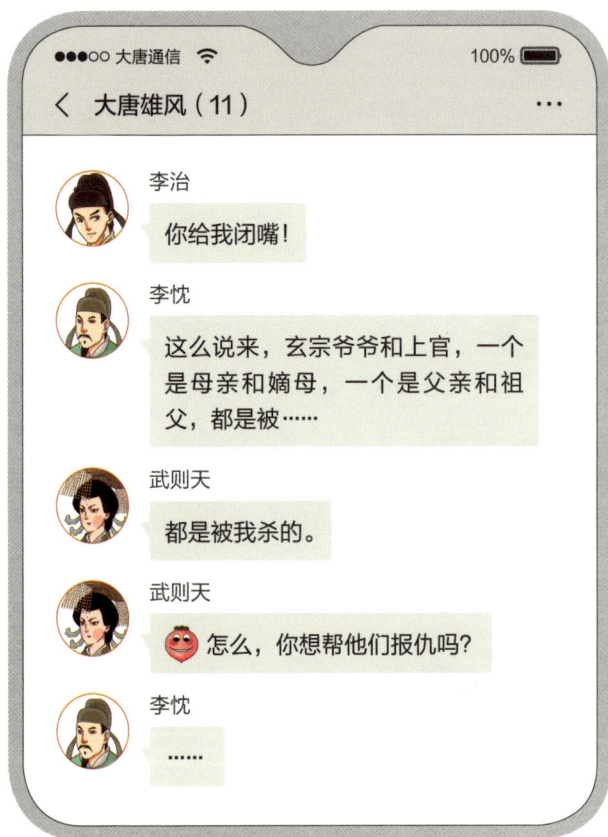

* 不知何时，一直在潜水窥屏的"风月相知"已经将昵称改为"武则天"并更换了头像……

098

敲黑板

◄» 上官仪（即上官婉儿的爷爷）在李世民一朝担任秘书郎，在李治一朝官至宰相，曾开创"绮错婉媚"的宫廷诗风，被后世称作"上官体"。

据《新唐书》记载，李治曾想废掉武皇后，就命上官仪草拟废后诏书，不料武则天察觉此事，前来申辩。李治心有不忍，又怕武则天怨恨，就说："这都是上官仪教我的。"导致上官仪和儿子上官庭芝遭到武则天的报复，被诬陷谋反而死。

> 帝因大怒，将废为庶人，召仪与议。仪曰："皇后专恣，海内失望，宜废之以顺人心。"帝使草诏。左右奔告后，后自申诉，帝乃悔；又恐后怨恚，乃曰："上官仪教我。"后由是深恶仪。
>
> ——《新唐书》

◄» "两个老婆"指李旦的刘皇妃与窦德妃（即李隆基的生母）。据《旧唐书》记载，武周时期，两人同时被武则天秘密杀害，尸骨无存。后来李旦追谥刘皇妃为肃明皇后，追谥窦德妃为昭成皇后。

武周（690—705）是武则天建立的朝代，国号为周，改洛阳为神都，为了区别于先秦的周朝而被称作武周。

🔊 　武则天曾自命名为武曌。据《资治通鉴》记载，689年，凤阁侍郎（即中书侍郎）宗秦客改造出12个字进献，武则天从中选取"曌"字为名。"武则天"是近代才出现的称呼，起源于705年李显为她上的尊号"则天大圣皇帝"（后改为"则天大圣皇后"），同年即有记录她当政时期的编年体史书《则天实录》。至于她的本名是什么，目前未有定论。

小剧场 重阳诗会

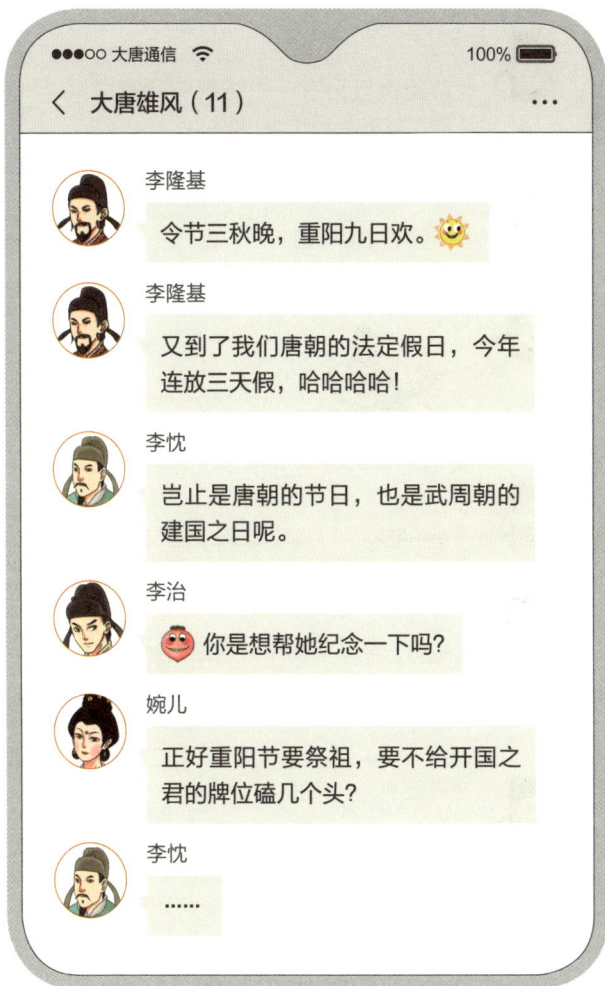

●●●○○ 大唐通信 📶　　　　　　100% 🔋

< 大唐雄风（11）　　　　　　　···

李隆基
令节三秋晚，重阳九日欢。🌞

李隆基
又到了我们唐朝的法定假日，今年连放三天假，哈哈哈哈！

李忱
岂止是唐朝的节日，也是武周朝的建国之日呢。

李治
🍑 你是想帮她纪念一下吗？

婉儿
正好重阳节要祭祖，要不给开国之君的牌位磕几个头？

李忱
……

●●●○○ 大唐通信 📶　　　　　　100% 🔋

‹　**大唐雄风（11）**　　　　　　···

李世民

> 群里有且只有一个正统的开国之
> 君，我爸爸@李渊。❤️

李世民

> 不服的来射一箭！

李世民

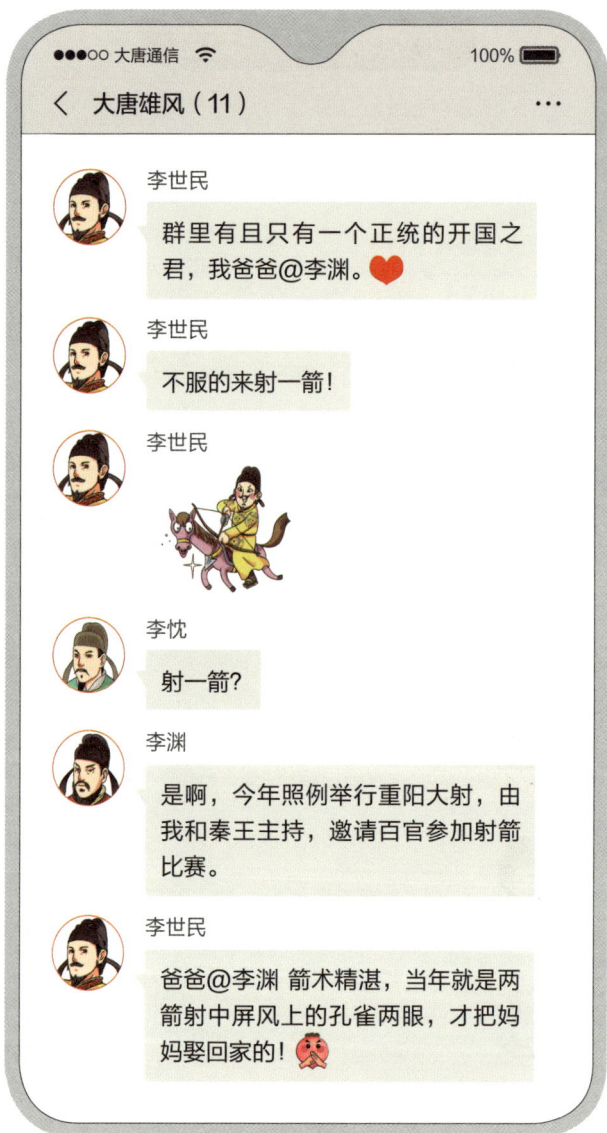

李忱

> 射一箭？

李渊

> 是啊，今年照例举行重阳大射，由
> 我和秦王主持，邀请百官参加射箭
> 比赛。

李世民

> 爸爸@李渊 箭术精湛，当年就是两
> 箭射中屏风上的孔雀两眼，才把妈
> 妈娶回家的！😡

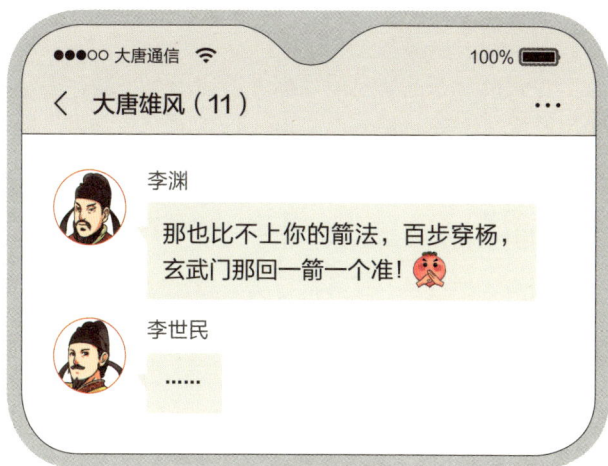

●●●●○○ 大唐通信 🛜　　　　　　　　100% 🔋

‹ 大唐雄风（11）　　　　　　　　⋯

李渊

那也比不上你的箭法，百步穿杨，
玄武门那回一箭一个准！😡

李世民

⋯⋯

敲黑板

🔊　重阳节是唐朝的法定假日，至少休假一天，有时会延
至三天（从九月八日放到十日，十日又称"小重阳"）。
皇帝通常会举办重阳赐宴活动，从时间和金钱上鼓励官员
们休沐游乐。

🔊　天授元年（690年）九月九日，武则天改唐为周，正
式登基，九月十二日，自封尊号为圣神皇帝。

🔊　"重阳大射"是初唐时期重阳节的重要礼仪。据《唐
会要》记载，射礼的意义是"别正邪，观德行，中祭祀，
辟寇戎"，以礼俗为重，一般由皇帝亲自主持，官员轮流
射箭，射中即获奖赏。李渊、李世民、李治、李隆基均举

103

办过重阳大射。

◀) 李世民的母亲是窦皇后。据《旧唐书》记载，窦皇后
的父亲认为女儿才貌不凡，不可轻易许人，于是在屏风上
画了两只孔雀，让求婚的诸位公子各射两箭，暗自决定将
女儿嫁给射中孔雀眼睛的人。来了几十个人都失败了，只
有李渊两箭各中一目，最终抱得美人归。这就是成语"雀
屏中选"的典故。

●●●○○ 大唐通信 🛜   100% 🔋

〈 **大唐雄风（11）**   ···

李忱
真羡慕你们还能玩射箭。

李忱
我们中唐之后的皇帝，重阳节都要
宴请群臣，给他们发钱、发礼物。
😳

李显
🍐射箭、游猎太耗体力，我最近身
体不适，玩不动了……

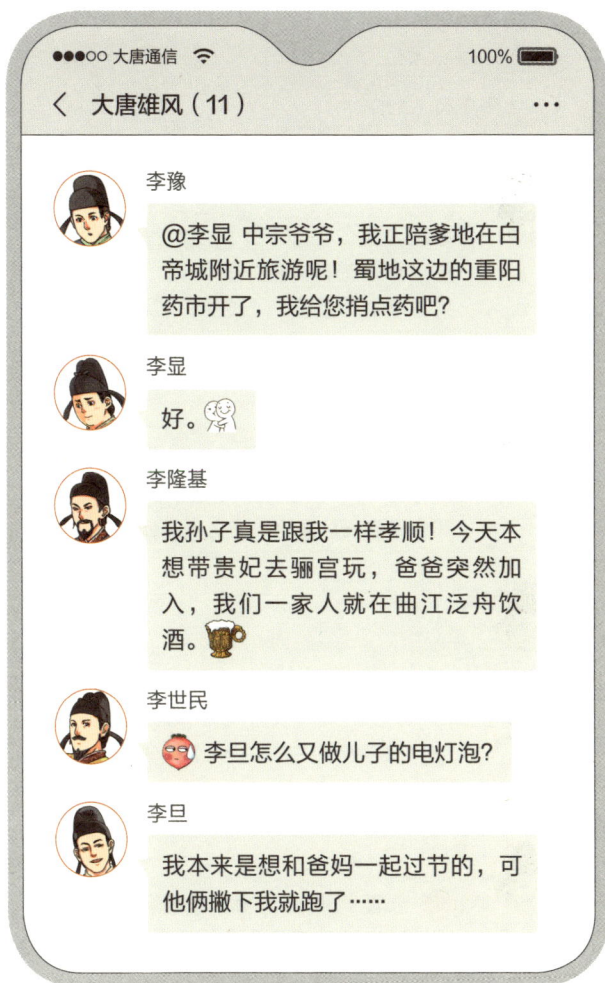

婉儿

是啊，连公主都不许跟去。我和公主要奉旨带宫人们采集百花，蒸制麻葛糕、米锦糕、五色糕，以赐群臣。

李亨

欸？我记得往年的重阳，高宗爷爷 @李治 都会登上大雁塔赐饮群臣，怀念母亲长孙皇后，怎么今年就……

李治

……

李世民

哼，娶了媳妇忘了娘，只顾自己快活！

李治

爸爸，我们一家人都团聚了啊！昨晚我还陪妈妈看书呢。

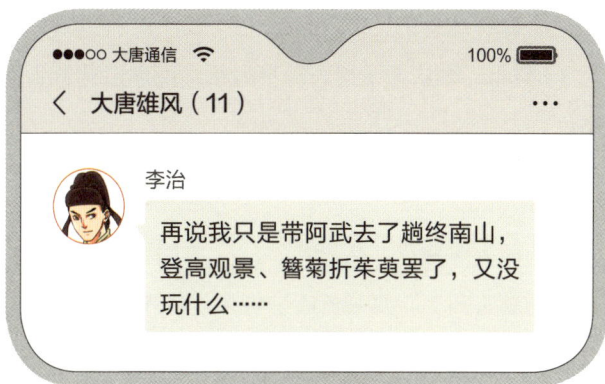

●●●○○ 大唐通信 📶　　　　　　　100% 🔋

< 大唐雄风（11）　　　　　　···

李治

再说我只是带阿武去了趟终南山，登高观景、簪菊折茱萸罢了，又没玩什么……

敲黑板

🔊　唐朝中期开始，重阳节也成为交易药物的特殊日子。据宋朝高承编撰的类书《事物纪原》记载，在唐朝，四川梓州会在重阳节当天开办药市，以供各地药商在此交易药品。这项风俗在当地倍受重视。

🔊　因为"糕"谐音"高"，暗合登高之俗，所以重阳节也有食糕的习俗。在史料文献中，麻葛糕、米锦糕、五色糕都是唐朝重阳节的节令食物，武则天就曾命宫女采百花，和味捣碎，以蒸制花糕赏赐群臣。

🔊　大雁塔位于长安的慈恩寺内，皇室贵胄经常到此走访观游。尤其在重阳节这天，皇帝带领妃嫔、近臣幸临寺院，一同登高望远、求福祷告、饮酒唱和。而慈恩寺对于李治更有着特殊意义。据宋朝张礼的见闻录《游城南记》记载，647年，李治为了给长孙皇后祈福而建造慈恩寺。

🔊 唐朝不论宫廷、民间，不分男女，皆有重阳节登高、簪菊、佩茱萸、插茱萸的节日礼俗。

簪菊即头插菊花，杜牧有诗云："尘世难逢开口笑，菊花须插满头归。"佩茱萸就是将茱萸装入袋中，挂在胸前、腰间或手臂上，而插茱萸是指在头上插戴茱萸花或茱萸枝。这类风俗在魏晋已经出现，在唐朝得到了进一步的发展。

●●●○○ 大唐通信 🛜　　　　　　　　　　100% 🔋

< **大唐雄风（11）**　　　　　　　　　···

李隆基
> 重阳就是要赏花赋诗嘛！既然赏了花，不如咱们像上次一样，再联个诗? 😁

李渊
> 又得是当朝的诗人?

李渊
> 我开国之初百废待兴，哪来那么多诗人，这不是为难我吗? 😡

●●●○○ 大唐通信 📶　　　　　　　100% 🔋

‹　大唐雄风（11）　　　　　　···

婉儿

明明是为难作者！

李隆基

那就不限时期，只要是唐朝的都行！

李隆基

这回以"花"为主题，不限平仄，对不好的就罚唱歌。😊

李隆基

高祖爷爷，您先来个耳熟能详的呗！

李渊

去年今日此门中，人面桃花相映红。

李忱

年年岁岁花相似，岁岁年年人不同。

李治

花径不曾缘客扫，蓬门今始为君开。

李世民

沧海成尘等闲事，且乘龙鹤看花来。

📍

109

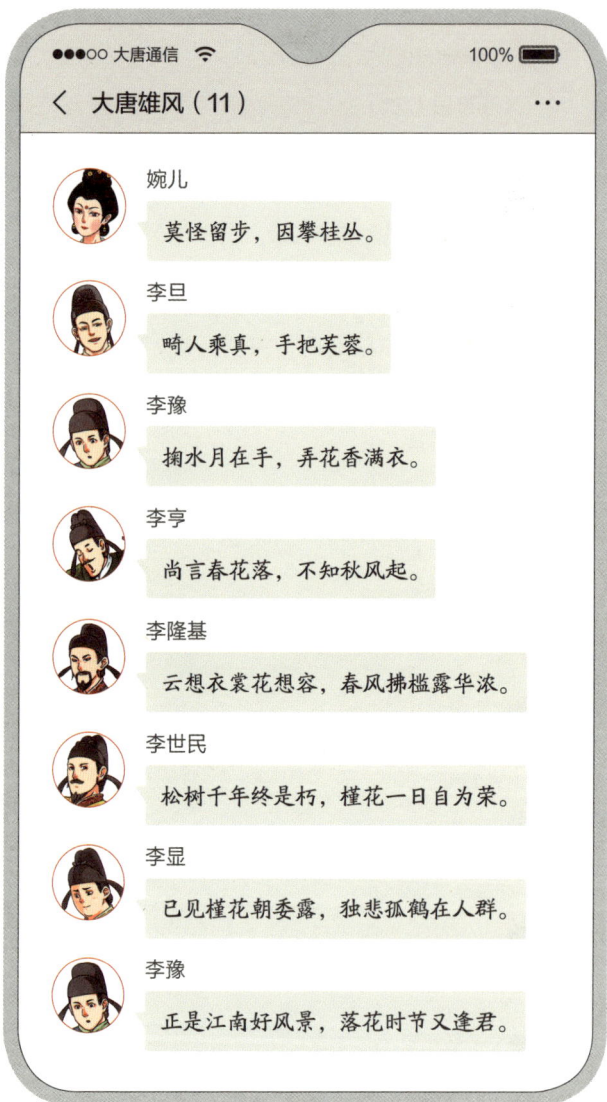

●●●○○ 大唐通信 📶　　　　　　　100% 🔋

< 大唐雄风（11）　　　　　　···

婉儿
莫怪留步，因攀桂丛。

李旦
畸人乘真，手把芙蓉。

李豫
掬水月在手，弄花香满衣。

李亨
尚言春花落，不知秋风起。

李隆基
云想衣裳花想容，春风拂槛露华浓。

李世民
松树千年终是朽，槿花一日自为荣。

李显
已见槿花朝委露，独悲孤鹤在人群。

李豫
正是江南好风景，落花时节又逢君。

●●●○○ 大唐通信 📶　　　　　　100% 🔋

〈　大唐雄风（11）　　　　　⋯

李治

> 独夜三更月，空庭一树花。

李旦

> 烂熳岂无意，为君占年华。

婉儿

> 去年花里逢君别，今日花开又一年。

李隆基

> 桃花流水窅然去，别有天地非人间。

李显

> 寥落古行宫，宫花寂寞红。

李忱

> 人闲桂花落，夜静春山空。

李世民

> 春风得意马蹄疾，一日看尽长安花。

李亨

> 冲天香阵透长安，满城尽带黄金甲！

* 李亨言毕，群成员一齐陷入了沉默⋯⋯

●●●○○ 大唐通信 🛜 100% 🔋

< 大唐雄风（11） ⋯

李亨
干吗？这句有问题吗？难道又是杜甫写的？

婉儿
不是他，是黄巢。

李亨
……

李渊
😡 这个贼军头子差点把大唐给玩完，他的诗你也敢用？！

李亨
🍅 啊这……不知者无罪……

李世民
少废话，唱歌！

李亨
10″

🎵 走走走走走啊走，走到九月九，oh！他乡没有烈酒，没有问候，嘿！

📍

112

●●●○○ 大唐通信 🛜　　　　　　　　100% 🔋

❮　大唐雄风（11）　　　　　　···

李世民

李治

李豫

李忱

李显

李渊
闭嘴！这分明是在罚我们！😆

李隆基
🍅 李亨，你今早是不是到江边唱过歌啊？

李亨
对啊！😁 爸爸你怎么知道？

📍

113

●●●○○ 大唐通信 🛜   100% 🔋

〈 大唐雄风（11）   **···**

李隆基

> 难怪李白在朋友圈诗兴大发！

李亨

> 他发什么了？🍑

婉儿

> "两岸猿声啼不住，轻舟已过万重山。"

李亨

> ······

敲黑板

🔊 李渊所吟，出自崔护的诗。

题都城南庄

去年今日此门中，人面桃花相映红。

人面不知何处去，桃花依旧笑春风。

据唐朝孟棨的诗论《本事诗》记载，崔护因科考不第，在清明节独游长安，因口渴而到一处庄园求水，被一位少女殷勤接待。次年清明节，崔护相思难耐，于是重访旧地，但少女已不知去向。

🔊 "花径不曾缘客扫，蓬门今始为君开"出自杜甫的《客至》。为了躲避战乱，杜甫携家人来到成都，并在浣花溪旁修建了一座茅屋（即"成都草堂"）。这首诗作于761年，表达了草堂落成后有客来访的喜悦之情。

🔊 "掬水月在手，弄花香满衣"出自于良史的《春山夜月》。泉水清澈明净，捧在手中，仿佛将水中倒映的明月也收拢在掌心；鲜花幽香馥郁，抚摩把玩，似乎全身的衣衫也变得芬芳扑鼻。此句将泉水和明月映照、鲜花与香衣结合，视野开阔、物我相融，集视觉、触觉和嗅觉于一体，读来如临其境。其中"掬"和"弄"有手捧、赏玩之意，体现了诗人怡然自得的游乐之趣。

🔊 李豫第二次所吟，出自杜甫的诗。

江南逢李龟年

岐王宅里寻常见，崔九堂前几度闻。

正是江南好风景，落花时节又逢君。

* "岐王"是李隆基的弟弟李范，"崔九"是崔湜的弟弟崔涤。他们都是当时的王公贵人。

　　李龟年是开元年间的乐工，精通音律，经常被王公贵族请去表演。安史之乱后，李龟年流落到江南（今湖南一带），与同样流落至此的杜甫偶遇。时值乱世，故人重逢，杜甫百感交集，于是写下此诗。

🔊　"独夜三更月，空庭一树花"出自李商隐的《寒食行次冷泉驿》。冷泉驿位于汾州介休县（今山西介休市），位于绵山脚下，李商隐曾于寒食节在此投宿，故而作此诗。寒食节是中国古代的传统节日，据说是为了纪念春秋时期在绵山归隐的忠臣介子推而设立的。

🔊　李显第二次所吟，出自元稹的诗。

行宫

寥落古行宫，宫花寂寞红。
白头宫女在，闲坐说玄宗。

　　"行宫"指洛阳的上阳宫。上阳宫始建于高宗时期，一度是大唐帝国的政治中心。安史之乱后，富丽堂皇的上阳宫遭到破坏，盛极一时的大唐也日益衰落。这首诗着眼于行宫中的宫女，表现了时代的盛衰迁移。

🔊　"春风得意马蹄疾，一日看尽长安花"出自孟郊的《登科后》。孟郊的诗大多描写民间疾苦、世态炎凉，故有"诗囚"之名。他曾两试进士不第，直到46岁终于登科，所以写出了这首肆意纵情、扬眉吐气的"生平第一快诗"。

◀) 李亨第二次所吟，出自黄巢的诗。

不第后赋菊
待到秋来九月八，我花开后百花杀。
冲天香阵透长安，满城尽带黄金甲。

黄巢是唐朝末年的起义领袖。他出身于盐商家庭，但从小就颇有诗才。据说他曾到长安参加科举考试却名落孙山，于是写下此诗来抒发自己的抱负。

◀) 重阳赏花联诗中其他诗句出处：

诗句	出处	作者
年年岁岁花相似，岁岁年年人不同。	《代悲白头翁》	刘希夷
沧海成尘等闲事，且乘龙鹤看花来。	《小游仙诗九十八首·其八十一》	曹唐
莫怪留步，因攀桂丛。	《游长宁公主流杯池二十五首·其六》	上官婉儿
畸人乘真，手把芙蓉。	《诗品二十四则·高古》	司空图
尚言春花落，不知秋风起。	《春女行》	刘希夷

续表

诗句	出处	作者
云想衣裳花想容，春风拂槛露华浓。	《清平调词三首·其一》	李白
松树千年终是朽，槿花一日自为荣。	《放言五首·其五》	白居易
已见槿花朝委露，独悲孤鹤在人群。	《秋夕寄怀契上人》	皇甫曾
烂熳岂无意，为君占年华。	《樱桃花下有感而作》	白居易
去年花里逢君别，今日花开又一年。	《寄李儋元锡》	韦应物
桃花流水窅然去，别有天地非人间。	《山中问答》	李白
人闲桂花落，夜静春山空。	《鸟鸣涧》	王维

女皇驾到：

武则天气场全开，谈笑间怼遍群皇

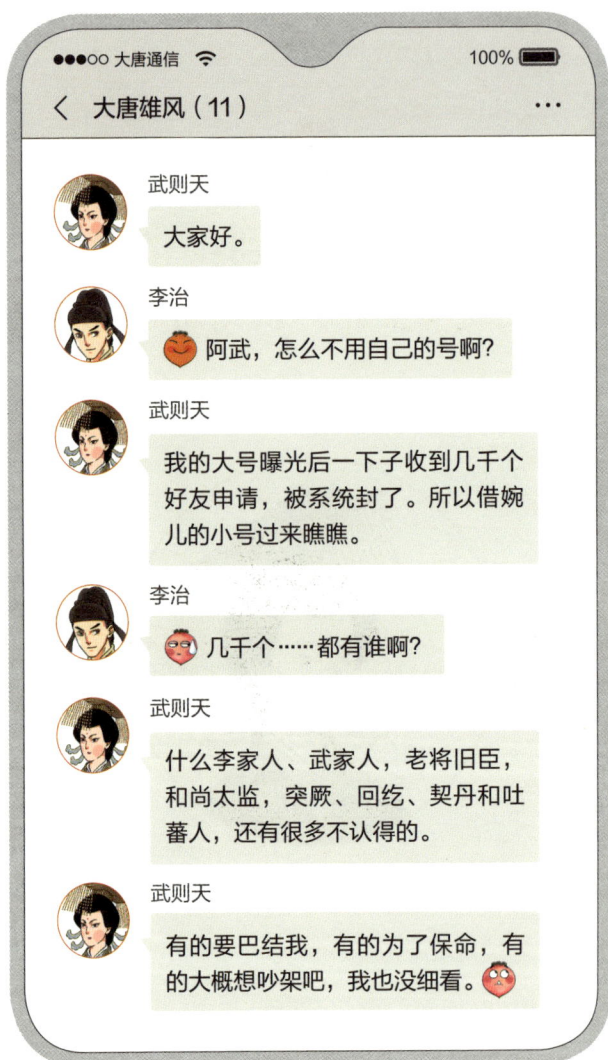

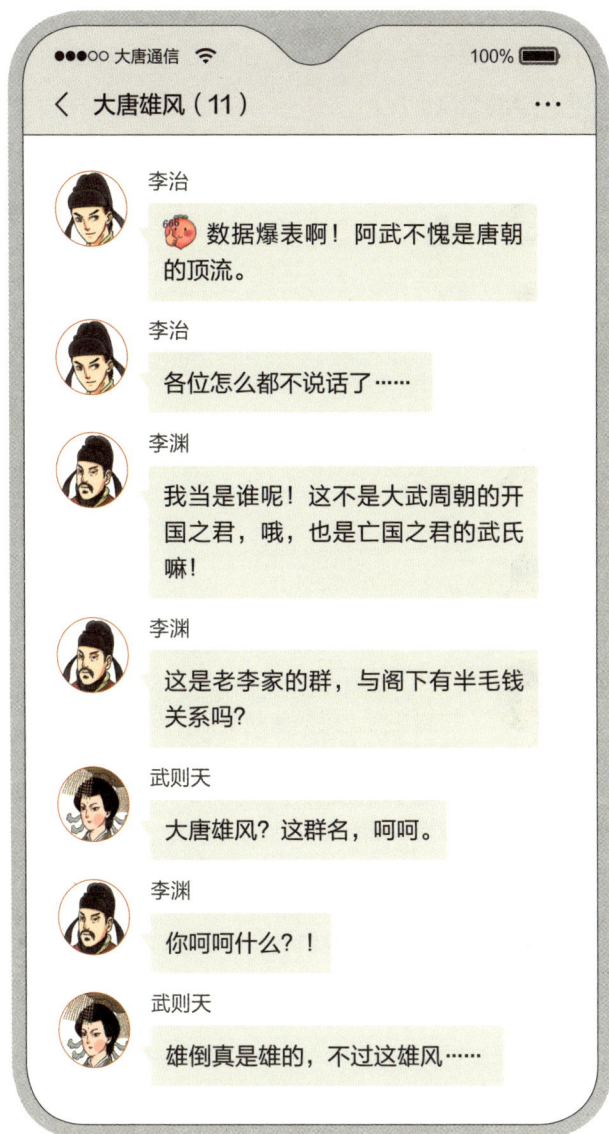

●●●○○ 大唐通信 🛜   100% 🔋

〈   大唐雄风（11）   •••

李治
🍑 数据爆表啊！阿武不愧是唐朝的顶流。

李治
各位怎么都不说话了……

李渊
我当是谁呢！这不是大武周朝的开国之君，哦，也是亡国之君的武氏嘛！

李渊
这是老李家的群，与阁下有半毛钱关系吗？

武则天
大唐雄风？这群名，呵呵。

李渊
你呵呵什么？！

武则天
雄倒真是雄的，不过这雄风……

📍

121

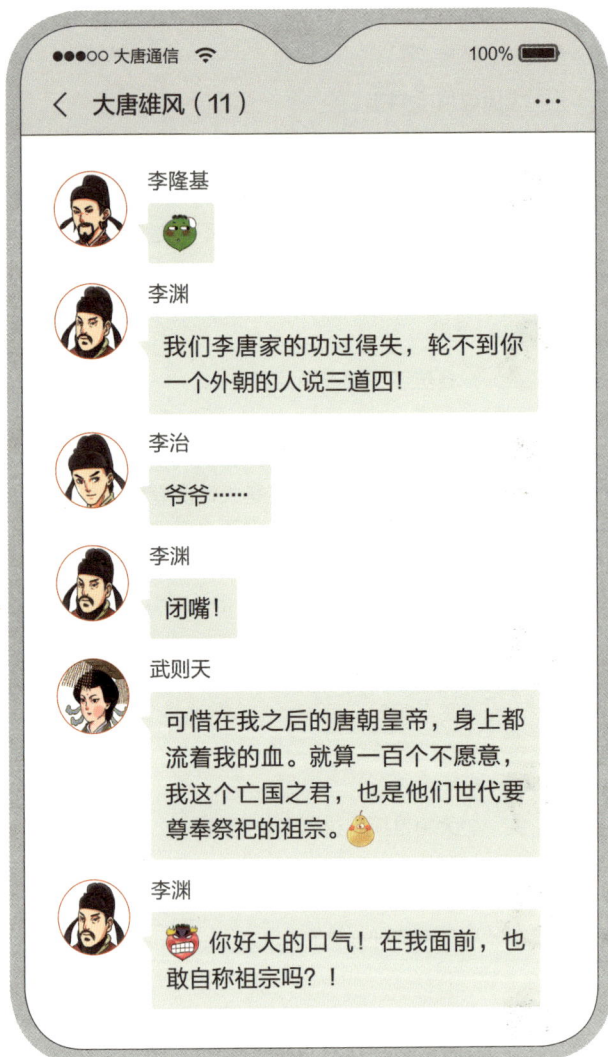

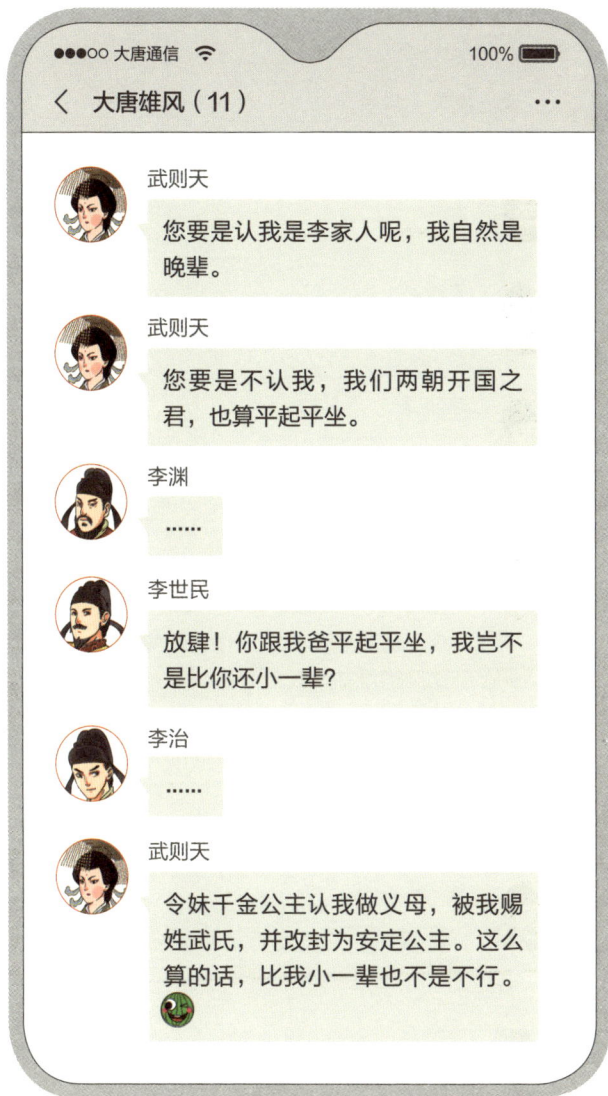

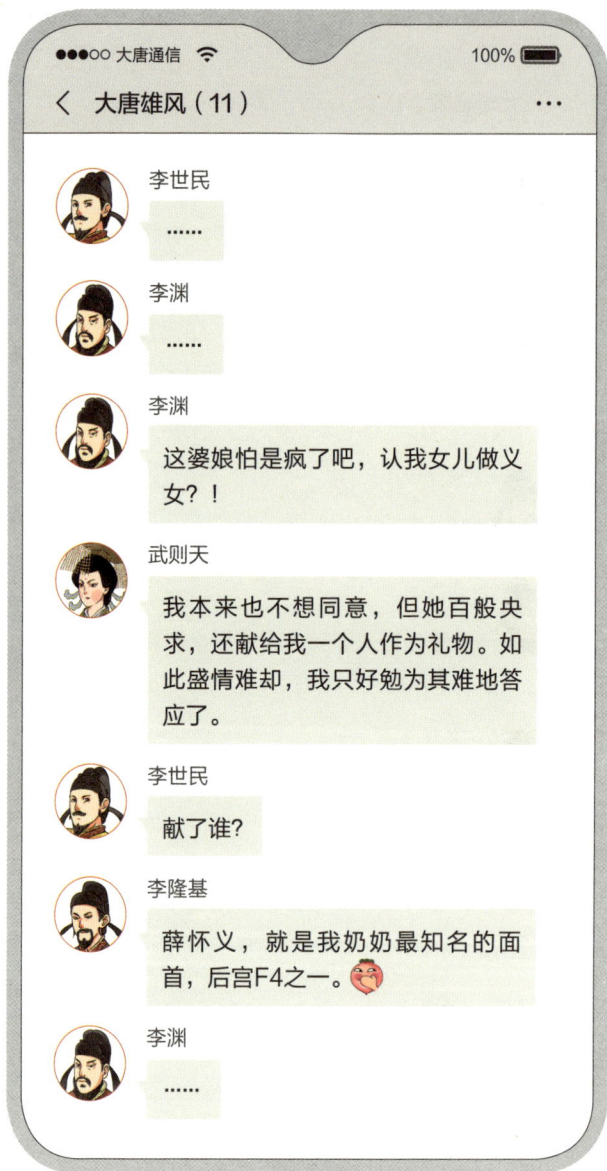

●●●○○ 大唐通信 📶　　　　　　　　100% 🔋

〈　大唐雄风（11）　　　　　　 ⋯

李世民
……

李渊
……

李渊
这婆娘怕是疯了吧，认我女儿做义女？！

武则天
我本来也不想同意，但她百般央求，还献给我一个人作为礼物。如此盛情难却，我只好勉为其难地答应了。

李世民
献了谁？

李隆基
薛怀义，就是我奶奶最知名的面首，后宫F4之一。🍑

李渊
……

李亨
哇！那另外3个是谁？

李世民
😳

李治
😳😳

"李亨"撤回了一条消息

李亨
呃，我想说的是，千金公主真是有胆有识有节操啊！

李渊
……

李世民
不愧是爸爸的女儿！我那个最出名的女儿再不争气，都做不到这么牛。🤭

李渊
💀

敲黑板

🔊 薛怀义原名冯小宝。据《旧唐书》记载，他本来在洛阳以卖药为生，被千金公主的婢女看上，后来又被千金公主推荐给武则天，从此飞黄腾达。

武则天晚年较出名的面首除了薛怀义，还有"二张"兄弟（即张昌宗、张易之），以及御医沈南璆。

🔊 千金公主的生卒年不详，按《新唐书》的排序来看，可能是李渊的第十八女。李渊晚年多子女，幺子李元婴（第二十二子）比武则天还小四岁，所以千金公主和武则天的岁数应该不会差太多。据《旧唐书》记载，她巧言令色、善于媚上，颇讨武则天的欢心，从而得以保全性命。

则天将革命，诛杀宗属诸王，唯千金公主以巧媚善进奉独存。

——《旧唐书》

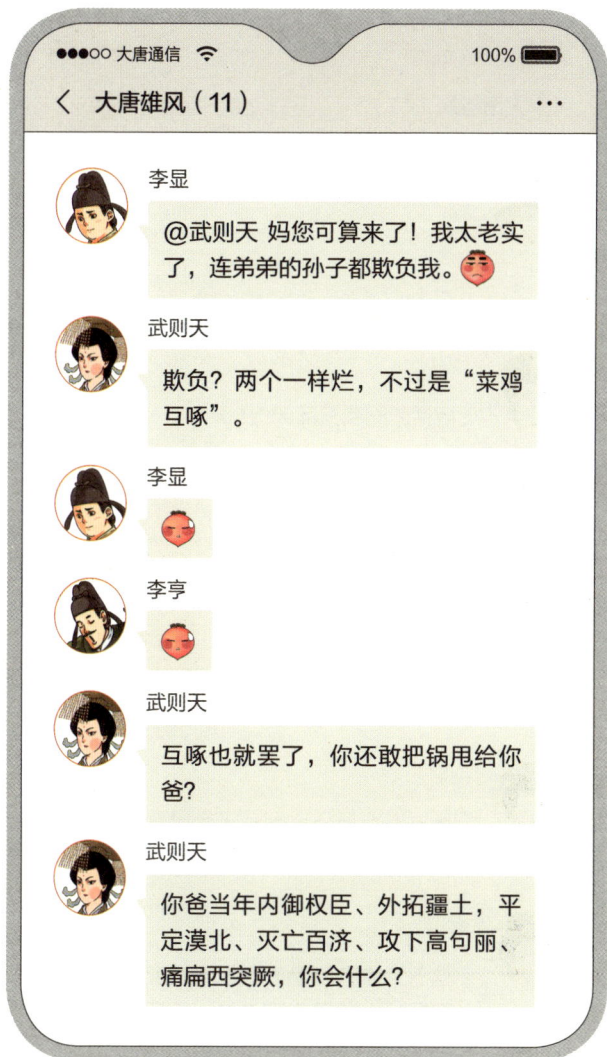

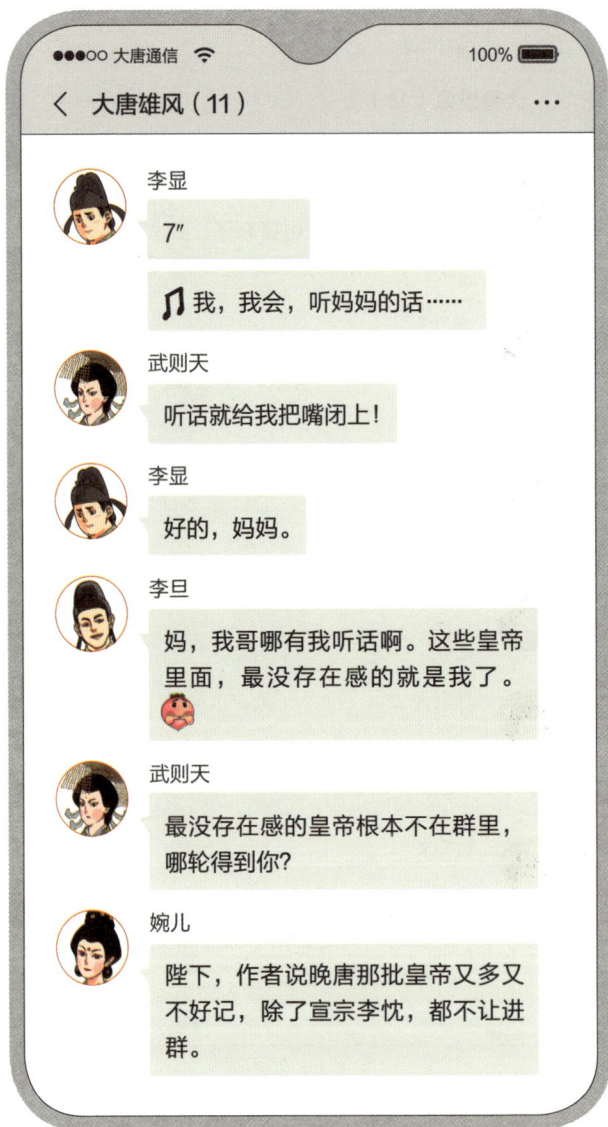

●●●○○ 大唐通信 📶　　　　　　　　100% 🔋

< 　大唐雄风（11）　　　　　　　　···

李显

7″

🎵 我，我会，听妈妈的话……

武则天

听话就给我把嘴闭上！

李显

好的，妈妈。

李旦

妈，我哥哪有我听话啊。这些皇帝里面，最没存在感的就是我了。😣

武则天

最没存在感的皇帝根本不在群里，哪轮得到你？

婉儿

陛下，作者说晚唐那批皇帝又多又不好记，除了宣宗李忱，都不让进群。

📍

128

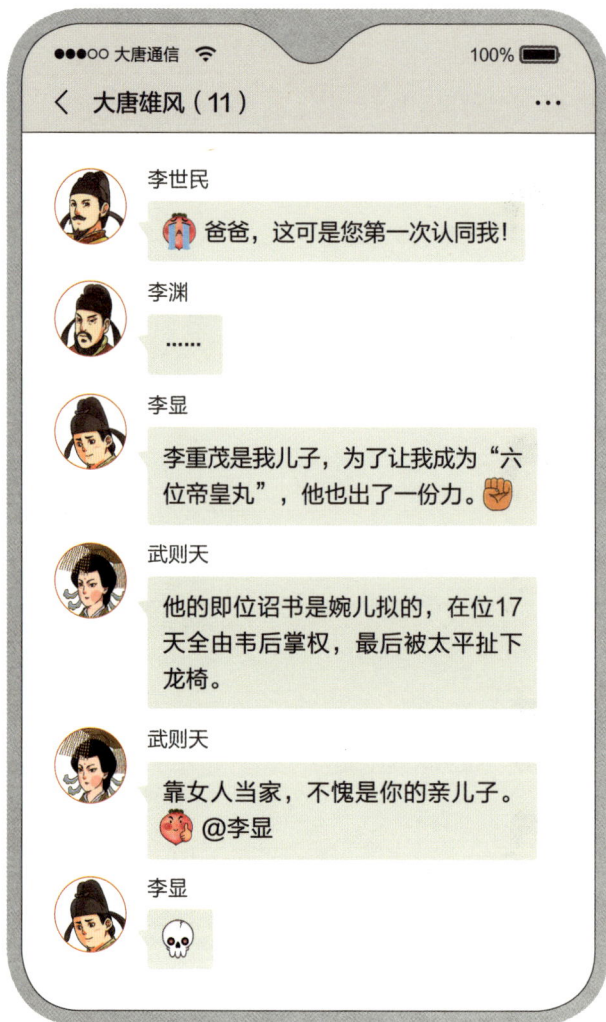

大唐雄风（11）

李世民
爸爸，这可是您第一次认同我！

李渊
......

李显
李重茂是我儿子，为了让我成为"六位帝皇丸"，他也出了一份力。

武则天
他的即位诏书是婉儿拟的，在位17天全由韦后掌权，最后被太平扯下龙椅。

武则天
靠女人当家，不愧是你的亲儿子。
@李显

李显
💀

敲黑板

🔊 李治在位时的军事成就十分瞩目：650年，唐将高侃生擒突厥的车鼻可汗，平定漠北；657年，苏定方奉命征讨西域，灭西突厥；660年，唐将苏定方率军渡海，灭百济；668年，唐军攻占平壤，灭高句丽。从此迎来了传说中唐朝疆域版图最大的时期。

🔊 唐少帝李重茂是李显的第四子。据《资治通鉴》记载，李显去世后，太平公主和上官婉儿共同起草了一份遗诏，将16岁的李重茂拥为皇帝，由韦皇后临朝称制。但不到一个月他就被迫将皇位传给李旦，四年后遭贬去世，谥号为殇，所以又被称作唐殇帝。由于在位时间太短且无实权，李重茂的皇帝身份在后世经常不被认可。

🔊 "扯下龙椅"的说法源于《资治通鉴》：李重茂让出皇位的时候，是被太平公主直接从龙椅上提下来的。

时少帝犹在御座，太平公主进曰："天下之心已归相王，此非儿座！"遂提下之。

——《资治通鉴》

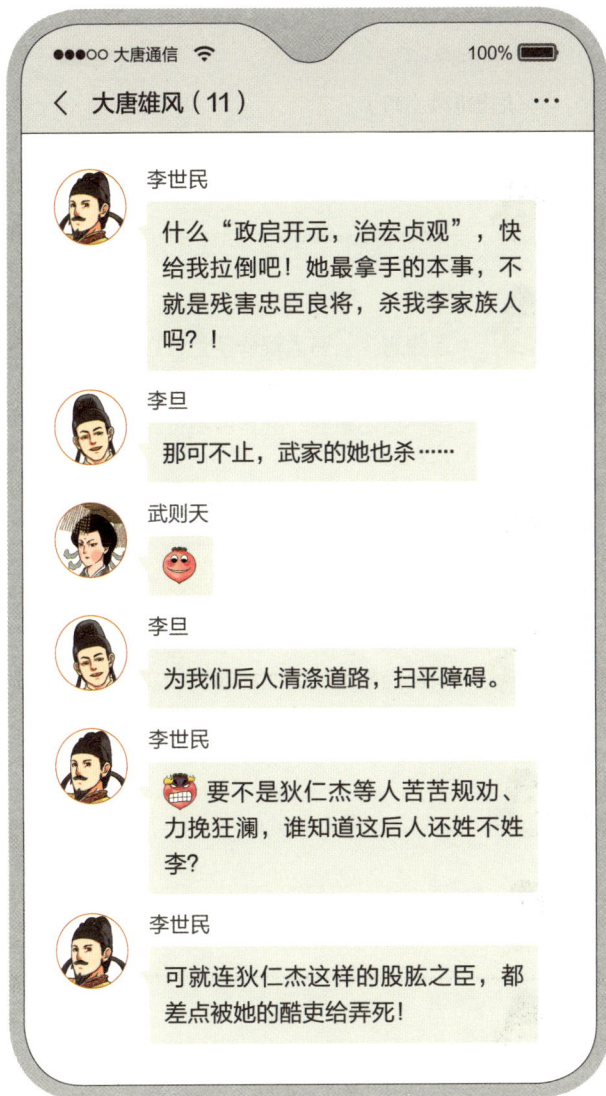

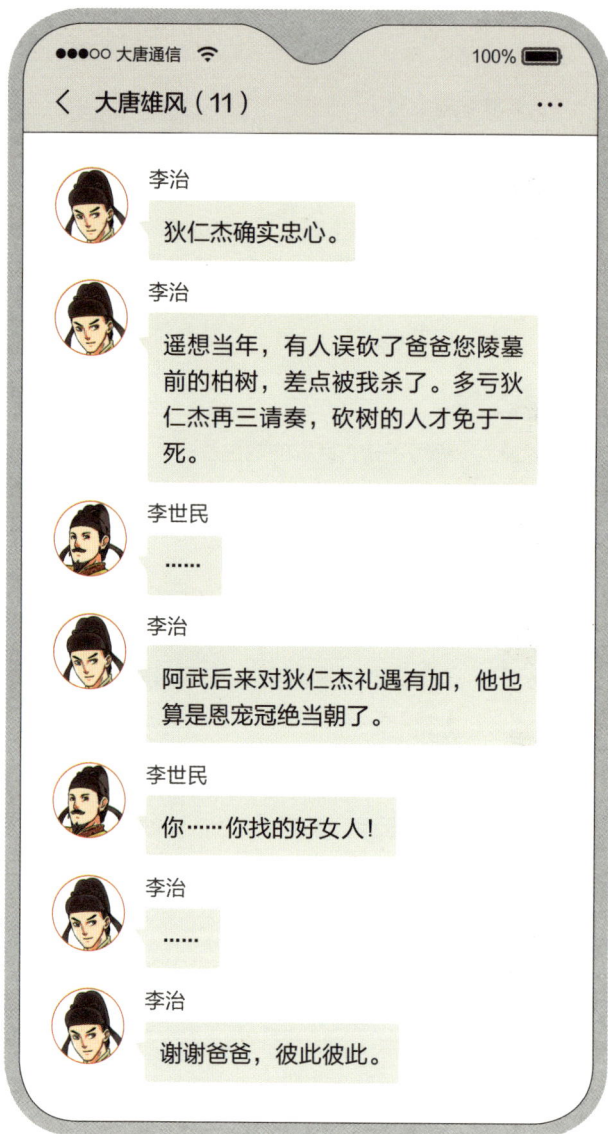

●●●○○ 大唐通信 🛜　　　　　　　100% 🔋

< 　大唐雄风（11）　　　　　　⋯

李治
狄仁杰确实忠心。

李治
遥想当年，有人误砍了爸爸您陵墓前的柏树，差点被我杀了。多亏狄仁杰再三请奏，砍树的人才免于一死。

李世民
……

李治
阿武后来对狄仁杰礼遇有加，他也算是恩宠冠绝当朝了。

李世民
你……你找的好女人！

李治
……

李治
谢谢爸爸，彼此彼此。

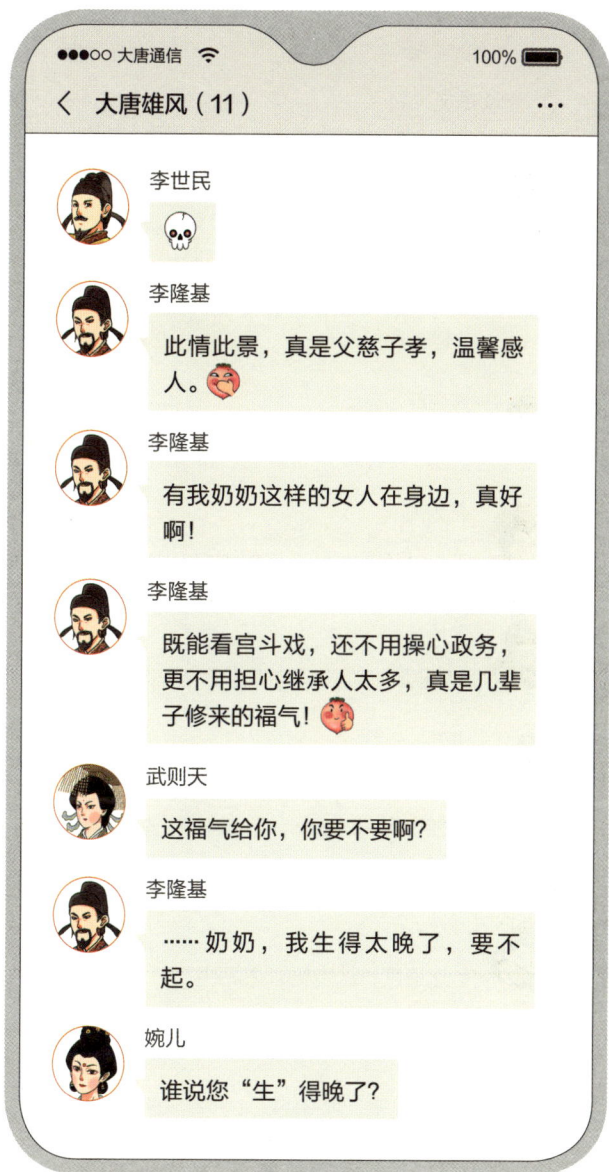

●●●○○ 大唐通信 📶 　　　　　　100% 🔋

〈 大唐雄风（11） 　　　　　　　 **···**

李世民
💀

李隆基
此情此景，真是父慈子孝，温馨感人。😳

李隆基
有我奶奶这样的女人在身边，真好啊！

李隆基
既能看宫斗戏，还不用操心政务，更不用担心继承人太多，真是几辈子修来的福气！😳

武则天
这福气给你，你要不要啊？

李隆基
……奶奶，我生得太晚了，要不起。

婉儿
谁说您"生"得晚了？

📍

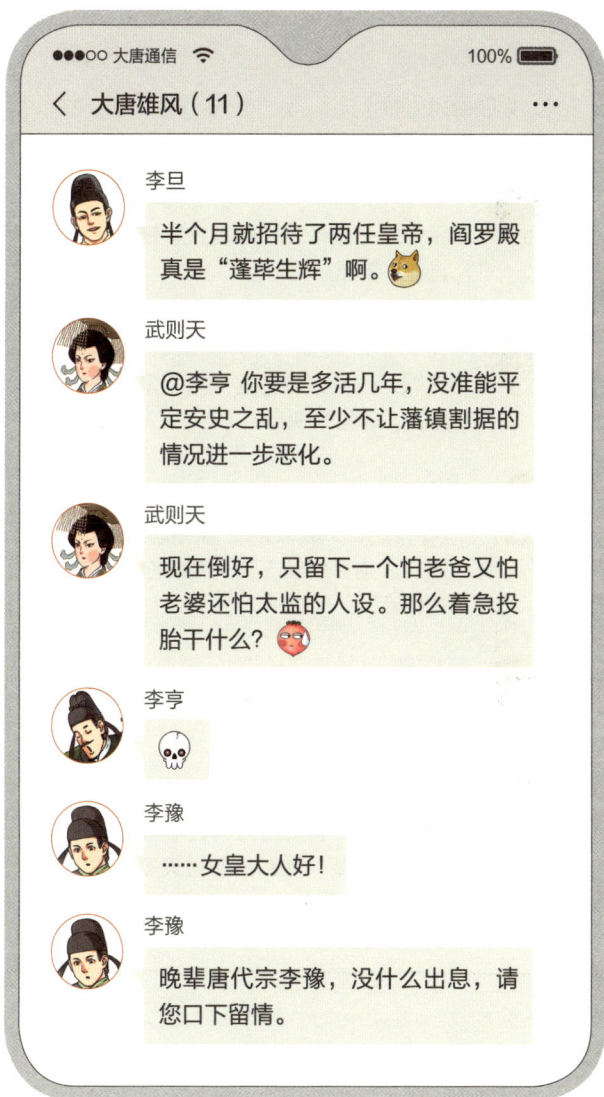

李旦

半个月就招待了两任皇帝，阎罗殿真是"蓬荜生辉"啊。

武则天

@李亨 你要是多活几年，没准能平定安史之乱，至少不让藩镇割据的情况进一步恶化。

武则天

现在倒好，只留下一个怕老爸又怕老婆还怕太监的人设。那么着急投胎干什么？

李亨

💀

李豫

……女皇大人好！

李豫

晚辈唐代宗李豫，没什么出息，请您口下留情。

大唐雄风（11）

武则天
平定安史之乱，铲除宦官李辅国，这还不算出息吗？

李豫
嘿嘿，一共只做了这点微不足道的工作，非常惭愧！

李豫
😳 其实我最大的优点是教女有方，才给后世留下了"醉打金枝"的佳话。

武则天
教女有方？

李旦
🐕 是啊，亲女儿升平公主被喝醉的驸马家暴，他都能劝得夫妻俩重归于好！没去做长安居委会的会长，真是屈才了。

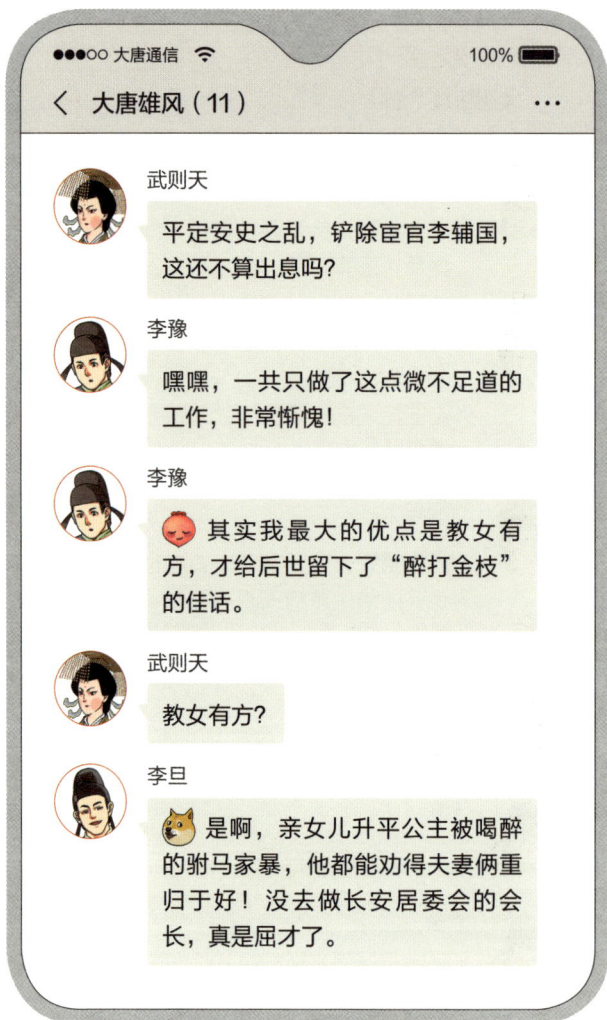

* "醉打金枝"的原型故事没有家暴情节（详见前面的中秋小剧场）。

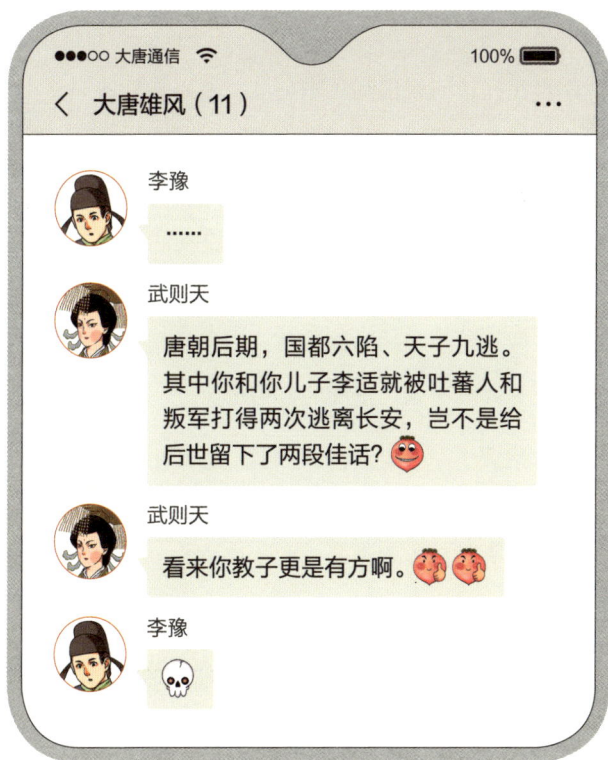

●●●○○ 大唐通信　📶　　　　　　　100% 🔋

〈　大唐雄风（11）　　　　　　　···

李豫
……

武则天
唐朝后期，国都六陷、天子九逃。其中你和你儿子李适就被吐蕃人和叛军打得两次逃离长安，岂不是给后世留下了两段佳话？😳

武则天
看来你教子更是有方啊。😙😙

李豫
💀

敲黑板

🔊　　"干政"在这里指正式理政，如韦皇后的临朝称制、武则天的正式登基。事实上，女子涉政在唐朝并不少见。李世民在位期间，长孙皇后、徐贤妃均不同程度地影响了他的决策。李隆基的王皇后曾协助他发动政变，而武惠妃也干预过储君的废立。

🔊　李世民在位时曾出兵灭东突厥，所以在这段对话中，他对突厥的复辟十分不满。据《资治通鉴》记载，682年突厥吐屯啜骨咄禄反叛唐朝，建立后突厥政权，此后连年侵犯唐朝边境，攻扰山西等地，令漠北（古代蒙古高原以中间的大漠、戈壁为界，北部地区简称漠北）失陷。武则天整体采取了较消极的防御政策，以致后突厥的实力日益增长，成为武周一朝严重的北方边患。

🔊　"政启开元，治宏贞观"的评价来自历史学家郭沫若，是对武则天的才能和政绩的一种肯定，意思是她继承并发展了唐太宗的贞观之治，并为唐玄宗的开元盛世奠定了基础。

🔊　据《旧唐书》记载，武则天晚年对继承人的人选犹豫不决，经狄仁杰、吉顼（xū）、李昭德等大臣反复劝说，最终决定还政于李唐，将李显再度立为皇太子。

🔊　股肱（gōng）之臣指辅佐皇帝的得力重臣。据《旧唐书》记载，692年，宰相狄仁杰被酷吏来俊臣诬告谋反。入狱后，狄仁杰为求保命而自认罪名，又偷偷将冤情写在帛上，塞入棉衣，托人转交给儿子狄光远。武则天接到帛书后亲自过问此案，才免去狄仁杰的死罪，将他贬为彭泽县令。

🔊 据《旧唐书》记载，大将军权善才（《新唐书》认为是他和中郎将范怀义）曾不小心砍伐了李世民陵墓前的柏树。李治认为这会让自己背负不孝的罪名，震怒之下要处死权善才。狄仁杰上奏苦劝，最终令李治怒气消解，并赦其死罪。

🔊 762年5月3日，李隆基因病驾崩于神龙殿，终年77岁，葬于泰陵。13天后（5月16日），久病缠身的李亨驾崩于长生殿，终年51岁，葬于建陵。

🔊 "国都六陷、天子九逃（迁）"是指安史之乱开始后，长安六次陷落、皇帝九次出逃的狼狈局面，其中李豫和他儿子李适就占了两次。前一次发生在763年，吐蕃进犯并一路攻到了关中，渡渭水逼近长安，李豫逃亡至陕州（今河南三门峡市），吐蕃占领长安15日后引兵西退。后一次即泾原兵变，发生在783年。泾原兵士奉命去镇压李希烈的叛军，中途因恶劣的环境和朝廷的不公平对待而哗变，直接攻入长安冲击皇宫。李适仓皇逃往奉天（今陕西乾县），次年（784年）才平定叛乱，返回长安。

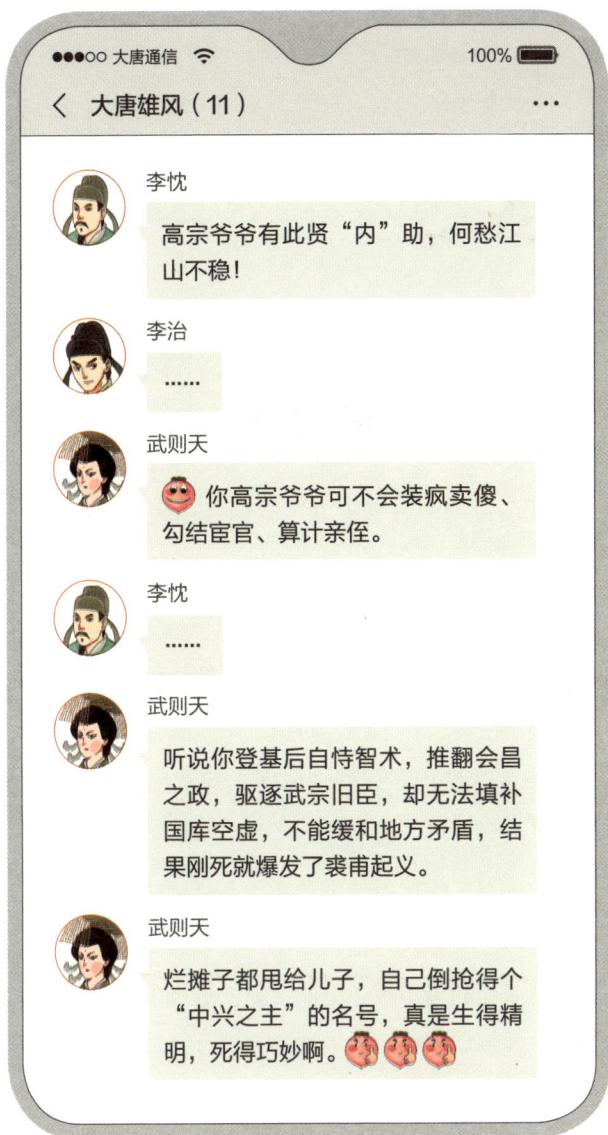

大唐雄风（11）

李忱
高宗爷爷有此贤"内"助，何愁江山不稳！

李治
……

武则天
😡 你高宗爷爷可不会装疯卖傻、勾结宦官、算计亲侄。

李忱
……

武则天
听说你登基后自恃智术，推翻会昌之政，驱逐武宗旧臣，却无法填补国库空虚，不能缓和地方矛盾，结果刚死就爆发了裘甫起义。

武则天
烂摊子都甩给儿子，自己倒抢得个"中兴之主"的名号，真是生得精明，死得巧妙啊。🍑🍑🍑

143

李忱

💀

敲黑板

◀》 李忱所说的"告密揭发"暗讽武则天执政前期，为了对付反对派，在朝堂上设置铜匦（guǐ），收受天下投书，大开告密之门，并培养出一批酷吏，以残忍的手段构陷并杀害了大批李唐宗室和元老旧臣。

◀》 武则天所说的"亲侄"指唐武宗李炎。李炎驾崩后，他的皇叔李忱被宦官拥立，但拥立的缘由在史料中少有提及。

《旧唐书》等正史均记载李忱小时候隐忍内敛、沉默寡言，宫中之人都认为他不聪明，以致唐文宗李昂、唐武宗李炎都对他颇为不敬。受此影响，后世一般认为宦官们看中了李忱资质平庸、易于控制的特点，却不知李忱在韬光养晦，反而因祸得福。但此事在近代之后颇有争议。种种迹象表明，李忱很可能在即位前就和宦官集团有紧密联系，并在会昌末年和李炎的势力发生激烈斗争。有学者认为，李忱的登基是他苦心谋划的一场政变。

🔊 会昌之政指李炎在会昌年间（841—846）实施的一系列政治举措，具体表现为：抑制宦官势力，平息回鹘（即回纥）、吐蕃等边境之患，平定泽潞之乱，禁佛毁寺，打击寺院地主等。会昌之政仅持续六年，但这一时期君臣合璧、运筹有序，起到了重振朝纲、革新时局的作用，史称"会昌中兴"。

🔊 李忱即位后始终排斥李炎的用人和治国方略，不仅打压、贬黜李炎的旧臣（如李德裕、薛元赏等），优先提拔李德裕打压的牛党官员，还在政策上与会昌之政背道而行，如扩招官员，解除对佛教的限制等。但遗憾的是，李忱在位时地方屡生动乱，特别是农民起义较前朝更多，如851年的山南西道起义、852年的衡州起义、853年的华州起义等。

🔊 裘甫起义（859—860）是发生在浙东一带的农民起义，持续约7个月，以裘甫（又作仇甫）、刘暀（suī）等将领兵败被杀结束。裘甫起义曾在民间得到积极响应，参与者数万人，带动了其后的庞勋起义、黄巢起义，对晚唐政局产生了重要影响。

小剧场 那些年围绕在女皇身边的野史

〈　大唐雄风（10）　　　　　　　　···

李隆基
@李豫 乖孙子，这次从蜀地捎来的五柳鱼很好吃！

李豫
那就好！

李豫
🍐

李豫
下次我再去，给您和杨贵妃捎些荔枝回来。

李亨
你不如把大熊猫也捎回来。🐼

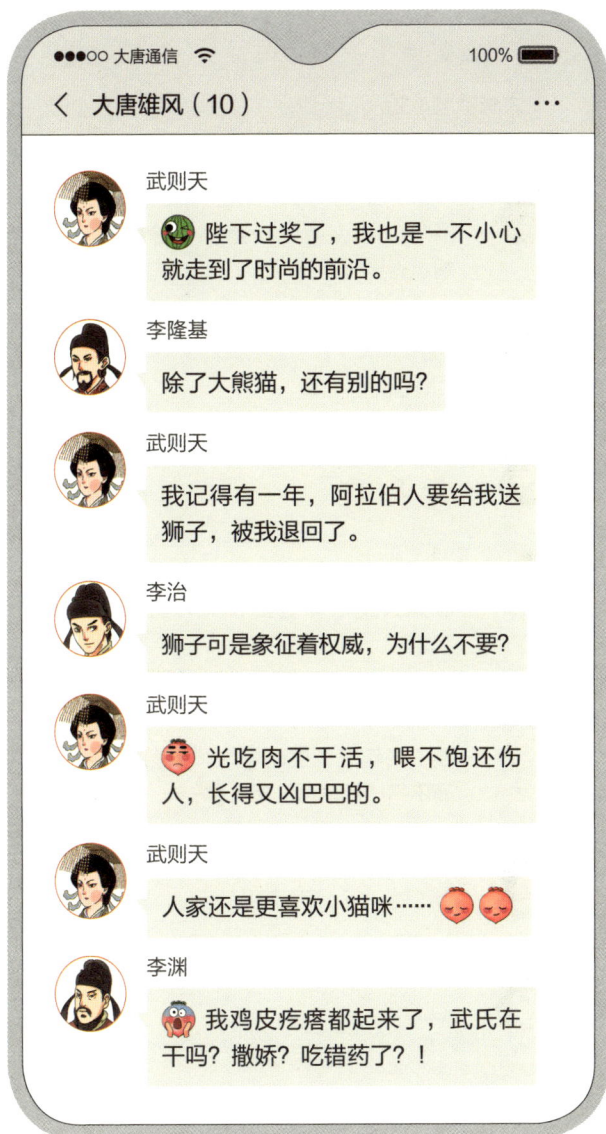

●●●○○ 大唐通信 📶　　　　　　　100% 🔋

< 　大唐雄风（10）　　　　　　　···

武则天

🐸 陛下过奖了，我也是一不小心就走到了时尚的前沿。

李隆基

除了大熊猫，还有别的吗？

武则天

我记得有一年，阿拉伯人要给我送狮子，被我退回了。

李治

狮子可是象征着权威，为什么不要？

武则天

😳 光吃肉不干活，喂不饱还伤人，长得又凶巴巴的。

武则天

人家还是更喜欢小猫咪…… 😌😌

李渊

😱 我鸡皮疙瘩都起来了，武氏在干吗？撒娇？吃错药了？！

📍

149

李忱
的确很温柔，把情敌的手脚砍掉，扔进坛子里泡酒。

李亨
啥？！曾奶奶还有这癖好……

李忱
大名鼎鼎的骨醉，@李亨 您没听过吗？

李治
怎么回事？《旧唐书》上写得很清楚，王皇后和萧淑妃是被赐白绫上吊而死的，怎么就变成泡酒了……

婉儿
《旧唐书》在后世被重修过，改了些内容。

李忱
真的吗？我不信。

李忱
除非您把王皇后和萧淑妃拉进群，大家当面对质！

李治
……

李治
阿武，要不……

武则天
不要！

李治
@李忱 听见了吗？她说她不要。

李忱
🍑

李旦
🐕 哎哟，这十里八村之外都能闻到酸味。

●●●○○ 大唐通信 📶   100% 🔋

〈 大唐雄风（10）   ···

武则天
> 就算我真的把情敌拿去泡酒，你激动什么？@李忱

武则天
> 戳到你痛处了？😳

李亨
> 听说他曾经被唐武宗扔进厕所里，泡了半天都没淹死！

李忱
> ……

李忱
> 那是野史而已！😆

李隆基
> 别人的野史顶多是些风流韵事，要么像奶奶那样被写成个大魔头，怎么你的野史就那么奇葩？😏

李显
> 对啊！不是装疯卖傻就是从马上坠落，再不然就是从厕所里逃命……

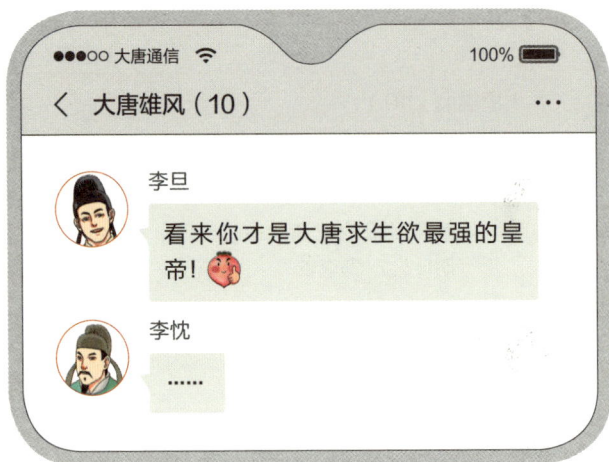

●●●○○ 大唐通信 📶   100% 🔋

〈 大唐雄风（10）   ···

李旦

看来你才是大唐求生欲最强的皇帝！🫀

李忱

......

敲黑板

🔊 据日本的《皇家年鉴》记载，685年，唐朝皇帝（在位者是李旦，但实际掌权者为武则天）将2只"白熊"和70张"白熊"毛皮送了日本的天武天皇。据中国学者考证，当时长安的皇苑内就有大熊猫，而李世民也有赠送功臣十多张熊猫毛皮的先例，所以"白熊"应该就是大熊猫。这是中国历史上有记载的第一例"熊猫外交"。

🔊 关于武则天是否养猫，史料的记载互相矛盾。

唐朝张鷟的笔记小说《朝野佥载》记录了武则天称帝后训养猫和鹦鹉的故事，但在唐朝刘肃的笔记小说《大唐新语》中，萧淑妃临死前咒骂：愿自己来世为猫、阿武为鼠，必将咬断其喉。于是武则天不许宫中养猫。张鷟比刘肃早生一百多年，应是养猫的说法更早，但不养猫的说法被正史广泛引用，所以流传度更高。

> 则天时，调猫儿与鹦鹉同器食，命御史彭先觉监，遍示百官及天下考使。传看未遍，猫儿饥，遂咬杀鹦鹉以餐之，则天甚愧。
>
> ——《朝野佥载》

🔊 对于王皇后、萧淑妃之死，正史上有"缢杀"和"骨醉"两种说法。

《旧唐书》先记载"武昭仪令人皆缢杀之"，紧接着又记载"骨醉"之说，文字前后相连却自相矛盾。有学者认为，《太平御览》中引用的宋版《旧唐书》仅有"缢杀"之说，现今流通的《旧唐书》是明朝重修版，"骨醉"的内容很可能是后世添补上去的。

"骨醉"的说法来自《大唐新语》（极可能借鉴了《朝野佥载》的内容）。《大唐新语》是比《旧唐书》更早的文献，但本质是野史小说。《新唐书》《资治通鉴》在此基础上添油加醋，甚至违背生活常识，较难令人信服。

🔊 据唐朝韦昭度、杨涉的笔记小说《续皇王宝运录》记载，唐武宗李炎非常忌惮李忱，曾命人将他扔进宫中的厕

155

所，想将他溺死。李忱幸而被宦官仇公武暗中相救。仇公武将李忱送回自己家中秘密住下，待李炎死后，才将李忱迎回宫中，立为皇帝。

文宗崩，武皇虑有他谋，乃密令中常侍四人擒宣宗于永巷。幽之数日，沉于宫厕。宦者仇公武愍之，乃奏武宗曰："前者王子，不宜久于宫厕。诛之。"武宗曰："唯唯。"仇公武取出，于车中以粪土杂物覆之，将别路归家，密养之。三年后，武皇宫车晏驾，百官奉迎于玉宸殿立之。

——《续皇王宝运录》

* 《续皇王宝运录》原书已佚失，引用出自《资治通鉴》卷二百四十八唐武宗会昌六年三月条《考异》引。

◀) 据唐朝令狐澄的笔记小说《贞陵遗事》记载，李忱做光王时曾随李炎外出，回来的时候不小心坠马，而众人均未察觉。李忱二更时才醒，当时天降大雪，他又冷又渴，只能向路过的巡警者讨水喝，然后慢慢地走回去。

仇人相见分外眼红：

太平公主进群，与李隆基大打出手

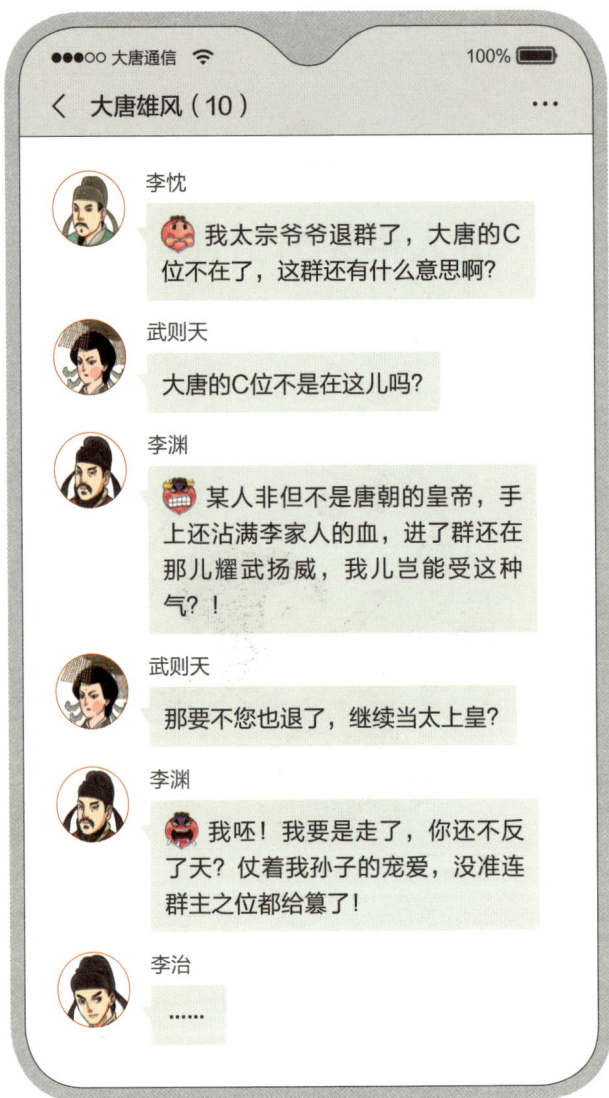

●●●○○ 大唐通信 📶   100% 🔋

< 大唐雄风（10）   ···

李忱
我太宗爷爷退群了，大唐的C位不在了，这群还有什么意思啊？

武则天
大唐的C位不是在这儿吗？

李渊
某人非但不是唐朝的皇帝，手上还沾满李家人的血，进了群还在那儿耀武扬威，我儿岂能受这种气？！

武则天
那要不您也退了，继续当太上皇？

李渊
我呸！我要是走了，你还不反了天？仗着我孙子的宠爱，没准连群主之位都给篡了！

李治
……

李治

爷爷放心，不至于。但是看不到我爸在群里发飙，总感觉少了点什么……

李隆基

要不再拉个人进来，活跃活跃气氛？

李治

👌

* 李隆基邀请杨贵妃加入群聊，却被群主李治拒绝了。

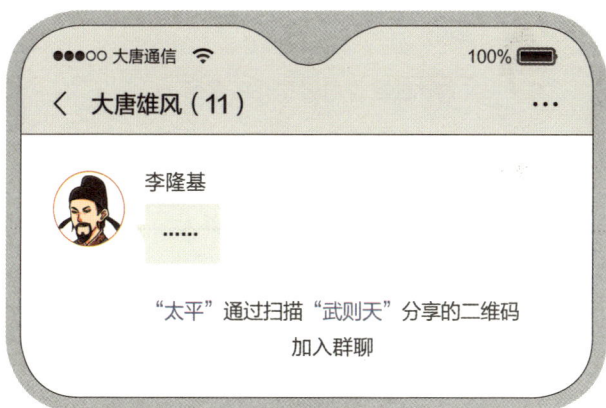

李隆基

……

"太平"通过扫描"武则天"分享的二维码
加入群聊

●●●○○ 大唐通信 📶   100% 🔋

< **大唐雄风（11）**   •••

婉儿
🍅

太平
🌀

李豫
这位就是历史上唯一的镇国公主
吗? 果然气度不凡!

太平
哇，小哥哥，长得不错嘛……🍑

李豫
……

婉儿
🍑 公主，这位是代宗皇帝。

太平
Oh, sorry, 皇帝见多了，还以为
会来点"不一样的烟火"……

李渊
皇帝见多了?

李治
是啊。算上她哥哥李弘，我们一家子有五个皇帝都围着她转呢。😆

李亨
姑奶奶真厉害！一生集齐了父母之爱、兄长之爱、丈夫之爱和朋友之爱。

李旦
🐶羡慕吧？@李亨

李亨
……

太平
😳哎呀，也没什么厉害的！低调，低调！

李豫
这还不厉害？

●●●○○ 大唐通信 📶 100% 🔋

< 大唐雄风（11） ⋯

李豫

前半生"傻白甜"，爱人死后彻底"黑化"，投身政治步步为营，权势巅峰时可以一手遮天，腰缠万贯，真不愧是大唐第一富婆呀！🐷

太平

有长宁和安乐在，一个"房姐"，一个"白富美"，我也不算有钱。🍑

李显

......

李旦

妹你太谦虚了！

李旦

神龙政变后你食封五千户，唐隆政变后增到一万户，在我朝可是妥妥的富人榜前三啊。🐕

李渊

不愧是武氏所生，简直就是现实版"玛丽苏"，小说都不敢这么写！

📍

●●●○○ 大唐通信 📶 100% 🔋

〈　大唐雄风（11）　　　　　…

太平
......

敲黑板

🔊　李弘是武则天的长子。据《旧唐书》记载，675年，李弘在洛阳的合璧宫猝然离世。李治非常悲痛，破例追封李弘为孝敬皇帝，并以天子之礼将他厚葬于洛阳的恭陵。

🔊　在正史中，太平公主从小深受父母宠爱（即李亨所说的"父母之爱"），哥哥们对她也颇为纵容（"兄长之爱"）。据推测，她和第一任驸马薛绍、上官婉儿的感情应该都不错（"丈夫之爱和朋友之爱"）。

　　相比之下，李亨比较倒霉，和父亲的关系常年紧张，和兄弟（李璘）兵戎相见，经历过两次婚变，晚年受张皇后所制，可能只有"朋友（李泌）之爱"较为圆满。

🔊　李显和韦皇后的女儿长宁公主爱好买房置地。据《新唐书》记载，长宁公主在洛阳建有自己的府邸，在长安把高士廉（初唐宰相）的府邸和左金吾卫的军营合为住宅，又兼并了西边空地作为马球场，还将魏王李泰（李世民第四子）的旧宅用作自己的别苑。

🔊　神龙政变（705年）是李显联合张柬之、崔玄暐（wěi）等五位宰相打着"清君侧"名号发动的一场政变。政变结束后，武则天被迫退位，李显再次登基。据《旧唐书》记载，太平公主在政变中立功，获封号"镇国太平公主"，食封五千户。食封，就是享用所封食邑的租赋收入。

🔊　唐隆政变（710年）是李隆基和太平公主联手剿灭韦皇后势力的一场宫廷政变。政变结束后，唐少帝李重茂退位，李旦再次登基。据《旧唐书》记载，太平公主因平乱有功被加封五千户，权势日重。

●●●○○ 大唐通信 🛜　　　　　　100% 🔋

< 　大唐雄风（11）　　　　　　···

太平

真的，我赚点钱只是为求活命罢了。

太平

呃，婉儿，有句话怎么说来着？

婉儿

三十不豪，四十不富，五十临近寻死路。

太平

没错！

李渊

😆 五十临近就寻死路？你以为都跟你爸似的！

李治

······

李渊

我五十一岁在晋阳起兵，不出一年在长安称帝，开创百年基业，走向人生巅峰！

📍

●●●○○ 大唐通信 📶   100% 🔋

＜ 大唐雄风（11）   ⋯

武则天

是啊，被迫退休后晚景凄凉，连大明宫都无缘得见。青史之名被儿子碾压，在最强盛的朝代做最没地位的开国之君——这人生巅峰，真是无人能及。👋

李渊

……

李治

阿武…… 😡

太平

@李渊 曾爷爷，我是说没钱才活不过五十，您激动什么呀？ 😤

李隆基

你这么有钱，咋也没活过五十啊？@太平

太平

……

●●●○○ 大唐通信 📶　　　　　　　　　　　100% 🔋

〈　**大唐雄风（11）**　　　　　　　　　⋯

太平

李隆基，你也在群里？！

太平

你给我滚过来！

　　　　　"太平"扇了扇"李隆基"

李隆基

😡

李隆基

你疯了吗，进群就打人？！

太平

打你就打你，难道还要先请李淳风
算好日子吗？！

＊ 仇人相见分外眼红，两位群成员顿时"打成一片"……

167

敲黑板

🔊 晋阳起兵又名太原起兵，指617年李渊起兵反隋一事。当时李渊是太原留守，与李世民、李建成、刘文静等人共谋举事，募集士兵、扩充地盘，七月从太原挥兵南下，同年十一月即攻破长安，次年（618年）五月登基，建立唐朝。

🔊 太平公主的出生时间暂无定论，据学界推测，最有可能在665年。如果以此为准，则太平公主死于713年，终年48岁。

🔊 李淳风是隋末唐初的著名术士，精通天文、历法、数学、阴阳、道家之说，因受到李世民赏识而进入太史局任职，一生著述颇丰。

他参与了《晋书》中的《天文》《律历》《五行》三志的编写，编定和注释《五曹》《孙子》等十部算经，著有历学著作《历象志》和《麟德历》、星占学著作《乙巳占》，这些作品具有重要的文化史、科技史价值。

传说他和袁天罡（又作袁天纲）合著的《推背图》是中华预言第一奇书，推算了唐朝及其以后近两千年的历史，但其成书年代和作者的真实性存疑，极可能为后世的托名伪作。

●●●○○ 大唐通信 📶 　　　　　100% 🔋

〈　**大唐雄风（11）**　　　　　⋯

李旦
> 单手能提人，咱妹可是妥妥的"金刚芭比"，稳赢好吗？

李渊
> 😡有空押注，还不赶紧劝架！

李亨
> 这咋劝啊，姑奶奶可是被我爸赐死的。🍅

李亨
> 我爸还杀了她的人，处死了她的子嗣，多半还毁了她两位驸马的坟⋯⋯

李豫
> 难怪要拼命了，我这就去联系专业抬棺团队，以防万一！

婉儿
> ⋯⋯

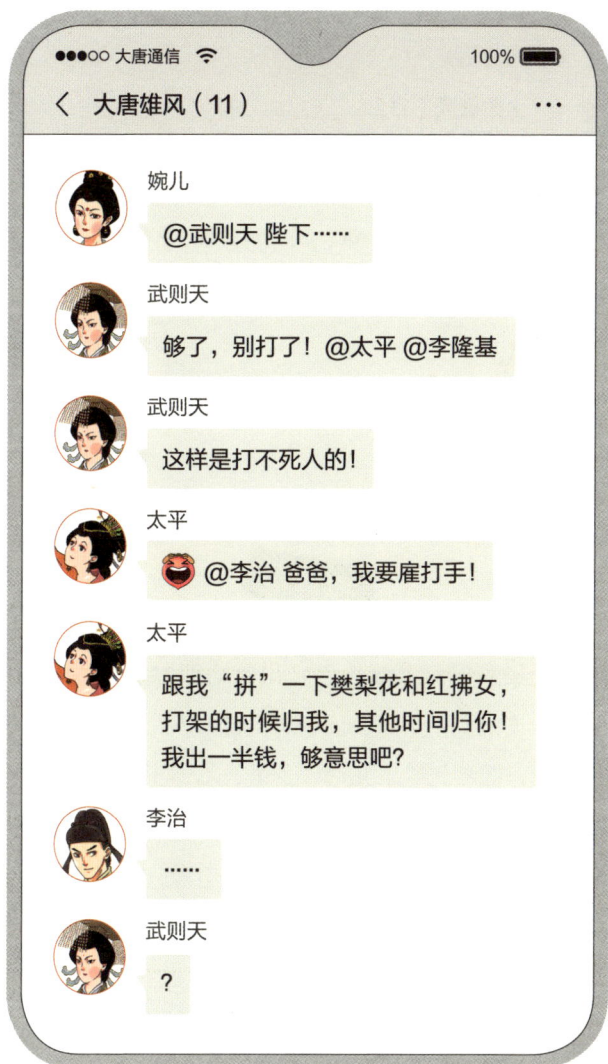

婉儿
@武则天 陛下……

武则天
够了，别打了！@太平 @李隆基

武则天
这样是打不死人的！

太平
@李治 爸爸，我要雇打手！

太平
跟我"拼"一下樊梨花和红拂女，打架的时候归我，其他时间归你！我出一半钱，够意思吧？

李治
……

武则天
？

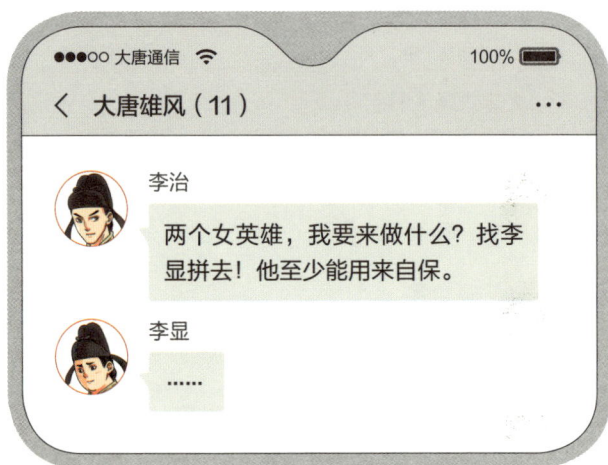

●●●○○ 大唐通信 🛜   100% 🔋

〈 **大唐雄风（11）**   …

李治

> 两个女英雄，我要来做什么？找李显拼去！他至少能用来自保。

李显

> ……

敲黑板

🔊   李显提到的打马球一事，出自唐朝封演的笔记小说《封氏闻见记》：李显在位期间，曾派人与吐蕃使者进行马球竞赛，吐蕃先胜了几局，于是，临淄王李隆基亲自下场，与李邕（yōng）、杨慎交、武延秀一起，4人对抗吐蕃队10人，李隆基"东西驱突，风回电激，所向无前"，将吐蕃队打得落花流水。

🔊   太平公主和李隆基是历史上有名的政治宿敌。

据《旧唐书》记载，太平公主死后，她的儿子和亲信数十人被杀，第二任驸马武攸暨的坟墓被李隆基下令捣毁。2019年，位于咸阳的薛绍墓被发现，现场有人为毁墓的迹象，有学者认为这很可能是李隆基的手笔。

> （武攸暨）延和元年卒，赠太尉、并州大都督，追封定王。寻以公主谋逆，（李隆基）令平毁其墓。
>
> ——《旧唐书》

🔊 樊梨花是古代四大巾帼英雄之一（另外三个是花木兰、穆桂英和梁红玉），在正史中无记载，很可能是一个艺术虚构的人物。她聪慧勇敢、爱憎分明，继薛仁贵之后担任征西兵马大元帅，和丈夫薛丁山共同平定西北边乱，是一个胸怀大志、文武双全的奇女子。

🔊 红拂女是唐朝小说《虬髯客传》中的人物，本姓张，原本是隋朝名臣杨素的侍妓，与上府献策的李靖相识而夜半私奔。她智勇双全、见识不俗，和李靖、虬髯客被后人合称"风尘三侠"。

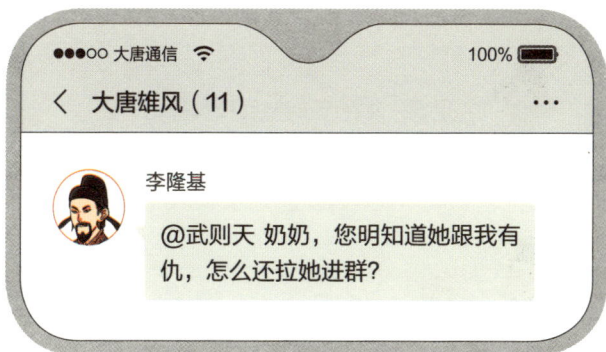

●●●○○ 大唐通信 📶　　　　　　　100% 🔋

< 大唐雄风（11）　　　　　　···

李隆基

@武则天 奶奶，您明知道她跟我有仇，怎么还拉她进群？

●●●○○ 大唐通信 📶   100% 🔋

く 大唐雄风（11）   •••

李忱

何止跟您有仇？

李忱

公主的第一任驸马薛绍，不是被女皇扔进大牢里活活饿死的吗？

太平

🍎

李旦

🐕 巧了，我哥@李显 的第一任妻子赵皇后，好像也是被咱妈饿死的。

李显

🍎

李显

是啊，你除了刘皇后和窦德妃，还有崔孺人和唐孺人都是被咱妈送上西天的！

李旦

🍎

李渊

够了！这也要攀比？群里除了李豫和李忱，谁家三代直系亲属没被武则天清理过？她当自己是洗洁精转世吗？

武则天

……

李亨

洗洁精转世的还有李忱，他逼死了我儿子李豫的亲外孙女郭氏！

李豫

是啊，我忍了好久，大刀都已经饥渴难耐了。🥵🥵🥵

李忱

……

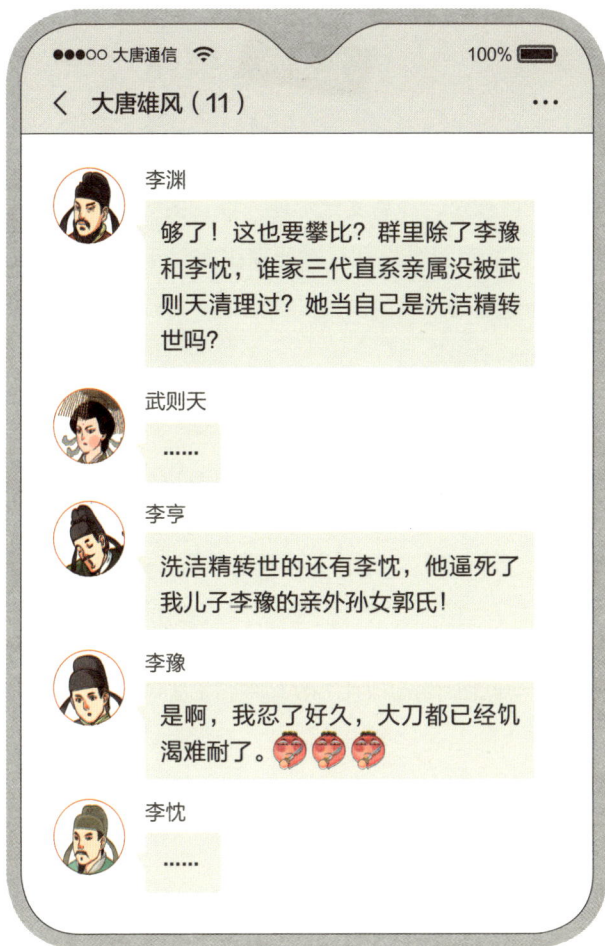

* 李亨所谓的"我儿子李豫的亲外孙女郭氏"就是第二章中提到的郭太后。

李亨 —父子→ 李豫 —父女→ 升平公主 —母女→ 郭氏

敲黑板

🔊 薛绍的哥哥薛顗（yǐ）因参与越王李贞、琅琊王李冲的谋反案而被杀，薛绍受到牵连入狱。据《资治通鉴》记载，689年，薛绍受杖刑后饿死狱中，时年29岁。《旧唐书》认为他是被诬陷的，而《新唐书》《资治通鉴》认为他的确参与了谋反。

🔊 赵皇后生前是李显的王妃，母亲是李渊的女儿常乐公主，所以和李显是表亲关系。按正史记载，常乐公主得罪了武则天，导致赵氏受到连累而死。关于她的死因有不同说法，《旧唐书》说是幽闭而死，《新唐书》认为是饿死。

🔊 根据2005年在洛阳出土的安国相王（即李旦）之崔孺人、唐孺人的墓志铭等相关信息，有学者认为唐孺人和崔孺人很可能与刘皇后、窦德妃死于同一场政治事件（详见第三章）。

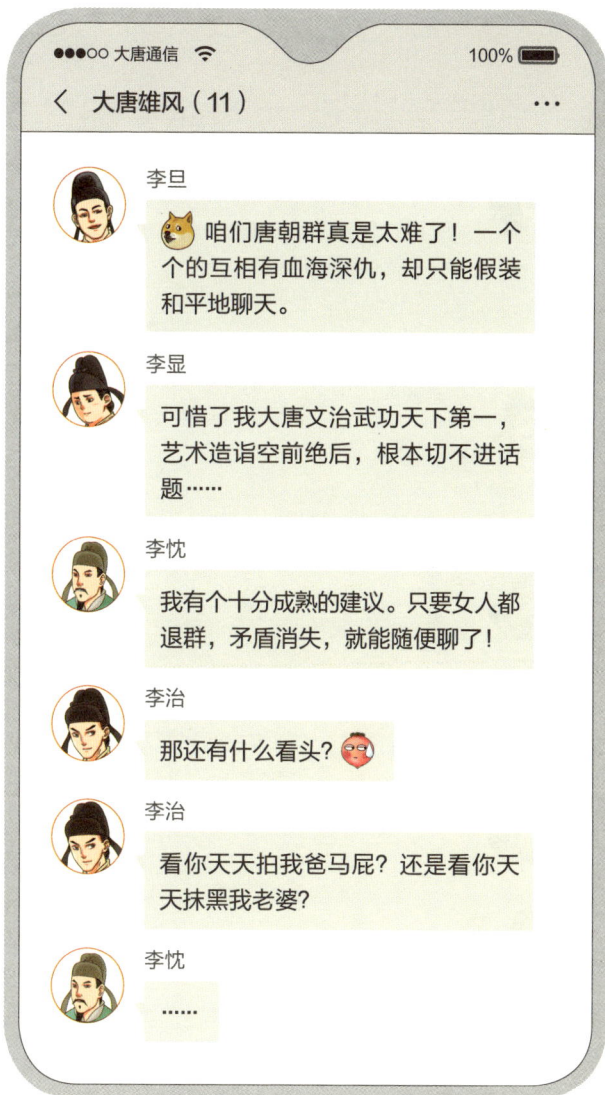

李旦
🐕 咱们唐朝群真是太难了！一个一个的互相有血海深仇，却只能假装和平地聊天。

李显
可惜了我大唐文治武功天下第一，艺术造诣空前绝后，根本切不进话题……

李忱
我有个十分成熟的建议。只要女人都退群，矛盾消失，就能随便聊了！

李治
那还有什么看头？😜

李治
看你天天拍我爸马屁？还是看你天天抹黑我老婆？

李忱
……

敲黑板

🔊 来俊臣是武则天手下的著名酷吏，擅长罗织罪名、刑讯逼供，冤死在他手里的宗室、朝臣有数千人。他还根据自己的经验心得编写了一部专讲如何制造冤狱、扩大事态影响的《罗织经》。由于贪赃枉法、横行无忌且触犯众怒，他最终被武氏诸王和太平公主揭发罪行而遭到处死。

🔊 张昌宗、张易之（即二张兄弟）均被杀于神龙政变，韦皇后则被杀于唐隆政变。这两次政变太平公主都有参与。

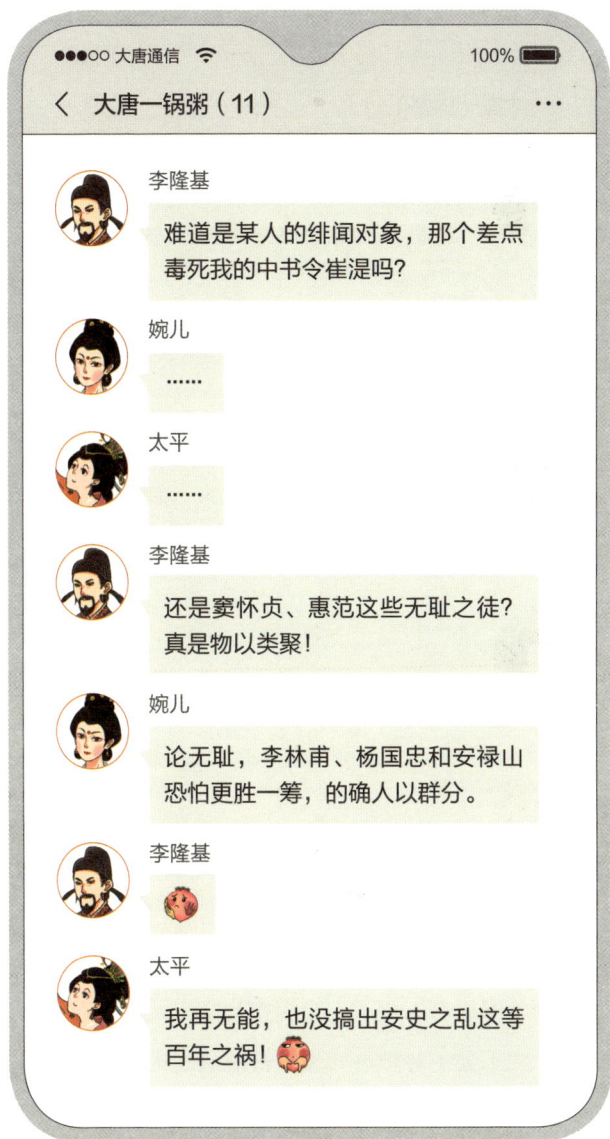

●●●○○ 大唐通信 📶　　　　　　　　100% 🔋

‹　大唐一锅粥（11）　　　　　　…

李隆基
难道是某人的绯闻对象，那个差点毒死我的中书令崔湜吗？

婉儿
......

太平
......

李隆基
还是窦怀贞、惠范这些无耻之徒？真是物以类聚！

婉儿
论无耻，李林甫、杨国忠和安禄山恐怕更胜一筹，的确人以群分。

李隆基
🍅

太平
我再无能，也没搞出安史之乱这等百年之祸！😠

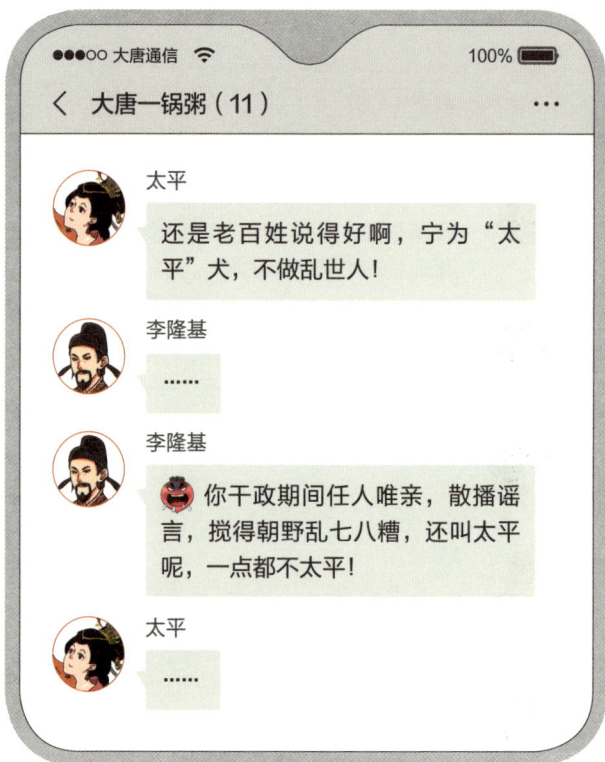

●●●○○ 大唐通信 📶 100% 🔋

〈 **大唐一锅粥（11）** ⋯

太平
> 还是老百姓说得好啊，宁为"太平"犬，不做乱世人！

李隆基
> ⋯⋯

李隆基
> 😡 你干政期间任人唯亲，散播谣言，搅得朝野乱七八糟，还叫太平呢，一点都不太平！

太平
> ⋯⋯

敲黑板

🔊 崔湜是太平公主的党羽，在李显、李旦两朝都担任过宰相。据《旧唐书》记载，崔湜曾与宫人元氏密谋给李隆基下毒。太平公主势败后，崔湜被流放岭南，不久下毒之事败露，被赐死于驿站。

据《旧唐书》记载，崔湜疑似与上官婉儿私通。在唐朝张鷟的笔记小说《朝野佥载》中，崔湜更被描述得谄媚无耻，还与太平公主有私情。

🔊 窦怀贞曾在李旦一朝担任宰相，他也是太平公主的党羽，在先天政变中自缢而死。

据《旧唐书》记载，他曾为了讨好韦皇后，不仅改了名字，还娶了韦皇后的乳母王氏为妻。而据《新唐书》记载，韦皇后势败后，窦怀贞立刻亲手杀死妻子，向李旦请罪。

🔊 惠范是一名胡僧，出身富贵，善于逢迎，与太平公主有私情，被封为圣善寺的主持，后被李隆基所杀。

🔊 关于太平公主"任人唯亲"的记载来自《旧唐书》：李旦第二次即位后，太平公主自认拥立有功，经常干涉朝政，把持任免大权，提拔了不少官员，结成党羽。当时七个宰相中，就有五人是她举荐的。

而关于她"散播谣言"的记载来自《资治通鉴》：为了对抗李隆基，太平公主曾派人在朝野散布流言，并找人向李旦分析天象，暗示李隆基意图谋反。

●●●○○ 大唐通信 🛜　　　　　　100% 🔋

‹ 　大唐一锅粥（11）　　　　⋯

李渊
名不副实的大有人在！多少好女人偏看不上，非要从感业寺里娶个刽子手回来，李治又哪里理智了？

李治
······

武则天
@李渊 您有火直接冲我来，老拿他撒什么气？

李渊
女主干政，都是你开的好头。你就不说两句？

李隆基
是啊，奶奶！后来有大批女粉学您插手政事，搞出什么"红妆时代"，连我的武惠妃都不守规矩、作天作地，真是害苦我了！😭

●●●○○ 大唐通信 🛜　　　　　　　100% 🔋

< 　大唐一锅粥（11）　　　　　···

武则天

唐朝皇帝本来就是自由竞聘上岗，男的可以，女的可以，连不男不女的不也差点可以？

武则天

@李隆基 你一庶子出身，还有脸论规矩？🍑

李隆基

……

李旦

🐕 三郎在女性政治家的环绕下长大，难免有些心理阴影。

太平

🐷 是心理变态吧！不仅我和婉儿、韦皇后、安乐公主也是被他害死的，就连杨贵妃和王皇后都间接死在他手上！

李亨

哇，难怪我爸外号"大唐第一师奶杀手"，真是名不虚传！🍑

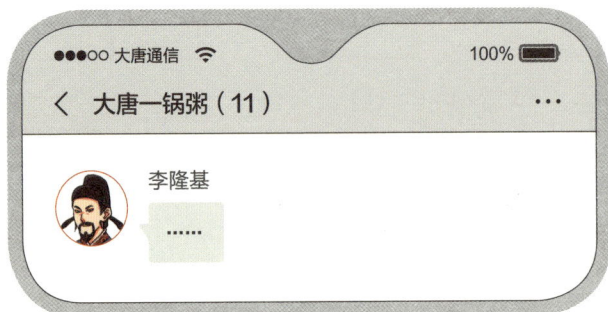

●●●○○ 大唐通信 🛜   100% 🔋

< 大唐一锅粥（11）   •••

李隆基

......

敲黑板

🔊 感业寺在古长安城西北（今陕西西安），武则天曾在此出家为尼。

🔊 红妆时代（约705—713）指从武则天退位到唐玄宗登基的过渡时期。它的最大特点是以宫廷的贵族女性为政治的主导力量，代表人物有韦皇后、安乐公主、上官婉儿和太平公主。这一阶段宫廷动荡、政变频发，众多宫廷女性投身激烈的政治角逐，在封建社会可谓空前绝后。

🔊 王皇后是李隆基的结发正妻，曾协助策划唐隆政变，在李隆基登基后被册立为皇后。因为常年无子，而李隆基又喜新厌旧，王皇后担心自己被废而用"符厌"之术（即符咒和厌胜，是道士、巫师的法术）求子，犯了宫中大忌。事情败露后，她被李隆基废为庶人，幽禁于冷宫，三个月后郁郁而终。

陆

二圣临朝：

究竟是伉俪情深还是篡权手段？

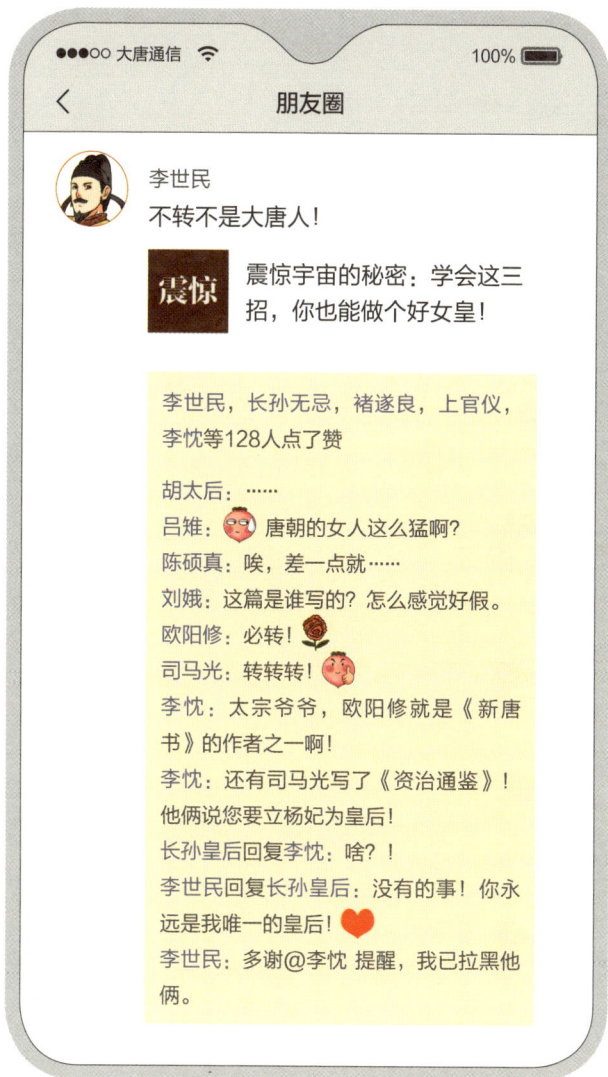

●●●○○ 大唐通信 📶　　　　　　　100% 🔋

< 　　　　　　朋友圈

李世民
不转不是大唐人！

震惊 震惊宇宙的秘密：学会这三招，你也能做个好女皇！

李世民，长孙无忌，褚遂良，上官仪，李忱等128人点了赞

胡太后：……
吕雉：😡 唐朝的女人这么猛啊？
陈硕真：唉，差一点就……
刘娥：这篇是谁写的？怎么感觉好假。
欧阳修：必转！🌹
司马光：转转转！🍑
李忱：太宗爷爷，欧阳修就是《新唐书》的作者之一啊！
李忱：还有司马光写了《资治通鉴》！他俩说您要立杨妃为皇后！
长孙皇后回复李忱：啥？！
李世民回复长孙皇后：没有的事！你永远是我唯一的皇后！❤️
李世民：多谢@李忱 提醒，我已拉黑他俩。

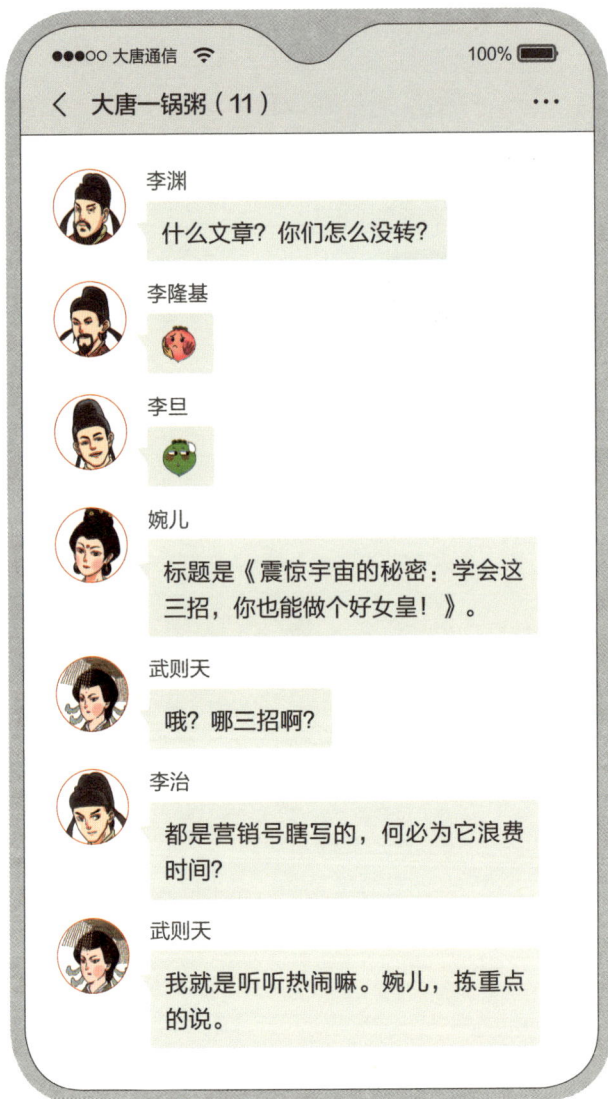

●●●○○ 大唐通信 📶　　　　　　　　100% 🔋

‹　**大唐一锅粥（11）**　　　　···

李渊
什么文章？你们怎么没转？

李隆基

李旦

婉儿
标题是《震惊宇宙的秘密：学会这三招，你也能做个好女皇！》。

武则天
哦？哪三招啊？

李治
都是营销号瞎写的，何必为它浪费时间？

武则天
我就是听听热闹嘛。婉儿，拣重点的说。

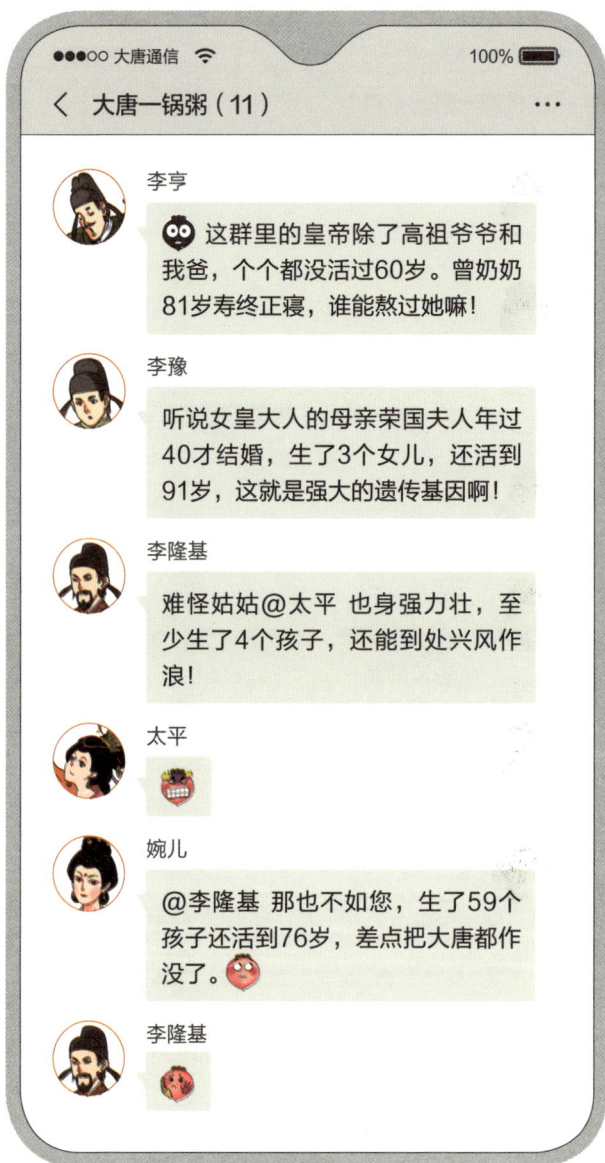

●●●○○ 大唐通信 📶 　　　　　　100% 🔋

‹ 大唐一锅粥（11）　　　　　 •••

李亨

🐦 这群里的皇帝除了高祖爷爷和我爸，个个都没活过60岁。曾奶奶81岁寿终正寝，谁能熬过她嘛！

李豫

听说女皇大人的母亲荣国夫人年过40才结婚，生了3个女儿，还活到91岁，这就是强大的遗传基因啊！

李隆基

难怪姑姑@太平 也身强力壮，至少生了4个孩子，还能到处兴风作浪！

太平

😈

婉儿

@李隆基 那也不如您，生了59个孩子还活到76岁，差点把大唐都作没了。🍑

李隆基

🍑

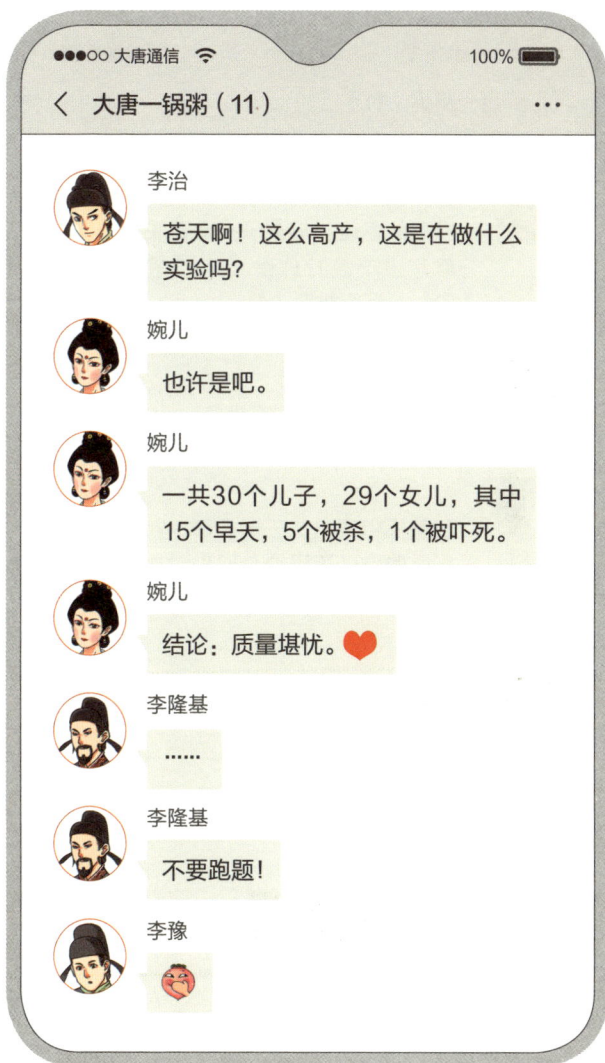

●●●○○ 大唐通信 📶　　　　　　　100% 🔋

＜　大唐一锅粥（11）　　　⋯

李隆基
> 群里的各位，下辈子一定要注意健康！没事多打保龄球，"保住年龄"，延年益寿。😈

太平
> 重点是好老公，不是短命，ok?

太平
> 我爸妈相濡以沫三十多年，若没有我爸的信任和爱护，何来"二圣临朝"的美谈？

太平
> 要是碰上李忱，别说当女皇，能活着就不错了！

敲黑板

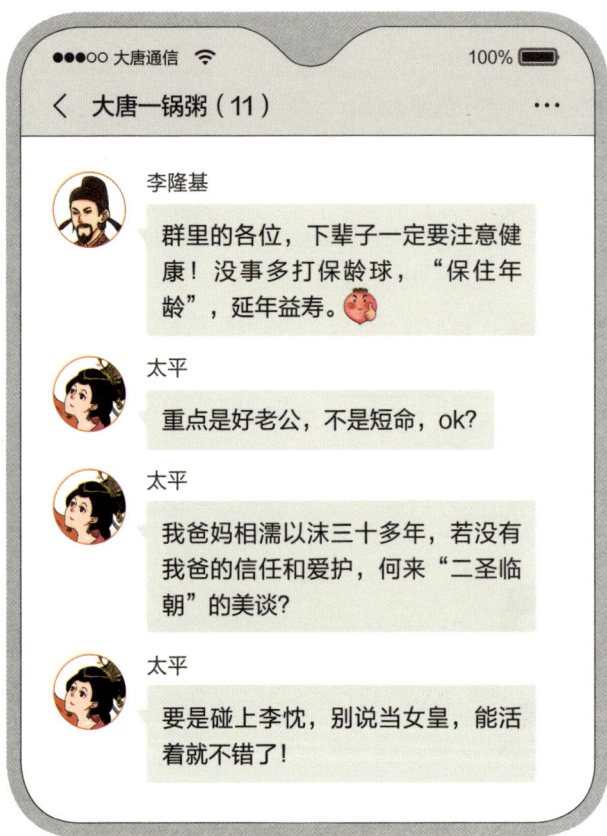

🔊　按周岁计算，李渊68岁，李世民51岁，李治55岁，李显53岁，李旦54岁，李隆基76岁，李亨50岁，李豫52岁，李忱49岁。

📍

194

🔊 太平公主的亲生子女数量存在争议。按照《旧唐书》的说法，太平公主和薛绍生了两男两女，和武攸暨生了两男一女。但据考古发现，武攸暨至少有两个女儿，按出生时间推算，应该都不是太平公主所生，有可能是武攸暨和前妻或妾室所生而记于太平公主名下的。同理，武攸暨之子也难以确定是否是太平公主所生。所以此处只计入薛绍的子女，即"至少4个"。

🔊 664年废后风波之后，李治上朝，武则天就在一旁垂帘听政，事无大小悉数过问，提高了自己的政治地位。因为唐朝人将皇帝称作"圣人"，所以帝后共掌朝政被称作"二圣临朝"。

●●●○○ 大唐通信 📶　　　　　　　　100% 🔋

< 大唐一锅粥（11）　　　　　　⋯

李忱
🐸

李显
李忱？难怪聊老婆的时候这家伙一声不吭。

李显
妹子，他老婆是谁？

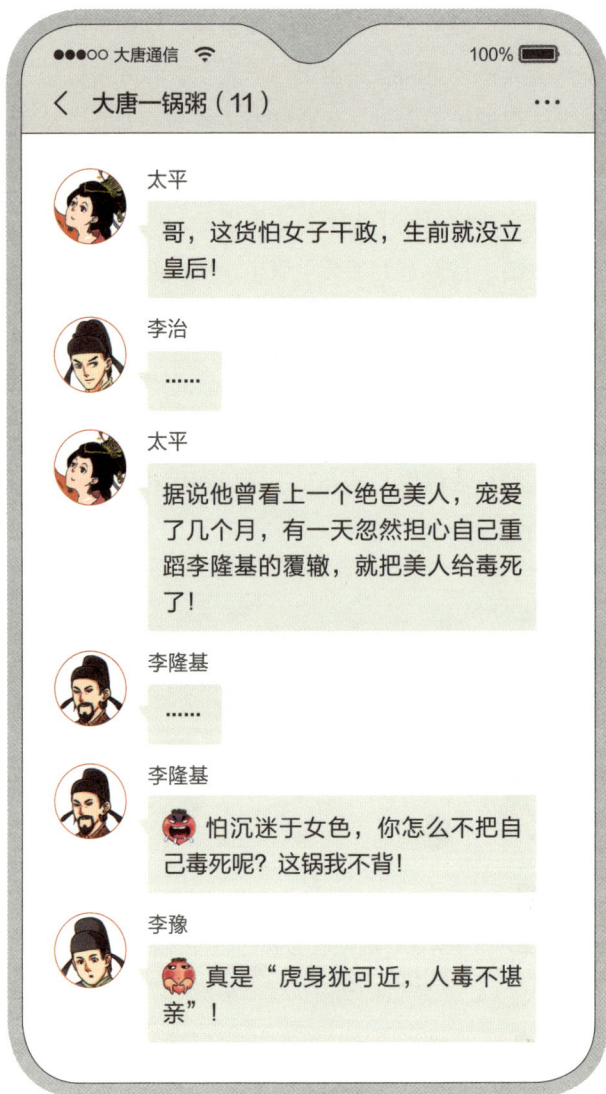

●●●○○ 大唐通信 📶   100% 🔋

〈 **大唐一锅粥（11）**   ···

太平
哥，这货怕女子干政，生前就没立皇后！

李治
......

太平
据说他曾看上一个绝色美人，宠爱了几个月，有一天忽然担心自己重蹈李隆基的覆辙，就把美人给毒死了！

李隆基
......

李隆基
😡 怕沉迷于女色，你怎么不把自己毒死呢？这锅我不背！

李豫
😡 真是"虎身犹可近，人毒不堪亲"！

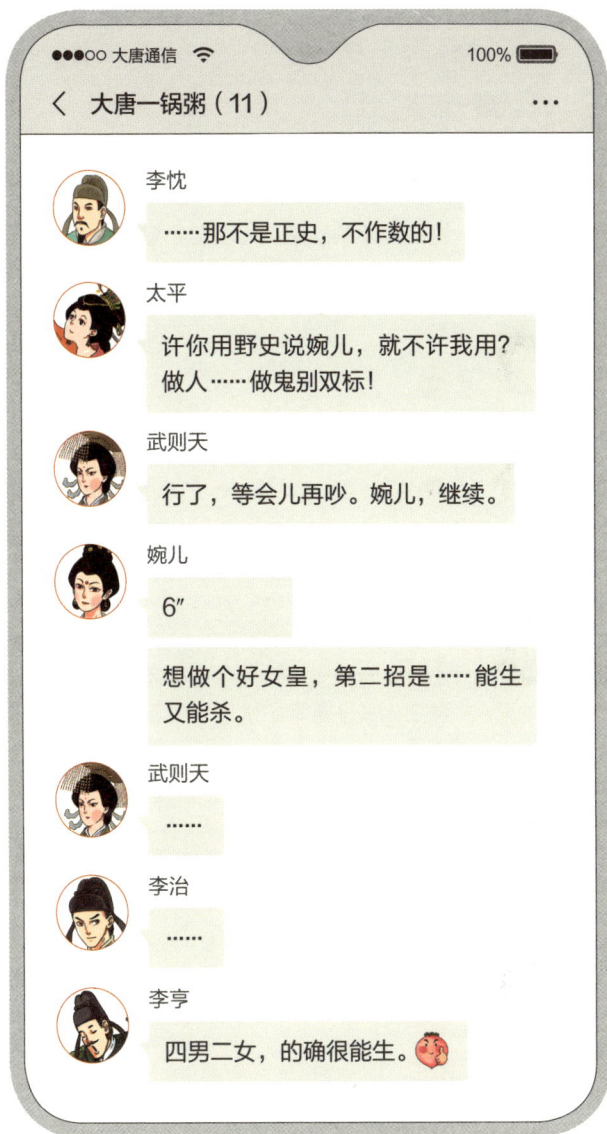

●●●○○ 大唐通信 📶   100% 🔋

< 大唐一锅粥（11）   ⋯

李忱
> ……那不是正史，不作数的！

太平
> 许你用野史说婉儿，就不许我用？
> 做人……做鬼别双标！

武则天
> 行了，等会儿再吵。婉儿，继续。

婉儿
> 6″

> 想做个好女皇，第二招是……能生
> 又能杀。

武则天
> ……

李治
> ……

李亨
> 四男二女，的确很能生。🍑

📍

●●●○○ 大唐通信 📶　　　　　　100% 🔋

< **大唐一锅粥（11）**　　　　　···

李亨
> 这让我不禁疑惑，为啥曾奶奶没给太宗爷爷生过孩子？

武则天
> [表情]

李治
> [表情][表情]

　　　"李亨"撤回了一条消息

李隆基
> 长孙皇后去世后，太宗爷爷就心灰意冷，很少宠幸妃嫔，只生了一个李明。

李隆基
> 奶奶入宫后只是才人，又不受宠，怎么生？有丝分裂吗？

武则天
> [表情]

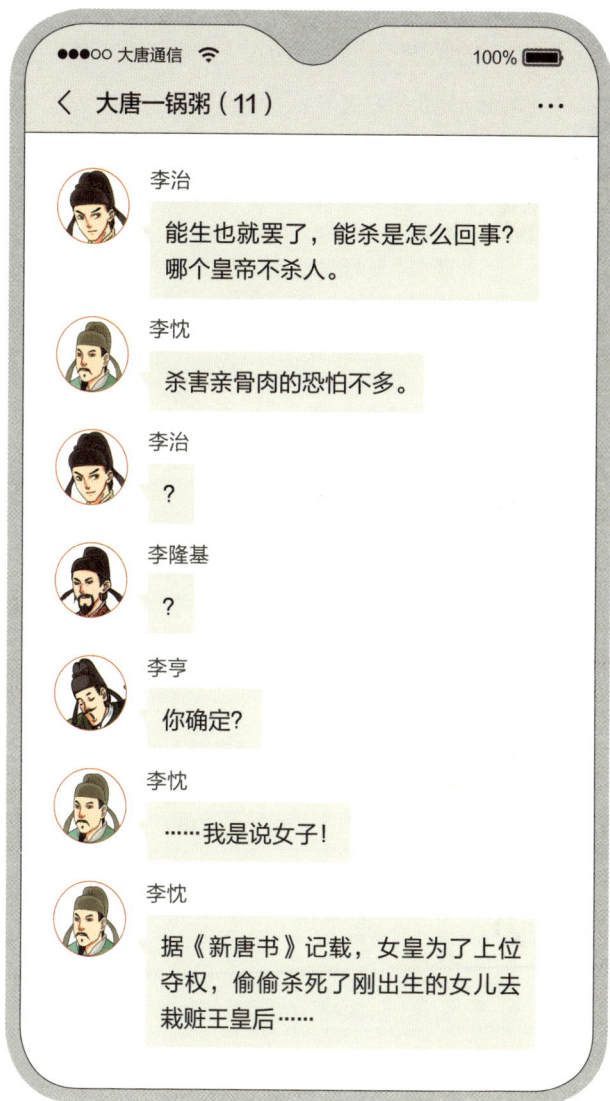

李治

能生也就罢了，能杀是怎么回事？哪个皇帝不杀人。

李忱

杀害亲骨肉的恐怕不多。

李治

？

李隆基

？

李亨

你确定？

李忱

……我是说女子！

李忱

据《新唐书》记载，女皇为了上位夺权，偷偷杀死了刚出生的女儿去栽赃王皇后……

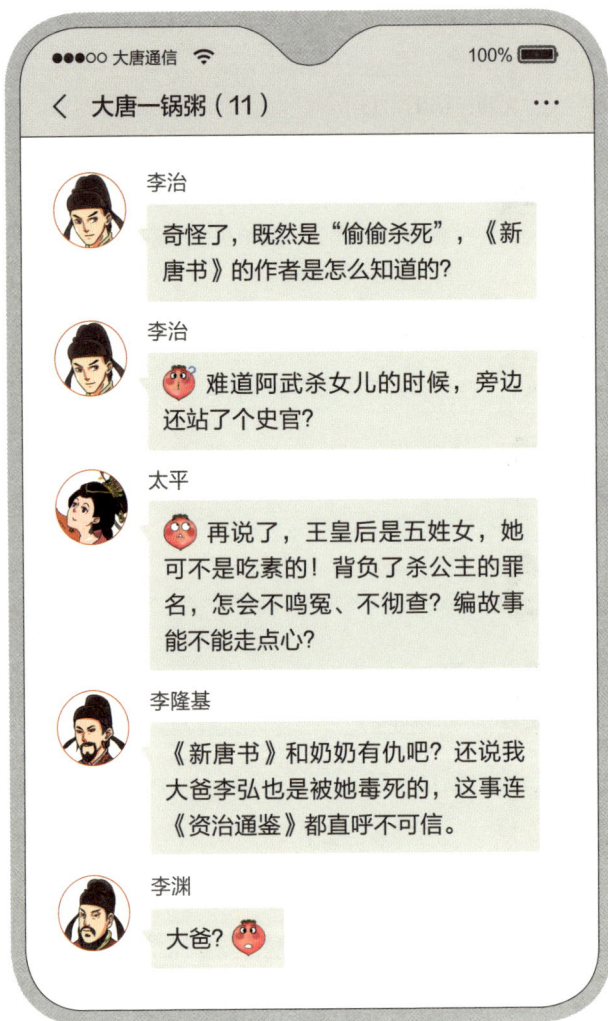

●●●○○ 大唐通信 📶　　　　　　100% 🔋

〈　大唐一锅粥（11）　　　　⋯⋯

李治
奇怪了，既然是"偷偷杀死"，《新唐书》的作者是怎么知道的？

李治
🍑难道阿武杀女儿的时候，旁边还站了个史官？

太平
🍅再说了，王皇后是五姓女，她可不是吃素的！背负了杀公主的罪名，怎会不鸣冤、不彻查？编故事能不能走点心？

李隆基
《新唐书》和奶奶有仇吧？还说我大爸李弘也是被她毒死的，这事连《资治通鉴》都直呼不可信。

李渊
大爸？🍅

●●●○○ 大唐通信 📶　　　　　　　　100% 🔋

< 大唐一锅粥（11）　　　　　　···

太平

哦，李隆基小时候被过继给我大哥了，见到我大哥的牌位，就得跪下叫"爸爸"！

李隆基

……

婉儿

8″

做个好女皇的最后一招，也是最关键、最根本的一招，就是要……

李豫

😳

李亨

要什么？

婉儿

3″

确保自己是个女人。

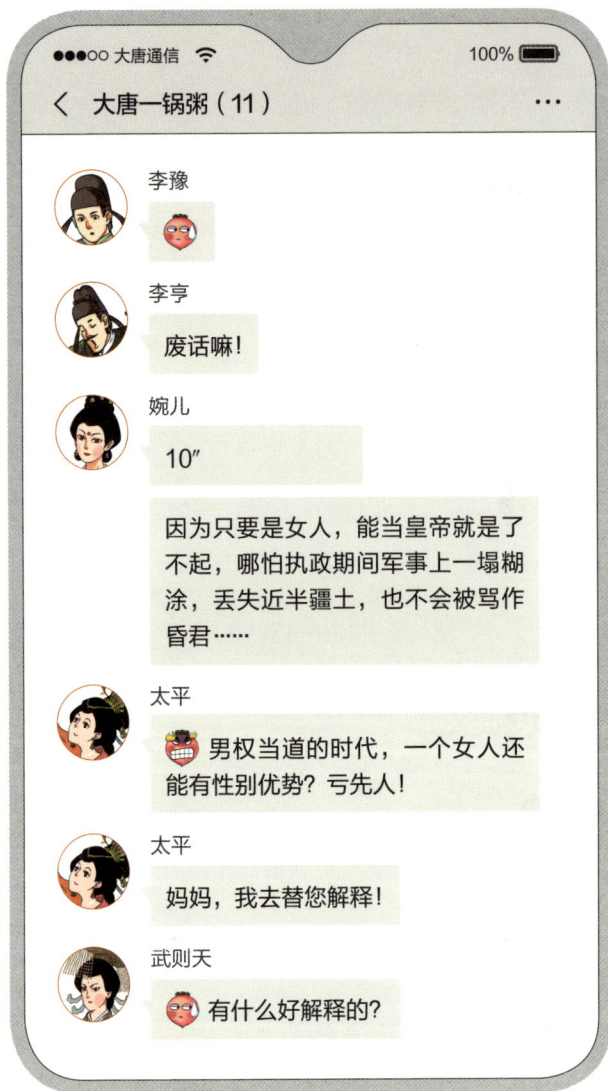

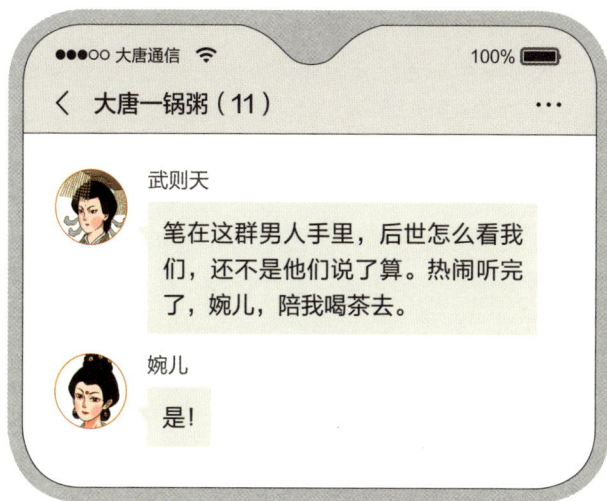

●●●○○ 大唐通信 📶   100% 🔋

‹　　大唐一锅粥（11）　　　···

武则天

笔在这群男人手里，后世怎么看我们，还不是他们说了算。热闹听完了，婉儿，陪我喝茶去。

婉儿

是！

敲黑板

🔊　据唐朝柳玭（pín）的笔记小说《续贞陵遗事》记载，越地太守向朝廷进献歌舞伎，其中有一名绝色美人，李忱对她异常宠爱，赏赐无数，几个月后，一天早起时他忽然闷闷不乐道："玄宗当年只因为杨贵妃一人，至今天下未得安宁，我怎能忘却前车之鉴？"于是对美人说："我不能留你了。"左右内侍奏道："可以将美人遣送回家。"李忱说："放她回去，我必然一直思念，还不如赐毒酒一杯。"于是将美人毒死。

🔊　李治、李隆基、李亨都曾"杀害亲骨肉"。李治赐死长子李忠；李隆基赐死次子李瑛、第五子李瑶、第八子李琚，第四子李琰被李隆基囚禁后忧惧而死；李亨赐死第三子李俶。

🔊 太平公主所说的"五姓女"指唐朝七大世家大族的女子。七大家族分别是：陇西李氏、赵郡李氏、博陵崔氏、清河崔氏、范阳卢氏、荥（xíng）阳郑氏、太原王氏。共五个姓氏。

这五姓形成了一个独立于皇权之外的权力集团，在社会上享有极高的威望，地位崇高。他们不仅蔑视其他诸姓，连皇室也不放在眼里（李唐虽自称其祖出自陇西李氏，却倍受质疑，不为五姓所重视）。

王皇后出身太原王氏，父母两族都是皇室姻亲，可谓家世显赫。

🔊 关于李弘的死因，学界一直有"病逝"和"鸩（zhèn）杀"两种说法。目前来看，"病逝"说似乎更占主流，有学者考证后认为李弘死于肺结核。《新唐书》明确指出是武则天鸩杀李弘，而司马光在《资治通鉴》中认为"其事难明"，并且《旧唐书》《肃宗实录》中均未提及鸩杀，不宜妄下定语。

🔊 据《旧唐书》记载，因为李弘生前无子，所以在长寿年间（692—694），武则天将楚王李隆基过继给李弘做嗣子，承其香火。此时李弘已过世将近20年。

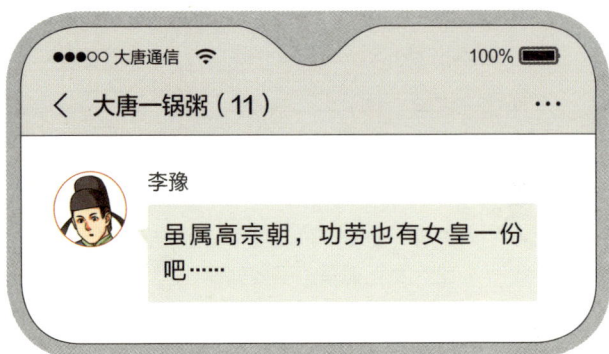

●●●●○○ 大唐通信 🛜 　　　　　100% 🔋

‹　大唐一锅粥（11）　　　　···

李豫

虽属高宗朝，功劳也有女皇一份吧……

敲黑板

🔊　据《资治通鉴》记载，显庆五年（660年）冬天，李治因为风疾发作，开始让武则天处理政务。664年，武则天已经成为政事的主要决策者。

上（李治）初苦风眩头重，目不能视，百司奏事，上或使皇后决之。后性明敏，涉猎文史，处事皆称旨。由是始委以政事，权与人主侔矣。

……

天下大权，悉归中宫，黜陟、生杀，决于其口。

——《资治通鉴》

*侔（móu），意为等同；黜陟（zhì），意为官员的升降。

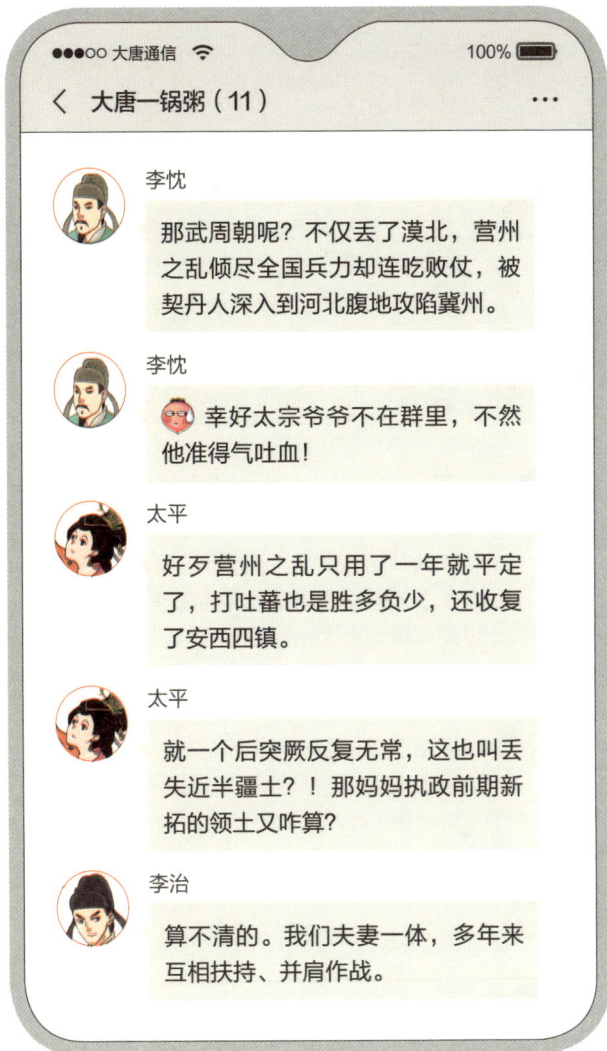

李忱
那武周朝呢？不仅丢了漠北，营州之乱倾尽全国兵力却连吃败仗，被契丹人深入到河北腹地攻陷冀州。

李忱
幸好太宗爷爷不在群里，不然他准得气吐血！

太平
好歹营州之乱只用了一年就平定了，打吐蕃也是胜多负少，还收复了安西四镇。

太平
就一个后突厥反复无常，这也叫丢失近半疆土？！那妈妈执政前期新拓的领土又咋算？

李治
算不清的。我们夫妻一体，多年来互相扶持、并肩作战。

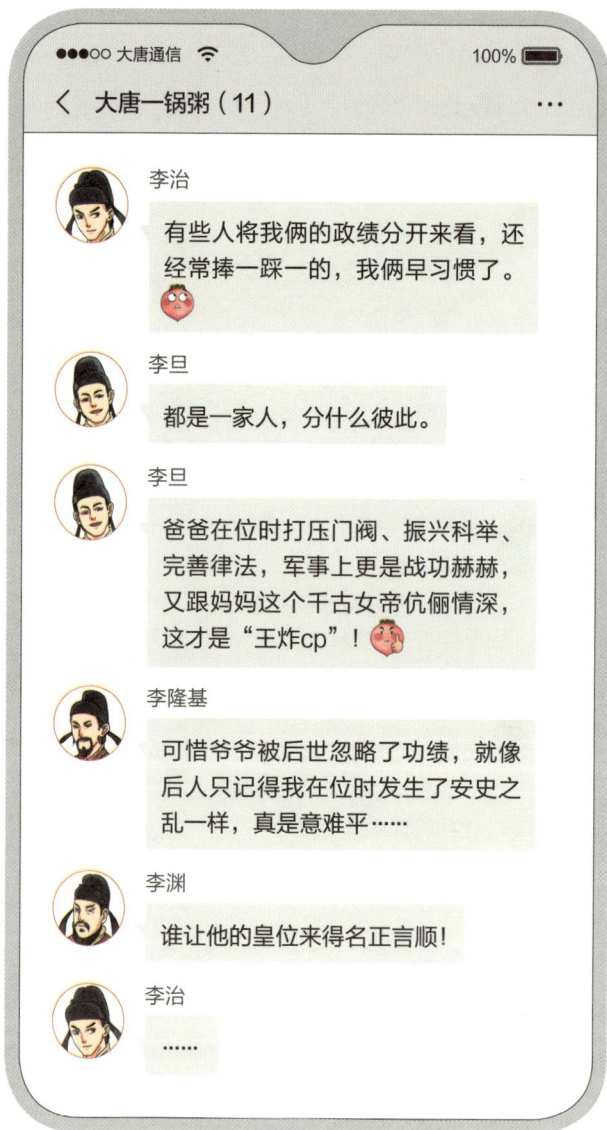

●●●○○ 大唐通信 📶　　　　　　　100% 🔋

‹　大唐一锅粥（11）　　　　⋯

李治
> 有些人将我俩的政绩分开来看，还经常捧一踩一的，我俩早习惯了。 😳

李旦
> 都是一家人，分什么彼此。

李旦
> 爸爸在位时打压门阀、振兴科举、完善律法，军事上更是战功赫赫，又跟妈妈这个千古女帝伉俪情深，这才是"王炸cp"！ 😘

李隆基
> 可惜爷爷被后世忽略了功绩，就像后人只记得我在位时发生了安史之乱一样，真是意难平……

李渊
> 谁让他的皇位来得名正言顺！

李治
> ……

●●●○○ 大唐通信 🛜　　　　　　　　100% 🔋

< **大唐一锅粥（11）**　　　　　 ···

李显

幸好没抄袭你的人设，我爸要是像你一样信老婆信到是非不分，连儿子都杀，那我可就危险了！

李亨

🍓

李豫

历史往往就这么真相难辨……

李旦

真相？其实我妈早期清理皇室和朝堂，也不知到底是谁的主意。🐕

李治

咳！昔时人已没，往事不必说。

李渊

什么，难道贬杀长孙无忌其实是李治的主意？

李治

🐸

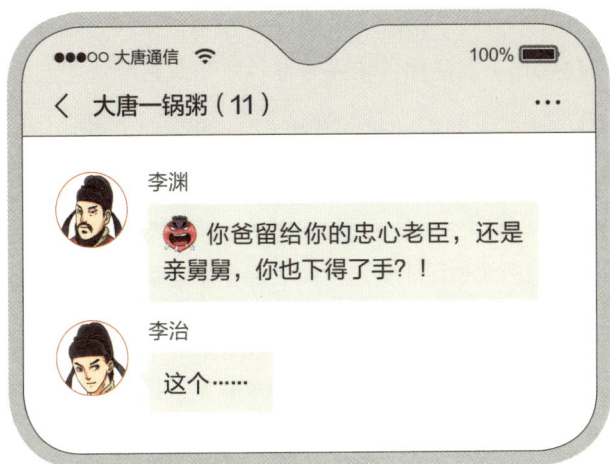

●●●○○ 大唐通信 📶   100% 🔋

‹ 大唐一锅粥（11）   ⋯

李渊

😡 你爸留给你的忠心老臣，还是亲舅舅，你也下得了手?！

李治

这个……

敲黑板

🔊 营州之乱（696—697）是契丹反抗武周的一场战争。在此之前，契丹与唐是藩属关系，有一定的朝贡往来。

696年初，契丹发生饥荒，而营州都督赵文翙（huì）不予赈济，反而侮辱首领、侵扰契丹部署，引发了契丹松漠都督李尽忠、归诚州刺史孙万荣的不满，二人率领契丹大贺氏部落联盟发动了反抗战争。五月攻陷营州（今辽宁朝阳），之后又攻陷冀州，进犯魏州、幽州、赵州等地（今河北一带），最后被武周和后突厥联合镇压。

🔊 安西四镇，指唐朝在西北地区设置的由安西都护府统辖的四个军镇：焉耆（或碎叶）、龟兹、于阗、疏勒。李世民640年灭高昌国，置安西都护府于西州。贞观以后，安西四镇时置时罢、几度失陷。直至692年，武则天派王孝杰等名将率兵击败吐蕃，收复四镇，并遣三万兵常驻，保证了此后约一百年的安稳形势。此举对于震慑西域诸国、巩固西北边防、促进丝绸之路繁荣有重要意义。

◆) 后突厥常以和亲为外交策略，多次向武周称臣称子（默啜可汗曾请拜武则天为母）、请求联姻，同时又不断派兵犯边，河北、河东及西域地区均受其害。

◆) 李治即位之初，朝政大权大多掌握在关陇贵族集团的手中，而寒门庶族的新科官僚逐渐被边缘化。李治大力打击关陇门阀，强化君主集权，并重新建立科举制度，培养、提拔了一批实干的官员。

此外，他命人编成的《唐律疏议》（又名《永徽律疏》）是中国现存最早、最完整的成文法典，对东南亚诸国及后世有重要影响。

◆) 李显所说的"信老婆信到是非不分，连儿子都杀"是指李倓之死。据《旧唐书》记载，李倓多次向李亨进言，说张良娣（即张皇后）骄纵张扬，宦官李辅国内外勾结，两人想更换太子。他因此得罪了张良娣、李辅国，被他俩诬陷有谋反之心。李亨愤怒之下下令将李倓赐死。

时张良娣有宠，俶性忠謇，因侍上屡言良娣颇自恣，辅国连结内外，欲倾动皇嗣。自是，日为良娣、辅国所构，云"建宁恨不得兵权，颇畜异志。"肃宗怒，赐俶死。

——《旧唐书》

🔊　关于长孙无忌之死，正史倾向于他是因反对"废王立武"而遭到武则天的报复，最终遭人诬陷、被迫自缢的。事实上，以长孙无忌为首的关陇贵族当时权势熏天、干涉朝政，在李治即位之初就利用"房遗爱谋反案"借题发挥，株连皇室亲贵、排除异己朝臣，颇有一手遮天的架势。

以李治当时的处境，他确有打击门阀贵族、夺回皇权的动机，"废王立武"就是牵制、削弱门阀势力的一箭双雕之计。何况武则天当时并无实权，很难说长孙无忌之死与李治无关。

●●●○○ 大唐通信 🛜   100% 🔋

〈　　大唐一锅粥（12）　　　　　···

"李昂"加入群聊

李昂
👶👶 有舅舅真好！我的一生，都在寻找我的舅舅！

李昂
4"

🎵 舅是爱你爱着你，不弃不离！

李渊
……

李隆基
这冷不丁的太吓人了！谁啊这是？

李忱
😡 Leon，你怎么来了？！

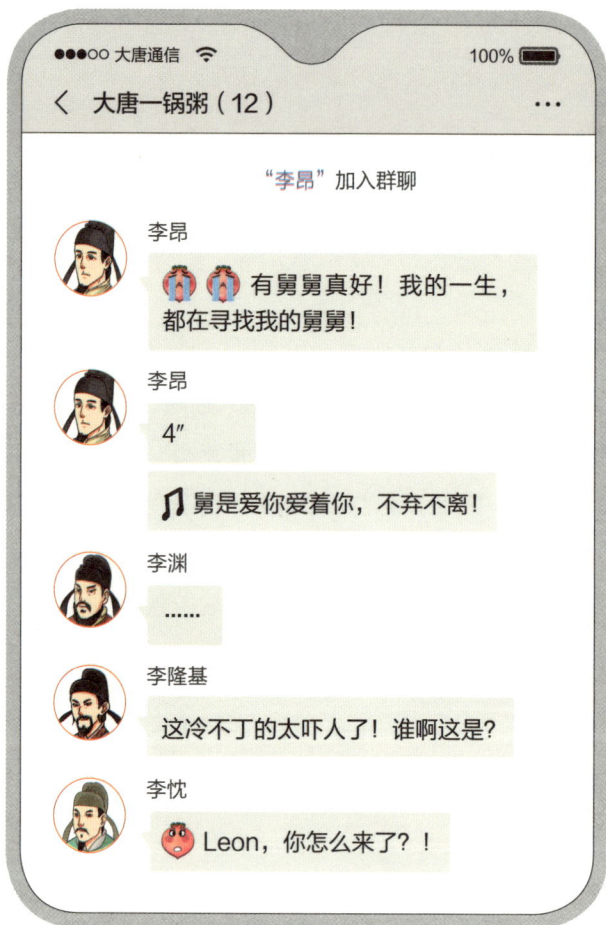

* 唐文宗李昂突然进入群聊并激情高歌，惊呆众人······

●●●○○ 大唐通信 📶 　　　　　　100% 🔋

〈　大唐一锅粥（12）　　　　　⋯

太平

> 😍 刚逛完他的朋友圈，比李隆基帅多了！不过还不及我的阿绍。

李隆基

> 😤 能把张昌宗选进后宫男团的人，审美怎么忽高忽低？

李隆基

> 我李隆基颜值爆表，人见人发疯，鬼见鬼毁容，还有一身的艺术细菌，只有太宗爷爷才能媲美！薛绍一个饿死鬼，他也配？

太平

> 😬 你敢侮辱我老公，我跟你拼了！

* 太平公主和李隆基话不投机，再度大打出手。

●●●○○ 大唐通信 📶   100% 🔋

‹ 大唐一锅粥（12）   ···

李昂
😳我的确……是来劝和的。

李渊
😡这回打得比上次还激烈，谁去拉架？

李渊
@李治 把你老婆叫回来！

李治
不行，这太危险了！爷爷，您不是身手矫健吗？

李渊
可我上次射箭时用力过猛，拉伤了我那火一般炽热的肱二头肌！

李渊
@李豫 你不也挺能打的？

李豫
🐸呃，我昨天不小心撞到柱子，伤到了我那海一般宽阔的胸膛！

●●●○○ 大唐通信 📶　　　　　　　　100% 🔋

< 大唐一锅粥（12）　　　　　···

李忱

咱大唐帝王中武力值最高的，恐怕只有……

李渊

👺👺👺 我儿世民，你在哪儿？赶紧回来，I want you！

敲黑板

🔊 据《旧唐书》记载，张昌宗生得肤白貌美，被赞面似莲花。他是被太平公主推荐给武则天的。

🔊 据《旧唐书》记载，李世民被相面先生描述为"龙凤之姿，天日之表"，而李隆基"性英断多艺，尤知音律，善八分书"，并且"仪范伟丽，有非常之表"。他俩算是史书中为数不多的被赞美外貌的帝王了。

🔊 李豫的"能打"是指安史之乱期间，他曾担任天下兵马大元帅（战时最高军职），率唐兵收复了长安、洛阳两京。

目 录

前方高能
请勿喝水

柒

甘露之变：

一场"天降祥瑞"引发的血案

●●●○○ 大唐通信 🛜 　　　　　　100% 🔋

< 大唐一锅粥（13）　　　**···**

李渊

> 李隆基和太平还没打够呢？再不拉开就只剩人体零件了！世民怎么还不来？

"李渊"邀请"李世民"加入群聊

李世民

李忱

> 🌰 一支穿云箭，千军万马来相见！

李忱

> 不愧是我太宗爷爷！

李世民

> 谁改的群名？"大唐一锅粥"？

李世民

> 🤭 有武媚娘在，难怪乱成了一锅粥。

●●●○○ 大唐通信 📶   100% 🔋

< **大唐一锅粥（13）**   ···

李渊
> 👹 你不是扔下我不管了吗？！还知道回来！

李世民
> 👘👘 爸爸，我想死你啦！

李渊
> 🍐🍐

太平
> 哇，这是我爷爷吧？爷爷，我是您的亲孙女太平啊！

李世民
> 🧑

李治
> 🧑

太平
> 爷爷！😶 爷爷！🟠 爷爷！❤

李隆基
> 你是葫芦娃吗？

📍

223

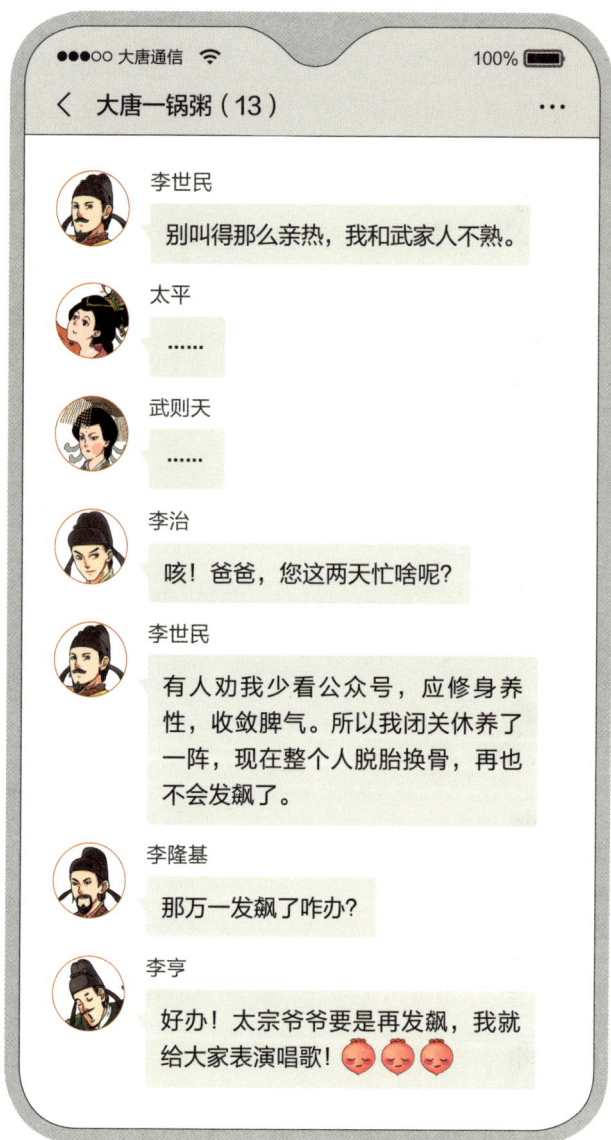

●●●○○ 大唐通信 📶　　　　　　　100% 🔋

< 　大唐一锅粥（13）　　　　　⋯

李世民

别叫得那么亲热，我和武家人不熟。

太平

……

武则天

……

李治

咳！爸爸，您这两天忙啥呢？

李世民

有人劝我少看公众号，应修身养性，收敛脾气。所以我闭关休养了一阵，现在整个人脱胎换骨，再也不会发飙了。

李隆基

那万一发飙了咋办？

李亨

好办！太宗爷爷要是再发飙，我就给大家表演唱歌！ 🍑🍑🍑

* 李亨此言一出，大家不约而同地沉默了一会儿。

●●●○○ 大唐通信 📶　　　　　　　100% 🔋

❮　大唐一锅粥（13）　　　　　⋯

李治
阿武，为了大家的健康……

武则天
👌 我少说就是。

李亨
……

李昂
太宗爷爷好，我是李昂。😡

李世民
你是哪一辈的？

李忱
回太宗爷爷，李昂是我的侄子，在群里辈分最小。

●●●○○ 大唐通信 📶　　　　　　　　100% 🔋

〈　大唐一锅粥（13）　　　⋯

李昂
> @李忱 你很机车欸！论年纪我比你大，论做皇帝我比你早两届。再酱乱讲，我打你哦！

李世民
> 😄 我们老李家世居长安，你这口音是咋回事？

李昂
> 回太宗爷爷，我麻麻、舅舅都是福建人。

太平
> @李昂 小帅哥，上回听你说你一直在找舅舅，你舅舅长得好看吗？我帮你找！

李豫
> 😳 好看也不好找啊！我老婆沈氏可是"白富美"，但我和儿孙找她找了几十年都没找到。

* 李昂口中的"机车"指"不上道"，"酱"指"这样"，
　"麻麻"指"妈妈"。

📍

226

●●●○○ 大唐通信 🛜　　　　　　　　　　　100% 🔋

〈　大唐一锅粥（13）　　　　　　···

李昂

······

敲黑板

🔊　　论辈分，李忱是李昂的叔叔，但李昂比李忱大一岁，而且李忱是在李昂和唐武宗李炎之后才即位的。据《旧唐书》记载，李昂对这位叔叔并不十分敬重，常拿他取笑。

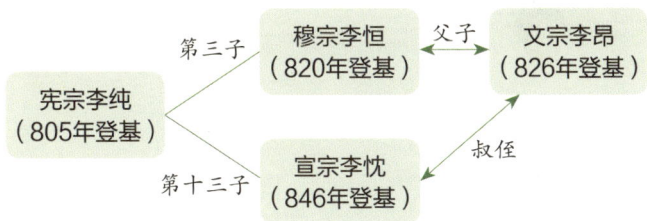

```
                        穆宗李恒          父子        文宗李昂
              第三子    （820年登基）    ⇄    （826年登基）
宪宗李纯
（805年登基）
                        宣宗李忱          叔侄
              第十三子  （846年登基）
```

🔊　　沈氏出身于名门望族，嫁给李豫时，正值李隆基当权。据唐朝李德裕的笔记《次柳氏旧闻》记载，李隆基曾命高力士为太子挑选身材高挑、皮肤白皙的女眷。按照这一条太子女眷的采选标准，嫁给太子的沈氏很可能是个"白富美"。

上（李隆基）即诏力士下京兆尹，亟选人间女子细长洁白者五人，将以赐太子。

——《次柳氏旧闻》

🔊 李昂的母亲是贞献皇后萧氏，福建人。据《旧唐书》记载，她父母早丧，入王府时家中仅余弟弟一人。李昂即位后，为母亲到处寻访舅舅。由于萧氏记不清弟弟的面容，依次有萧洪、萧本、萧弘三人冒充国舅，后均被告发。真正的国舅始终未被找到。

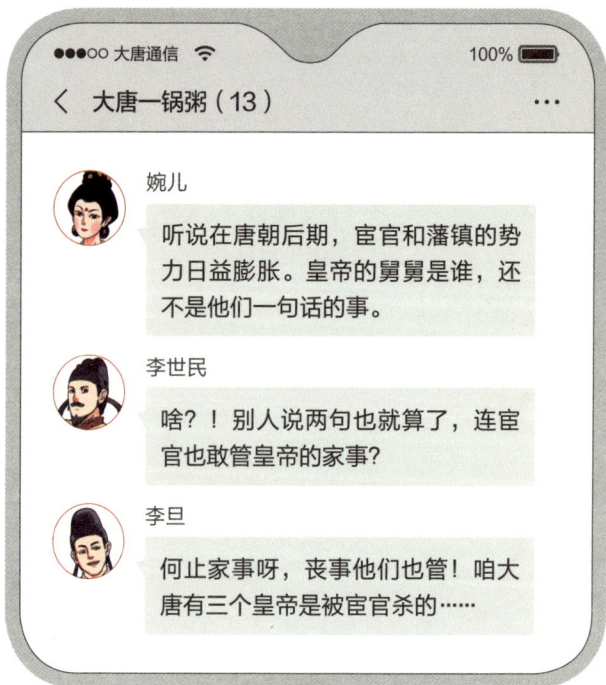

●●●○○ 大唐通信 📶　　　　　　　　100% 🔋

‹　大唐一锅粥（13）　　　　　　···

婉儿
> 听说在唐朝后期，宦官和藩镇的势力日益膨胀。皇帝的舅舅是谁，还不是他们一句话的事。

李世民
> 啥？！别人说两句也就算了，连宦官也敢管皇帝的家事？

李旦
> 何止家事呀，丧事他们也管！咱大唐有三个皇帝是被宦官杀的……

●●●○○ 大唐通信 📶　　　　100% 🔋

‹ 大唐一锅粥（13）　　　　···

李渊
😡 堂堂一国之君被奴才所杀？李显都比他们死得有尊严！

李显
······

李豫
杀完还能立！唐朝最后十个皇帝，至少八个由宦官拥立，跟闹着玩似的，@李昂 @李忱 你们说对吧？

李昂
🫢

李忱
🫢

李亨
哎呀，说得就跟李辅国和程元振没拥立过你似的。@李豫

李豫
🫢

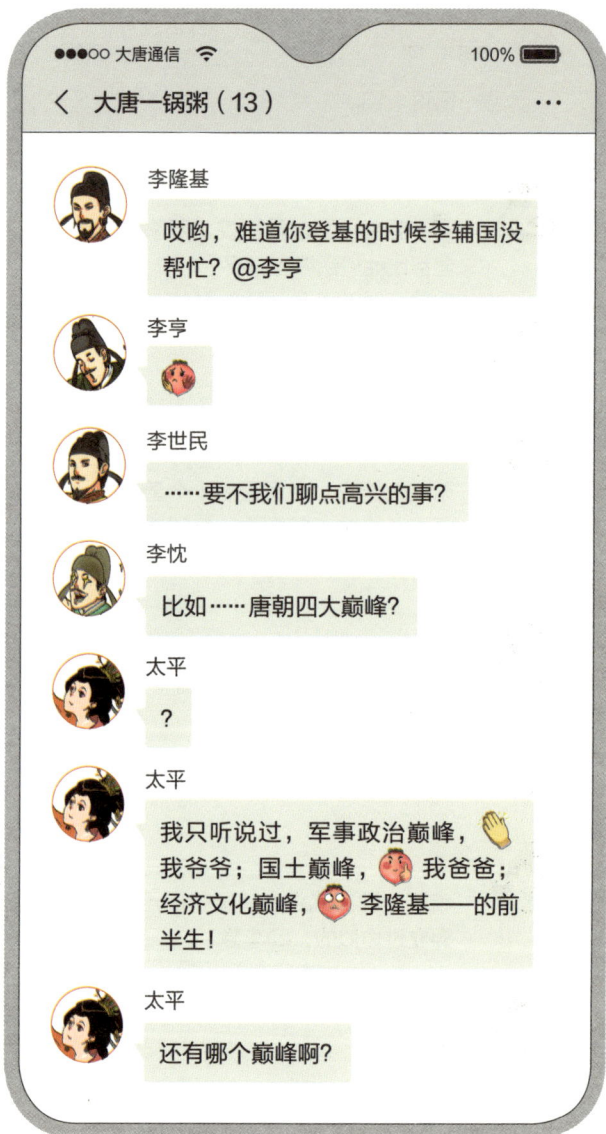

●●●○○ 大唐通信 📶　　　　　　　　100% 🔋

〈　大唐一锅粥（13）　　　　　　⋯⋯

李隆基
哎哟，难道你登基的时候李辅国没帮忙？@李亨

李亨
（表情）

李世民
⋯⋯要不我们聊点高兴的事？

李忱
比如⋯⋯唐朝四大巅峰？

太平
？

太平
我只听说过，军事政治巅峰，（表情）我爷爷；国土巅峰，（表情）我爸爸；经济文化巅峰，（表情）李隆基——的前半生！

太平
还有哪个巅峰啊？

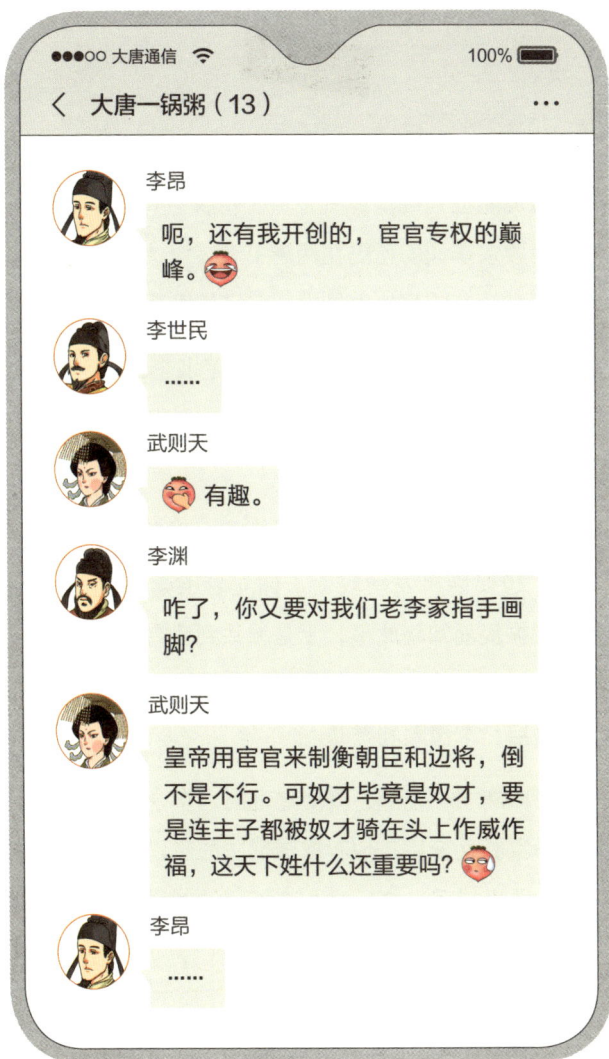

敲黑板

◀》 据正史记载，明确被宦官所杀的是唐敬宗李湛。唐宪宗李纯很可能也是被宦官所害（《新唐书》盖章此说）。此外，唐顺宗李诵的死因在两唐书和《资治通鉴》中均未明言，不少学者认为他也是遭到宦官的毒手。

◀》 被宦官拥立的皇帝至少有：唐宪宗李纯、唐穆宗李恒、唐文宗李昂、唐武宗李炎、唐宣宗李忱、唐懿宗李漼、唐僖宗李儇、唐昭宗李晔。

◀》 据《旧唐书》记载，李亨临终前，张皇后矫诏召见太子李豫，想要乘机发动政变，拥立越王李系。宦官李辅国、程元振提前知晓此事，于是派兵到凌霄门，将李豫安置在禁军中加以保护，并率兵抓捕了李系、张皇后等逆党。数日后，李豫顺利登基。

◀》 据《旧唐书》记载，安史之乱时，李亨跟随父亲前往蜀地。马嵬驿兵变后，他听取李辅国的建议，与李隆基兵分两路，北上灵武，之后又在李辅国的劝说下称帝，将李隆基尊为太上皇。

●●●○○ 大唐通信 📶　　　　　100% 🔋

< 大唐一锅粥（13）　　　　⋯

李昂
🔴 也没那么惨啦。我早年提拔了一些被边缘化的大臣，利用他们和宦官的矛盾，诛杀了一批元和逆党，尤其是宦官王守澄和陈弘志，为我爷爷唐宪宗报了仇！

李忱
然后就发动了甘露之变。

李世民
甘露之变？

李亨
听说是为了确认树上到底有没有甘露，宦官和大臣们打得头破血流！

太平
😎 这也能打起来？出息！

李豫
嘁，甘露只是借口。

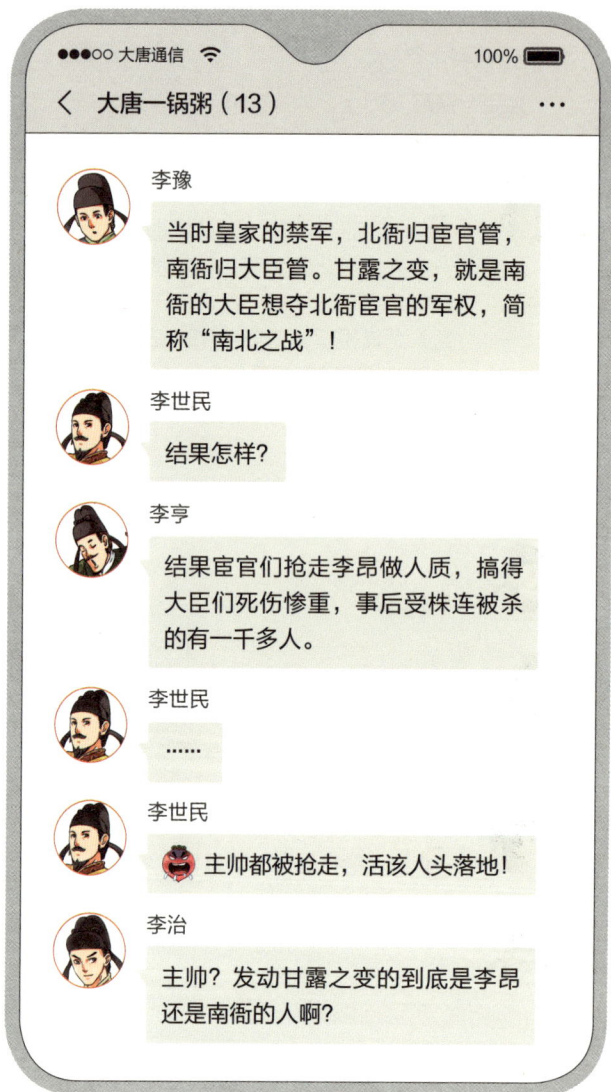

●●●○○ 大唐通信 🛜　　　　　　　100% 🔋

‹ 　大唐一锅粥（13）　　　　···

李豫

当时皇家的禁军，北衙归宦官管，南衙归大臣管。甘露之变，就是南衙的大臣想夺北衙宦官的军权，简称"南北之战"！

李世民

结果怎样？

李亨

结果宦官们抢走李昂做人质，搞得大臣们死伤惨重，事后受株连被杀的有一千多人。

李世民

······

李世民

😡 主帅都被抢走，活该人头落地！

李治

主帅？发动甘露之变的到底是李昂还是南衙的人啊？

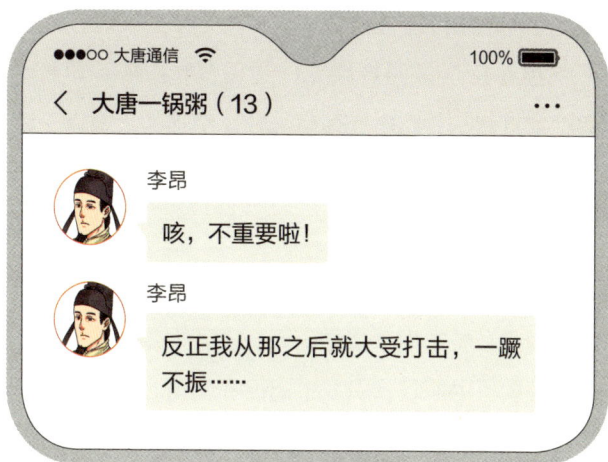

李昂
咳，不重要啦！

李昂
反正我从那之后就大受打击，一蹶不振……

敲黑板

🔊 唐宪宗李纯被王守澄、陈弘志、韦元素等宦官害死，因为李纯的年号是元和，所以这些人被统称为元和逆党。李昂登基后，提拔了宋申锡、郑注、李训等朝臣，利用他们先后处死韦元素、杨承和、王践言、王守澄、陈弘志等宦官，将元和逆党剪除殆尽。

🔊 甘露之变（835年）是李训、郑注等朝臣想要联合起来诛灭宦官的一场宫廷政变。据《旧唐书》记载，李昂早朝之时，大将军韩约奏称院内石榴树上夜降甘露，为祥瑞之兆。李昂派朝臣们去视察，回报有误，又派仇士良等一众宦官前去查验。事实上，朝臣们已经在院内暗藏甲兵，准备趁机杀死宦官。宦官们抵达后发现了伏兵，立即折返，一边劫持李昂回内殿，一边派500名神策军大肆砍杀朝臣。自此，甘露之变彻底失败，牵连的人数以千计，李训、郑注及其党羽多被捕杀，宰相王涯、舒元舆等人被腰斩。

🔊 唐朝的宦官机构及禁军驻地在宫城之北，俗称北司；朝臣机构在宫城之南，俗称南衙。宦官常年挟军干政，侵夺宰相等朝臣的职权，引发了南衙和北司之争。所以，甘露之变是南衙士大夫想要夺回禁军控制权而引发的斗争。

🔊 甘露之变的主要策划者是李训和郑注。关于李昂是否参与过预谋，至今存在争议。甘露之变后，宦官集团更加嚣张跋扈，据《资治通鉴》记载，李昂从此深受宦官的欺凌胁迫，五年后郁郁而终。

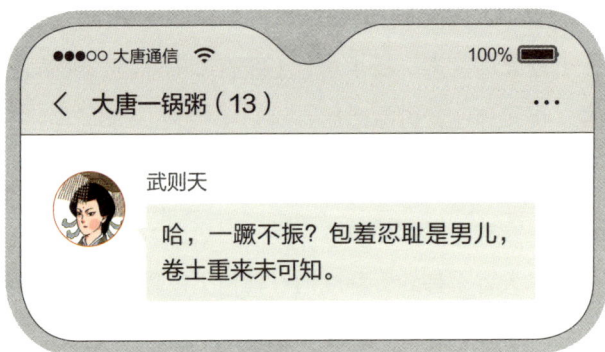

●●●●○○ 大唐通信 📶　　　　　100% 🔋

＜　大唐一锅粥（13）　　　···

武则天

哈，一蹶不振？包羞忍耻是男儿，卷土重来未可知。

●●●○○ 大唐通信 📶　　　　　　100% 🔋

＜　大唐一锅粥（13）　　　•••

武则天
> 大好年华就轻言放弃，如此不堪一击，能成什么大事！

李昂
>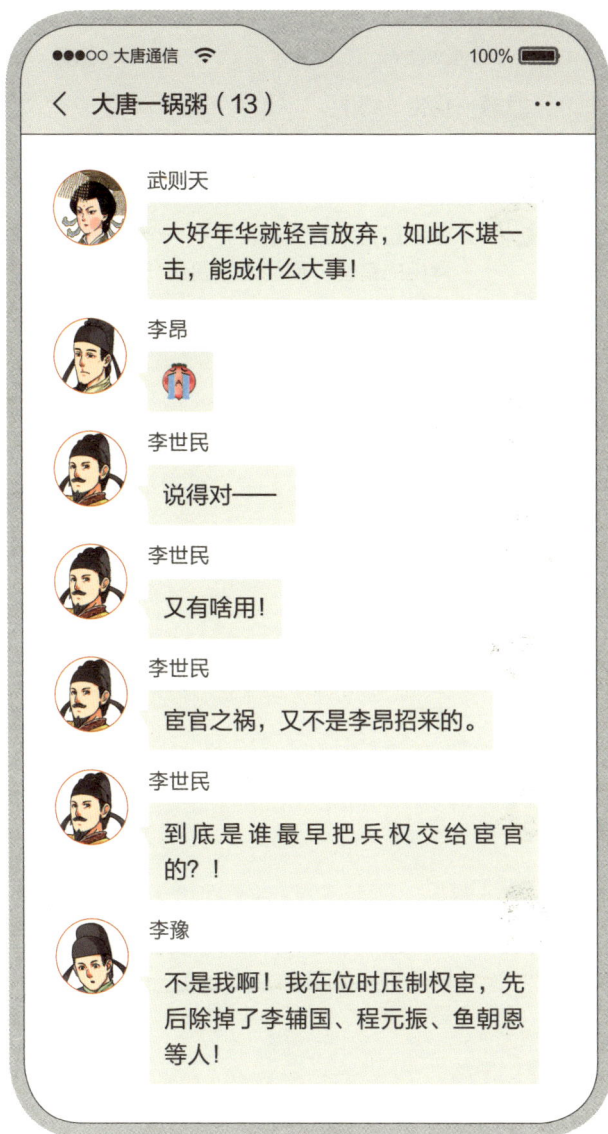

李世民
> 说得对——

李世民
> 又有啥用！

李世民
> 宦官之祸，又不是李昂招来的。

李世民
> 到底是谁最早把兵权交给宦官的？！

李豫
> 不是我啊！我在位时压制权宦，先后除掉了李辅国、程元振、鱼朝恩等人！

📍
241

●●●○○ 大唐通信 📶　　　　　　100% 🔋

〈　大唐一锅粥（13）　　　　　···

李亨
也不是我！我这朝虽有第一个封王拜相的宦官，但他也不是第一个有兵权的呀。为了确保他忠诚，李辅国这名字还是我改的，我棒不棒？

李世民
你……

李世民
可真是个小机灵鬼。

太平
欸？婉儿，有个人好像一直不敢说话啊。

李隆基
……

婉儿
哦，这个话题玄宗皇帝不便参与，以免别人伤害他这辈子唯一的真爱。

●●●○○ 大唐通信 📶　　　　　　100% 🔋

< 　大唐一锅粥（13）　　　　　···

李治

胡闹！皇帝不亲征，怎知前方战事？靠宦官指挥，难道宦官懂军事？

李隆基

杨思勖就懂，他可是历史上最能打的宦官。

婉儿

那边令诚呢，他是怎么害死高仙芝和封常清的？还有鱼朝恩，他在邺城之战和邙山之战中又表现得如何？

李世民

我要冷静，要冷静，冷静……

敲黑板

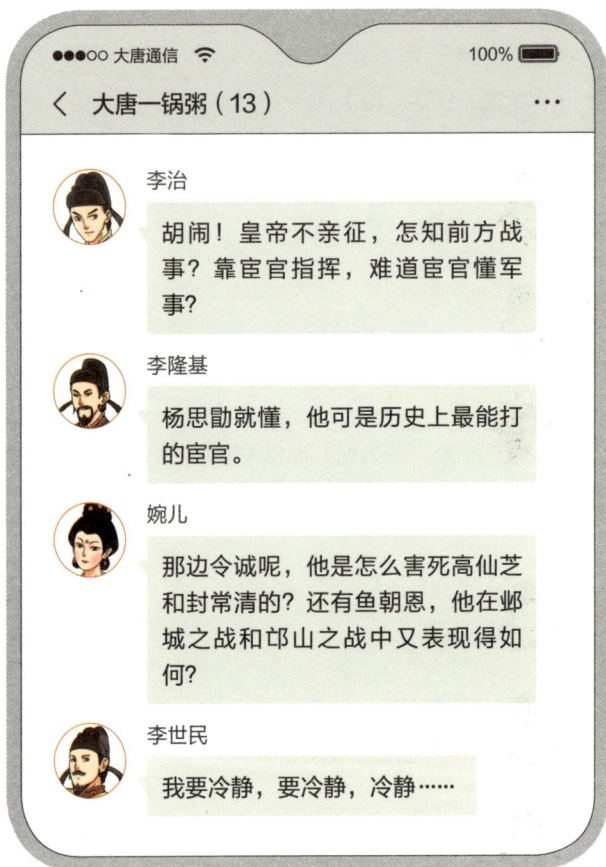

🔊　李辅国、程元振、鱼朝恩在李豫一朝先后得宠，可谓权倾朝野，但最终都被李豫利用朝臣和宦官间的矛盾而铲

除。李辅国被盗贼刺杀身亡，正史虽未明言，但都暗示是李豫在幕后操纵，《新唐书》认为宰相元载也参与谋划；程元振因吐蕃来犯时隐瞒情报，被李豫流放溱州，途中被仇家所杀；鱼朝恩最终被李豫联合元载设计而缢死。

🔊　据《旧唐书》记载，李辅国本名李静忠，被李亨赐名为李护国，后来又改为李辅国。他在李亨一朝开始掌握禁军的兵权，被封为郕国公，在李豫一朝官至中书令（宰相），晋爵博陆郡王，被李豫尊为"尚父"。

🔊　据唐朝杜佑的政书《通典》记载，733年（李隆基一朝）后，宦官监军逐渐形成制度。宦官监军的最早记录，是747年，宦官边令诚监高仙芝军征讨小勃律。

🔊　李治对皇帝亲征颇有执念。据《资治通鉴》记载，661年，唐军在高句丽之战中一度陷入困境，李治打算御驾亲征，但最终被武则天抗表谏止。

🔊　杨思勖（xù）是宦官中少见的军事奇才。据《旧唐书》记载，他早年在李显一朝讨伐李多祚有功，之后在唐隆政变中参与剪除韦后势力，深得李隆基的信任。从此东征西讨，先后率军镇压梅叔鸾、覃行章、梁大海等人的叛乱，官至骠骑大将军（从一品，唐朝武散官的最高阶），拜虢（guó）国公。因治军严明、手段残忍、杀人如麻而令敌人闻风丧胆。

思勖有膂力，残忍好杀。从临淄王（李隆基）诛韦氏，遂从王为爪士，累迁右监门卫将军。

——《旧唐书》

🔊 高仙芝和封常清都是战功显赫的名将。据《旧唐书》记载，安史之乱时封常清兵败被削职，留在高仙芝军中效力。监军宦官边令诚经常干预军中事务，高仙芝多数不从，使边令诚怀恨在心。边令诚入朝向李隆基参奏，诬陷封常清动摇军心、高仙芝弃地脱逃并克扣军粮和朝廷的赏赐，李隆基大怒，将高、封二人处斩。

🔊 邺城之战、邙山之战失败，鱼朝恩要负主要负责。758 年，郭子仪、李光弼等人奉命率兵围攻邺城，欲消灭叛军。李亨不设元帅，仅以宦官鱼朝恩为监军。然而鱼朝恩刚愎自用，盲目指挥，不仅葬送数十万唐军的性命，还将战败的责任推给郭子仪，使他被解除兵权。761 年，李光弼率兵与叛军相逢于邙山，而鱼朝恩监军时煽动内乱，最终唐军大败，河阳、怀州失守。

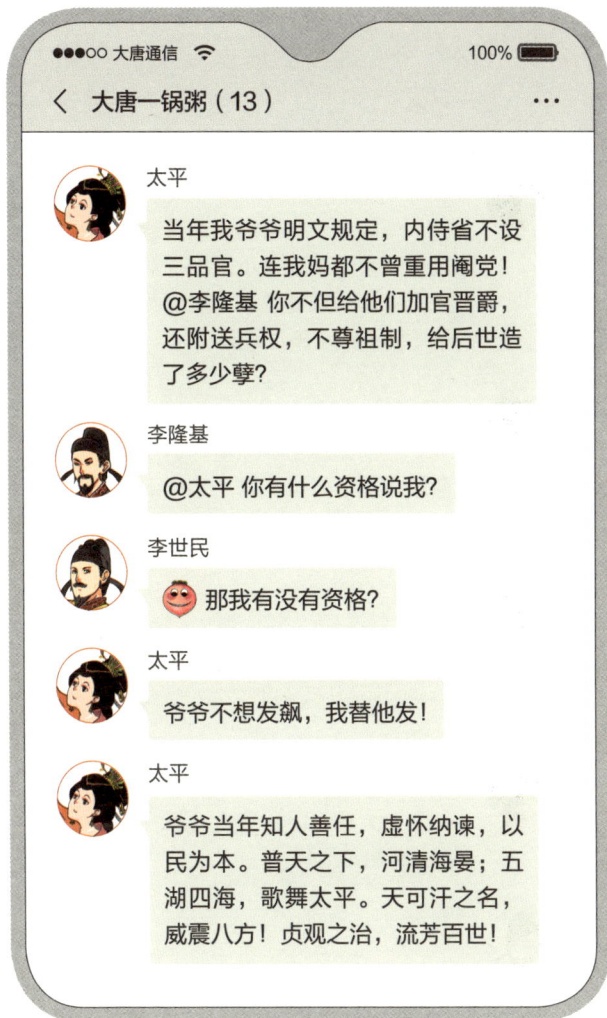

太平

当年我爷爷明文规定，内侍省不设三品官。连我妈都不曾重用阉党！@李隆基 你不但给他们加官晋爵，还附送兵权，不尊祖制，给后世造了多少孽？

李隆基

@太平 你有什么资格说我？

李世民

那我有没有资格？

太平

爷爷不想发飙，我替他发！

太平

爷爷当年知人善任，虚怀纳谏，以民为本。普天之下，河清海晏；五湖四海，歌舞太平。天可汗之名，威震八方！贞观之治，流芳百世！

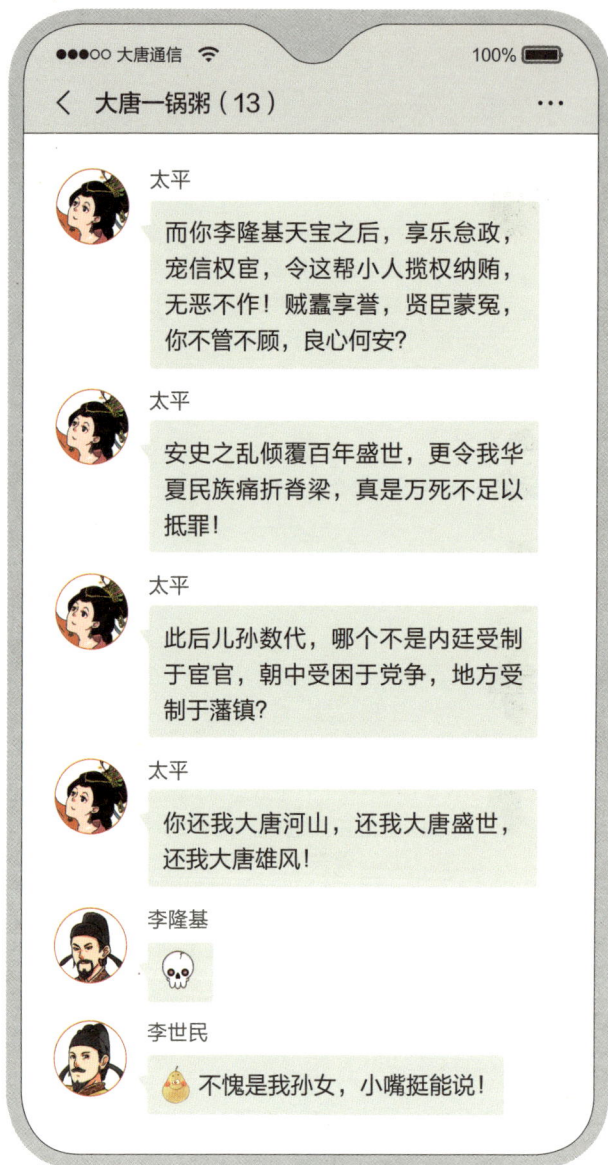

●●●○○ 大唐通信 🛜 100% 🔋

< 大唐一锅粥（13） ⋯

太平

> 而你李隆基天宝之后，享乐怠政，宠信权宦，令这帮小人揽权纳贿，无恶不作！贼蠹享誉，贤臣蒙冤，你不管不顾，良心何安？

太平

> 安史之乱倾覆百年盛世，更令我华夏民族痛折脊梁，真是万死不足以抵罪！

太平

> 此后儿孙数代，哪个不是内廷受制于宦官，朝中受困于党争，地方受制于藩镇？

太平

> 你还我大唐河山，还我大唐盛世，还我大唐雄风！

李隆基

> 💀

李世民

> 🐤 不愧是我孙女，小嘴挺能说！

●●●○○ 大唐通信 📶   100% 🔋

< 大唐一锅粥（13）   ···

太平

🍑 爷爷过奖了，我哪比得上您才辩无双，也就"怼"李隆基时略有那么一点点的文才罢了！

李渊

🍑

李渊

所以李隆基的真爱到底是谁？

李隆基

······

敲黑板

🔊   内侍省是皇帝的近侍机构，专用宦官，负责管理宫廷内部事务。据《旧唐书》记载，李世民在贞观年间定下规制，内侍省不得设三品（及以上）官员，宦官往往只负责传达诏旨、守御宫门等内务。此后李治、武则天都奉行此规，李显时期宦官的人数有所增多、势力有所增强，但身着紫衣者（亲王及三品以上）极少。李隆基时期着紫衣者千余人，不少宦官得到重用，如高力士曾官至骠骑大将军，晋爵为齐国公。

捌

宦官界的清流：

咦？这个高力士好像和传闻中的不太一样！

●●●○○ 大唐通信 🛜　　　　　　100% 🔋

< **大唐一锅粥（13）**　　　　　···

李渊
> 听说三郎上回被骂完就病了一场，现在好点没？

李隆基
> 多谢高祖爷爷关心！我喝了几天桂枝汤，已经好多了。

李渊
> 😁 你那个真爱，就没好好照顾你？

李亨
> 怎么没有！高力士这些天亲侍汤药，都忙坏了！

李隆基
> ……

李渊
> 高力士？就是那个趋炎附势、谄媚无耻的狗腿子？！

李隆基
> 😆 小高才不是那种人！

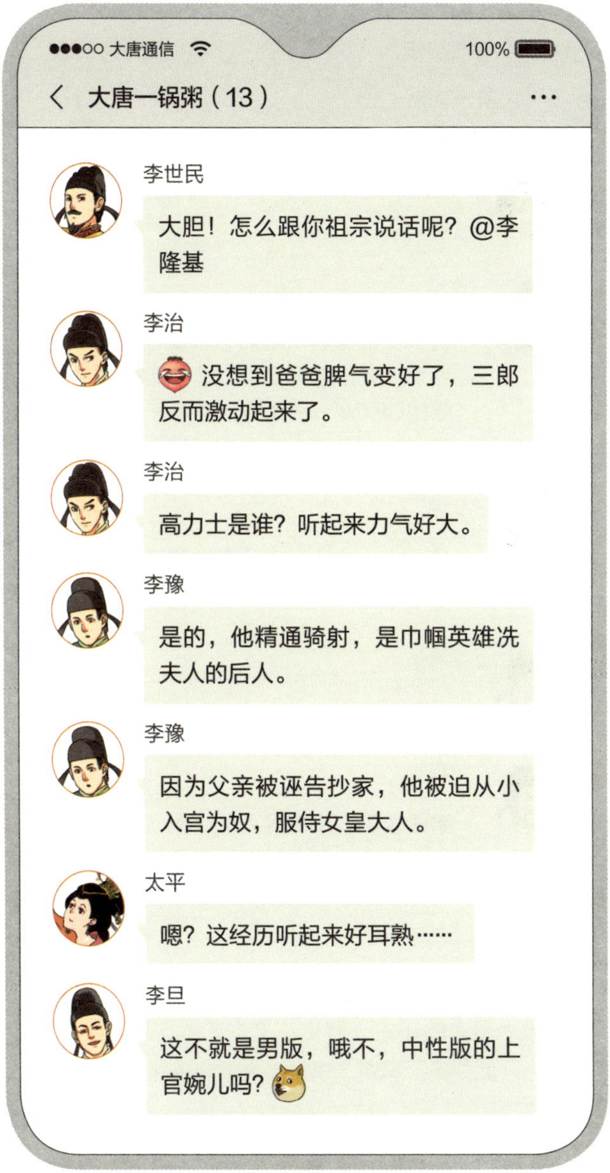
●●●○○ 大唐通信
100%
大唐一锅粥（13）
李世民
大胆！怎么跟你祖宗说话呢？@李隆基
李治
没想到爸爸脾气变好了，三郎反而激动起来了。
李治
高力士是谁？听起来力气好大。
李豫
是的，他精通骑射，是巾帼英雄冼夫人的后人。
李豫
因为父亲被诬告抄家，他被迫从小入宫为奴，服侍女皇大人。
太平
嗯？这经历听起来好耳熟……
李旦
这不就是男版，哦不，中性版的上官婉儿吗？

●●●●○○ 大唐通信 🛜   100% 🔋

< **大唐一锅粥（13）**   ···

婉儿
> ⋯⋯

李亨
> 的确。都是名门之后，都从宫廷最底层摸爬滚打开始，一个做到巾帼宰相CEO，一个做到千古第一大宦官，一手烂牌打得漂亮极了！

太平
> 😡 不像某些人，一手好牌打得稀烂！

李隆基
> ⋯⋯

李隆基
> 哪里像了？小高只有一个妻子，哪像上官婉儿魅力超群。奶奶一家七口，就有五个和她传绯闻！

* 如果算上所有的正史、野史、文学艺术作品，上官婉儿与李治、武则天、李贤、李显、太平公主都曾有一定的情感纠葛。

●●●○○ 大唐通信 🛜　　　　　　　100% 🔋

< 　大唐一锅粥（13）　　　　　···

婉儿
……

李亨
哦？宦官也有妻子，竟有这等罕事！

李隆基
这点常识你不知道？你还给李辅国做过媒呢，装什么大头蒜！

李亨
🍑

李亨
爸爸，我是替读者提问嘛！😬

婉儿
从汉朝到唐朝，宦官可以娶妻养子。高力士不仅家族得势，还参与政务。所以司马光的《资治通鉴》说，宦官之祸，始于李隆基。

●●●○○ 大唐通信 📶   100% 🔋

〈 大唐一锅粥（13）   **•••**

李隆基

> 司马光？那个破坏工艺品闹得举世
> 闻名的熊孩子？😡

李渊

> 司马光说得对！真是祸害遗千年。
> 😡

敲黑板

🔊   高力士本名冯元一，他的曾祖父冯盎是隋末唐初的名将，深受李世民赏识。据1999年出土的高力士墓志铭记载，高力士不到10岁入宫，颇受武则天喜爱，从而有机会在翰林院受教。他勤于学习、文武双全，尤其擅长弓箭，所以被称作力士。又因为是宦官高延福的养子，故名高力士。

🔊   高力士的生父冯君衡曾任潘州刺史，因遭诬陷而被罢官抄家，因此高力士从小就入宫为奴，在武则天身边做事。而上官婉儿是因为父亲、祖父被诬陷谋反处死，所以从小就入宫为婢，后来成为武则天的贴身秘书。

🔊　宦官作为特殊群体，会通过组建家庭的方式来争取文化认同，以提升社会地位。所以宦官收养子嗣、娶妻养女的现象一直存在，到唐中后期更为普遍。

🔊　据《旧唐书》记载，李辅国的妻子是故吏部侍郎元希声的侄儿元擢之女，李亨做主让他俩成婚。

●●●○○ 大唐通信 📶　　　　　　　　　　100% 🔋

< 　大唐一锅粥（13）　　　　　　　⋯

李隆基

高祖爷爷，小高不是祸害！他直言进谏，拥护贤臣，还常劝我不要相信李林甫、杨国忠和安禄山。都怪我没听……

李显

🐸

李显

三郎居然会认错，真是大开眼界！

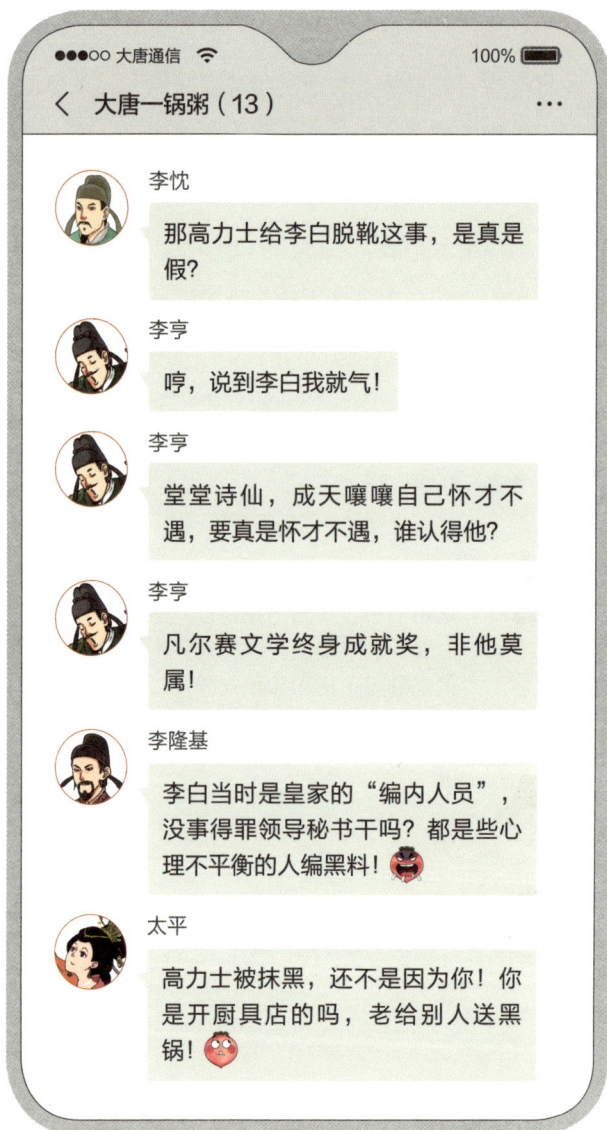

●●●○○ 大唐通信 📶 　　　　　　100% 🔋

〈 大唐一锅粥（13）　　　　 ⋯

李忱
那高力士给李白脱靴这事，是真是假？

李亨
哼，说到李白我就气！

李亨
堂堂诗仙，成天嚷嚷自己怀才不遇，要真是怀才不遇，谁认得他？

李亨
凡尔赛文学终身成就奖，非他莫属！

李隆基
李白当时是皇家的"编内人员"，没事得罪领导秘书干吗？都是些心理不平衡的人编黑料！😡

太平
高力士被抹黑，还不是因为你！你是开厨具店的吗，老给别人送黑锅！😳

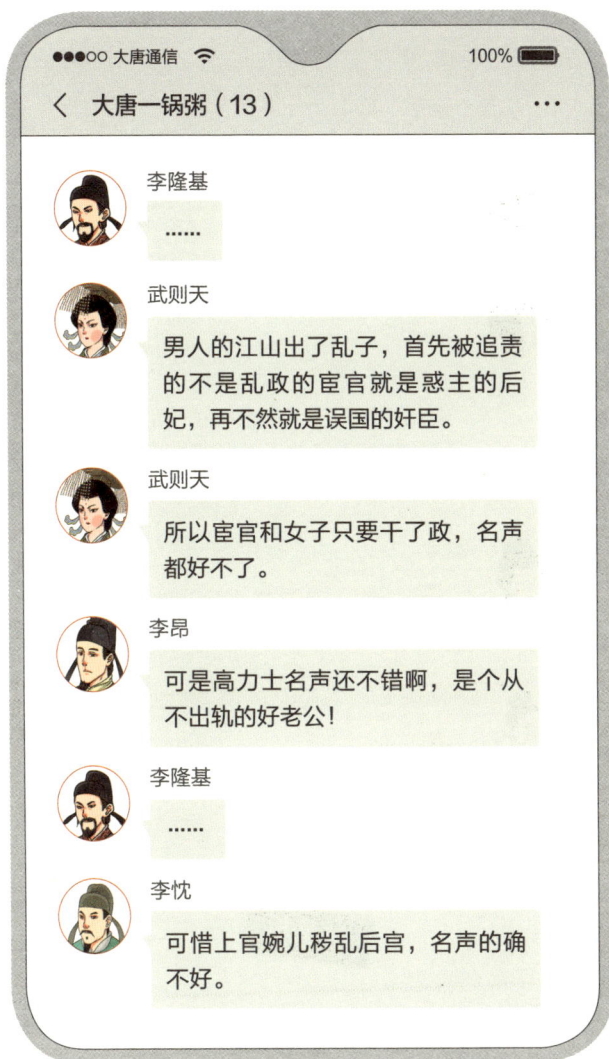

●●●○○ 大唐通信 📶 　　　　　　　　100% 🔋

❮　大唐一锅粥（13）　　　　⋯

太平

😁😁😁😁😁

太平

7″

婉儿一生无子，这也叫秽乱后宫？
那李隆基生了差不多60个，又该怎
么算？

婉儿

😊 后宫佳丽三千人，这叫"风
流"。

李隆基

🍑

敲黑板

🔊　　其实在唐朝的正史、杂史及笔记小说中，高力士的形
象均是正面的。据正史记载，他不仅协助调和李隆基与姚
崇、宋璟、张说、张九龄等贤臣的关系，并且促成了确定

太子的最终人选一事，保持了朝局稳定。另外，他曾向李隆基揭发过杨国忠的谗言，抵制李林甫专权，反对将李林甫集团的人提为宰相，并委婉地劝谏李隆基要警惕安禄山造反作乱。

上（李隆基）尝谓高力士曰："朕今老矣，朝事付之宰相，边事付之诸将，夫复何忧！"力士对曰："臣闻云南数丧师，又边将拥兵太盛，陛下将何以制之！臣恐一旦祸发，不可复救，何得谓无忧也！"上曰："卿勿言，朕徐思之。"

——《资治通鉴》

◄» 　高力士脱靴一事，最早见于唐朝李肇所著的史书《唐国史补》：李白在翰林院常常醉酒，玄宗命他撰写乐词，他却烂醉如泥，只能以水浇他面。待他稍醒后挥笔写词，十几章一气呵成。后来，李白面圣时伸脚让高力士为他脱靴，被李隆基命小宦官赶出宫去。这个故事被后世进一步丰富，演变为李白蔑视佞臣、挑战权威的传说，并衍生出成语"力士脱靴"。但此事并不可信。

◄» 　高力士的妻子是吏官吕玄晤之女，两人成婚后，吕玄晤和他的家族子弟都被提拔。吕玄晤之妻去世后，高力士为岳母操办了隆重的葬礼，各级地方官员争相赠送祭祀物品。据唐朝郭湜所撰的传记《高力士外传》记载，吕氏

"躬行妇道，有逾常礼"。可见高力士的婚姻在当时颇受认可。

●●●○○ 大唐通信 📶 　　　　　　100% 🔋

< 　大唐一锅粥（13）　　　···

李隆基
我这一生虽然有不少妻妾和孩子，可只有小高对我不离不弃！他得知我去了阎罗殿，立刻跳下来陪我。

李亨
爸爸，我也跳下来陪你了啊，还比他快呢！

李显
🐕 你那是被人踹下来的吧。

李亨
······

李渊
这有啥好炫耀的，当年武则天她爹不也急着下来陪我了？要不是看在她爹的分上，我能忍她到现在？😣

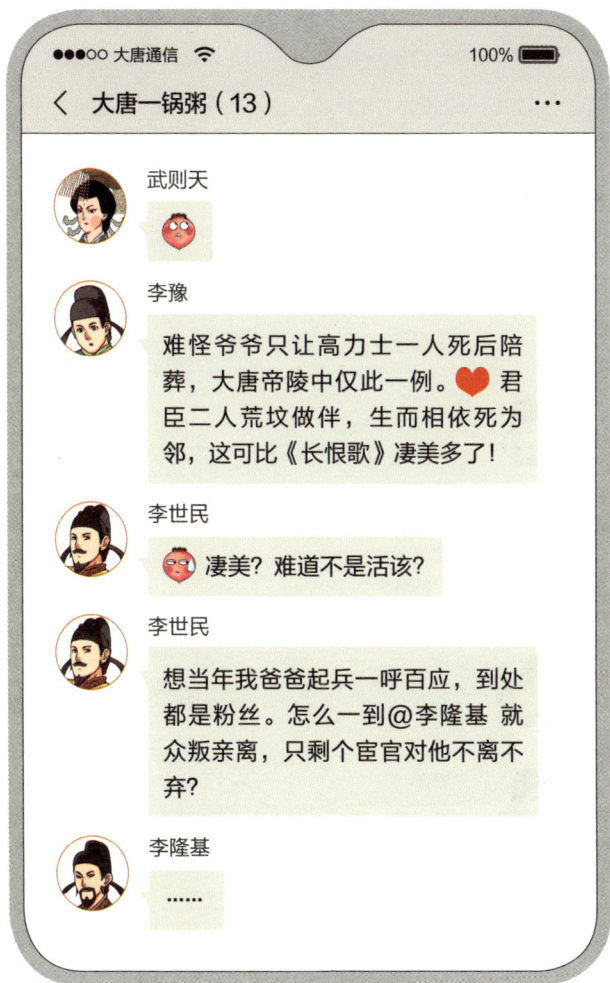

●●●○○ 大唐通信 📶   100% 🔋

〈 大唐一锅粥（13）   ···

李渊

> 就是！我儿当年广开言路、网罗英才，房谋杜断，谏有魏徵。他还一手培养了苏定方、薛仁贵等人，给李治留下多少宝藏男孩！

李渊

> @李隆基 你给李亨留下了啥，宝藏宦官？

李隆基

> ……

李亨

> ……

李世民

> 😭😭😭 爸爸，您……夸我了！

李渊

> 🍐🍐 别打岔！

李渊

> 想我开国实行群相制度，制约相权，才得天下太平，谁知李林甫……

敲黑板

🔊　据高力士的墓志铭记载，762年，被流放在外的高力士遇大赦返京，途中得知李隆基驾崩的消息。万分悲痛之下，高力士大哭呕血，绝食数日而亡，享年78岁。李豫追赠他为扬州大都督，并将他陪葬于李隆基的泰陵。

🔊　李显说李亨"被人踹下来"，意思是他的死受到了别人的"助攻"。据《旧唐书》记载，张皇后谋反案发两天之后，李亨驾崩。因此，有一种流传甚广的说法是：李辅国率兵入宫捉拿张皇后、越王李系和一众叛党时，病榻上的李亨受到惊吓，病情加重而死。

◀) 武则天的父亲武士護（yuē）早年曾随李渊、李世民参与抗隋起义，被李渊封为"太原元谋功臣"。据唐朝李峤的散文《攀龙台碑》记载，635年李渊驾崩，武士護因此悲痛成疾，最终病逝于荆州任上。李世民追封他为礼部尚书，谥曰忠孝公。

◀) 据统计，李渊的献陵有陪葬墓67座，李世民的昭陵有陪葬墓将近200座，李治和武则天的乾陵有陪葬墓17座，李显的定陵有陪葬墓8座，李旦的桥陵有陪葬墓17座。而李隆基只有高力士1座陪葬墓。君臣二人相伴归葬，在唐朝帝陵中绝无仅有。

◀) 李渊所说的"群相制度"，是指他在位时沿袭隋制，以三省的长官（即中书省的中书令、门下省的侍中、尚书省的尚书令）同为宰相的制度。但李世民登基后，由于他曾担任过尚书令，大臣为了避嫌不再居此职，因此尚书令的位置被空置，尚书省的长官改为仆射。三省分别设仆射（2人）、侍中（2人）、中书令（2人），由天子统筹，共掌国家最高行政权。但在李隆基时期，李林甫担任宰相长达19年，不仅打破了宰相几年一换的传统，并且他大权独揽、排除异己，使得朝纲紊乱。

◀) 李渊作为大唐帝国的开创者，具有突出的军事能力和组织能力，登基后铸造钱币、完善律法、安稳边防，令百姓休养生息，为此后的繁荣盛世奠定了基础。但他的功绩和能力往往被李世民的光芒所掩盖。

然高祖所以有天下，皆太宗之功。

——《资治通鉴》

●●●○○ 大唐通信 📶　　　　　　　　100% 🔋

〈　大唐一锅粥（13）　　　　⋯

李显

🍑

李世民

👶👶👶 爸爸他……他夸我咧……

李昂

哇哦，太宗爷爷还在"掉线"耶！

李隆基

我好奇的是，太宗爷爷不是老说魏徵是他的镜子吗，那魏徵死了他挖人家坟是几个意思？

李亨

想照镜子了呗！

李治

……

李治

什么挖坟！是魏徵有结党之嫌，爸爸才推倒他的墓碑，后来又重立了。

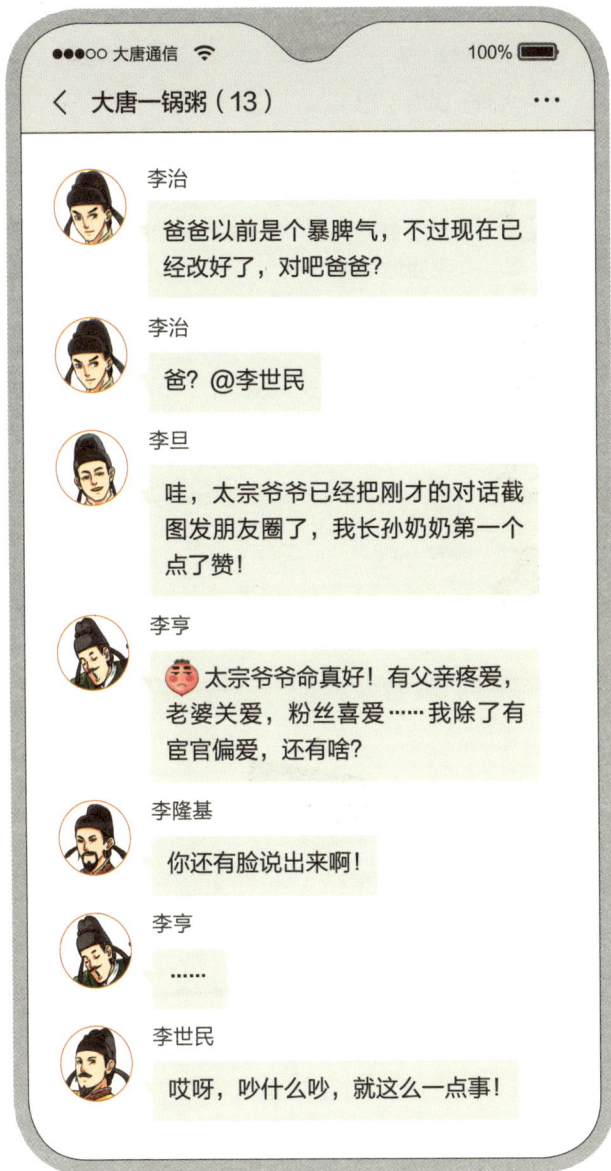

●●●○○ 大唐通信 📶　　　　　100% 🔋

‹ 大唐一锅粥（13）　　　　　⋯

李治
爸爸以前是个暴脾气，不过现在已经改好了，对吧爸爸？

李治
爸？@李世民

李旦
哇，太宗爷爷已经把刚才的对话截图发朋友圈了，我长孙奶奶第一个点了赞！

李亨
😳太宗爷爷命真好！有父亲疼爱，老婆关爱，粉丝喜爱……我除了有宦官偏爱，还有啥？

李隆基
你还有脸说出来啊！

李亨
……

李世民
哎呀，吵什么吵，就这么一点事！

269

●●●○○ 大唐通信 📶　　　　　　100% 🔋

❮　大唐一锅粥（13）　　　⋯

李世民
> 我心情美得很！谁来唱首歌助兴？
> 要接地气的那种。

李亨
> 我来！

李世民
> 😡 可以接地气，没必要接地府。

李亨
> ……

敲黑板

🔊　"凌烟阁二十四功臣"：长孙无忌、李孝恭、杜如晦、魏徵、房玄龄、高士廉、尉迟敬德、李靖、萧瑀、段志玄、刘弘基、屈突通、殷开山、柴绍、长孙顺德、张亮、侯君集、张公谨、程知节、虞世南、刘政会、唐俭、李勣、秦琼。

据《旧唐书》记载，643年，李世民为表彰一批开国元勋和治世名臣，命画家阎立本绘制了这24位功臣的画像并置于大兴宫的凌烟阁内。

🔊 据《资治通鉴》记载，李世民曾养有一只上好的鹞鹰，有一次正在把玩，看见魏徵前来奏事，忙将鹞鹰藏到怀中。魏徵假装没看见，故意陈奏了很久，导致鹞鹰被生生闷死。

🔊 据《旧唐书》记载，684年，李显被武则天废黜、贬为庐陵王之后，被发配到房州（今湖北房县）。他惶惶不可终日，每次听说武则天派来了使臣，就吓得要自杀。

🔊 据《新唐书》记载，魏徵死后，他曾推荐的杜正伦因罪被贬，侯君集因参与谋反被诛。李世民由此怀疑魏徵结党营私，又得知他曾将谏书给史官褚遂良观看，更是不悦，不仅解除了魏徵长子魏叔玉和衡山公主的婚约，还推倒了魏徵的墓碑。后来辽东战役铩羽而归，李世民怅然道："如果魏徵还在，我怎么会有这一趟辽东之行！"于是派人慰劳魏徵的妻儿，并为他重新立起墓碑。

●●●○○ 大唐通信 📶   100% 🔋

< 大唐一锅粥（14）   •••

李隆基

> 曾爷爷，我有个朋友能歌善舞，不如拉她进群？

李世民

> 拉吧！

"李隆基"邀请"sheep can fly"加入群聊

sheep can fly

> 🎶✨🍸

李隆基

> 那个……她是我亲戚的母亲的老公的……

太平

> 不愧是杨贵妃，的确挺美哦。

李隆基

> 🐸

* 杨贵妃刚进群，还没来得及改群昵称，不过众人一看头像就认出了她。

●●●○○ 大唐通信 📶　　　　　　　　100% 🔋

〈 大唐一锅粥（14）　　　　　　⋯

李隆基
你们咋知道她是谁？

李世民
🤓 你朋友圈成天发贵妃的视频，我们又不像李昂有脸盲症。

李昂
⋯⋯

李隆基
环环，来给大家跳一个《霓裳羽衣舞》！

sheep can fly
阿瞒，人家没吃饱，跳不动嘛！

sheep can fly
除非你也一起跳，You jump, I jump!

sheep can fly
ᕦ(ー_ー)ᕤ

●●●○○ 大唐通信 📶　　　　　　　　100% 🔋

〈　大唐一锅粥（14）　　　⋯

李渊
> ⋯⋯

李渊
> 大庭广众之下直呼乳名，成何体统！

sheep can fly
> 可是叫陛下太生疏了呀⋯⋯那就叫三郎吧！

sheep can fly
> ٩(ᵔᵕᵔ)۶

李治
> 啊，叫陛下很生疏吗？

李治
> @武则天 阿武，我排行第九，你可以叫我⋯⋯😁

武则天
> @李治 好的，九儿。

武则天
> ٩(ᵔᵕᵔ)۶

📍
274

●●●○○ 大唐通信 📶　　　　　　100% 🔋

< 大唐一锅粥（14）　　　　　　···

李世民
😑 还是不必了。

李世民
听说你有胡人血统？

sheep can fly
啥？你才是胡人！

sheep can fly
🙆

李世民
······

李隆基
@sheep can fly 大胆，怎么跟你祖宗说话呢？

sheep can fly
🙅

sheep can fly
三郎，人家出身于弘农杨家，是杨贵妃，不是洋贵妃······

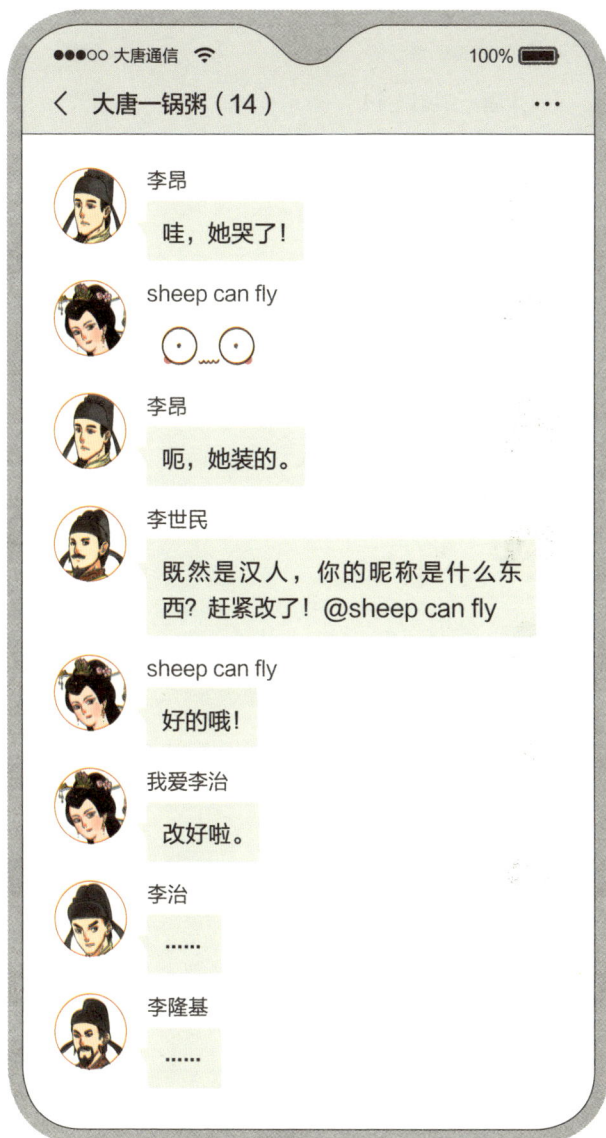

●●●○○ 大唐通信 📶　　　　　　100% 🔋

〈　大唐一锅粥（14）　　　　　···

李昂
哇，她哭了！

sheep can fly
⊙﹏⊙

李昂
呃，她装的。

李世民
既然是汉人，你的昵称是什么东西？赶紧改了！@sheep can fly

sheep can fly
好的哦！

我爱李治
改好啦。

李治
······

李隆基
······

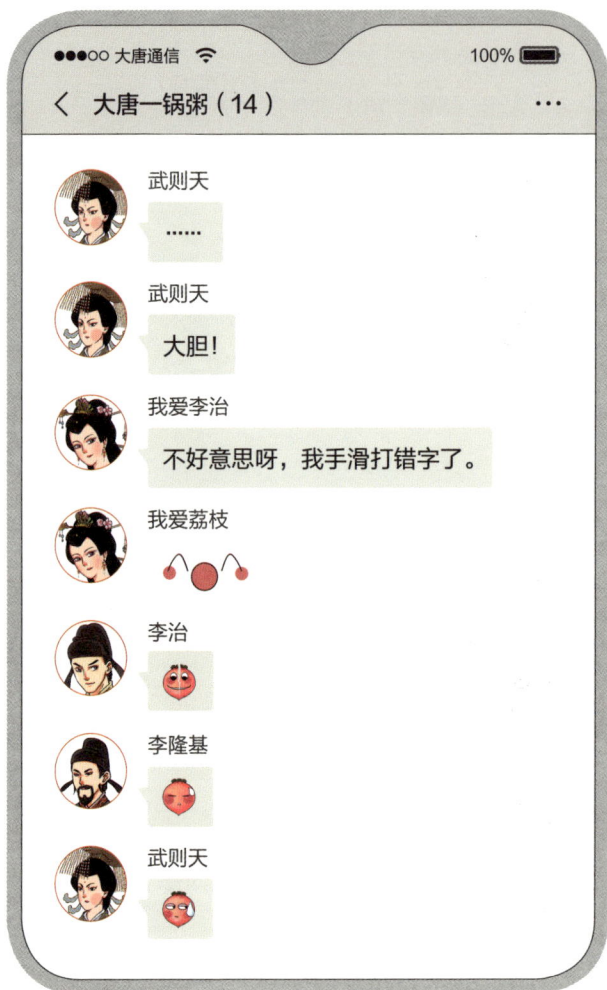

敲黑板

◀)) 　《霓裳羽衣舞》是唐朝著名的宫廷乐舞，曲作者为李隆基。它表现了月宫中众仙女舞姿婆娑的神话场景，据说是杨贵妃最擅长的舞蹈。唐朝郑嵎在《津阳门诗》的自注中认为，此曲是李隆基在天竺舞曲《婆罗门曲》的基础上创作的。

◀)) 　杨贵妃的高祖父是隋朝大臣杨汪，据唐朝的官修史书《隋书》记载，杨汪的祖籍是弘农华阴，但杨家在他曾祖父时期就举家迁至河东一带，因此杨贵妃的籍贯存在争议。不过从血统而言，杨贵妃的父辈为汉人，并无与外族女子通婚的记录，她应为正统的汉人。个别艺术作品中的杨贵妃具有胡人血统，这并无史据。

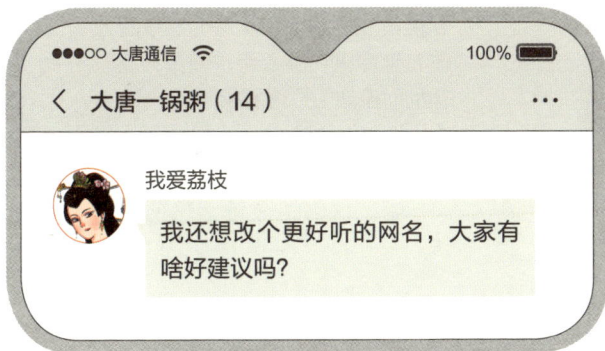

●●●○○ 大唐通信　　　　　　　　　　100% ▭

〈　**大唐一锅粥（14）**　　　　　　　⋯⋯

我爱荔枝

我还想改个更好听的网名，大家有啥好建议吗？

●●●○○ 大唐通信 📶   100% 🔋

< 大唐一锅粥（14）   ···

李忱

改名可以问女皇大人啊，她最有经验！

李渊

是啊，我和世民一共才2个年号，这女人干政期间就改了将近20个年号！嫌字不够用，还发明了一堆汉字。

李世民

听说她的爱好就是给仇人改名？

李世民

给王皇后改姓蟒，萧淑妃改姓枭，武惟良改姓蝮。打契丹时给李尽忠改名李尽灭，孙万荣改名孙万斩，却反而被他俩打得落花流水！

李治

……呃，这倒是鼓舞士气的好办法。

敲黑板

🔊　武则天称帝后改制新字，以政令形式在全国推广，大到奏疏策论、墓志碑刻，小到公文案牍、书册账簿，都必须使用新造字。按《资治通鉴》的说法，这些字未必都是她亲自创造，可能有一些是臣子按照她的心意所创，由她选取。根据学者们对武周朝文物的考察，新字有18至21个。

🔊　李世民所说的"被李尽忠、孙万荣打得落花流水"特指武周朝军队与李尽忠、孙万荣率领的契丹军队之间早期的几场大战。据《资治通鉴》记载，696年五月，契丹首领李尽忠联合孙万荣反抗朝廷，武则天得知后大怒，派兵镇压，并下诏给李尽忠、孙万荣改名。同年八月，李尽忠率兵战于硖石谷，"唐军大败"；数日后李尽忠的部队在黄獐谷出击，唐军再次大败，"鲜有脱者"；之后李尽忠利用俘虏，伏击唐军的殿后部队，令"全军皆没"。次年三月，孙万荣率军战于东硖石谷，唐军大将军王孝杰坠崖而死，将士们"死亡殆尽"。

小剧场　千年万岁，椒花颂声

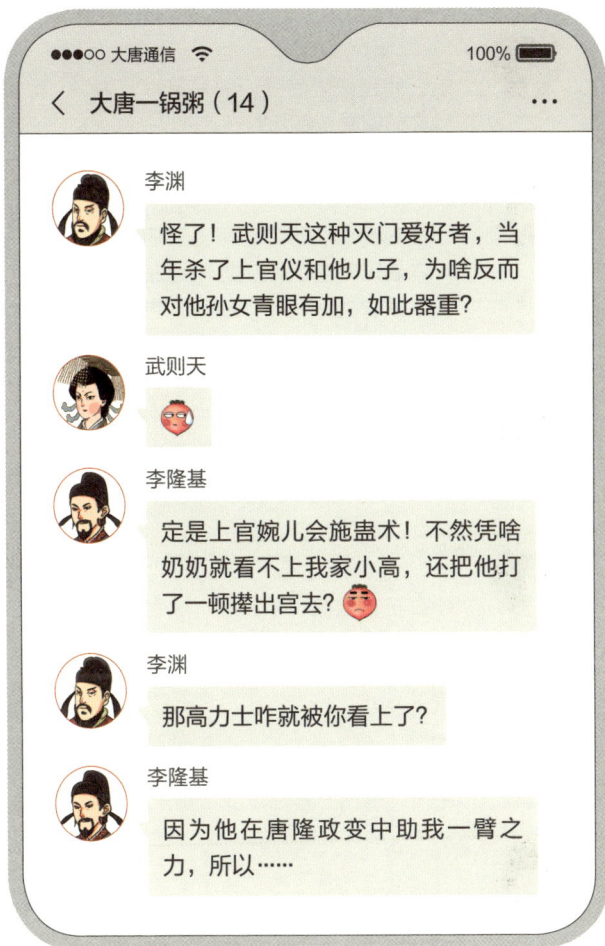

●●●○○ 大唐通信　📶　　　　　　100% 🔋

〈　大唐一锅粥（14）　　　　　···

李渊
> 怪了！武则天这种灭门爱好者，当年杀了上官仪和他儿子，为啥反而对他孙女青眼有加，如此器重？

武则天
> 😊

李隆基
> 定是上官婉儿会施蛊术！不然凭啥奶奶就看不上我家小高，还把他打了一顿撵出宫去？😊

李渊
> 那高力士咋就被你看上了？

李隆基
> 因为他在唐隆政变中助我一臂之力，所以……

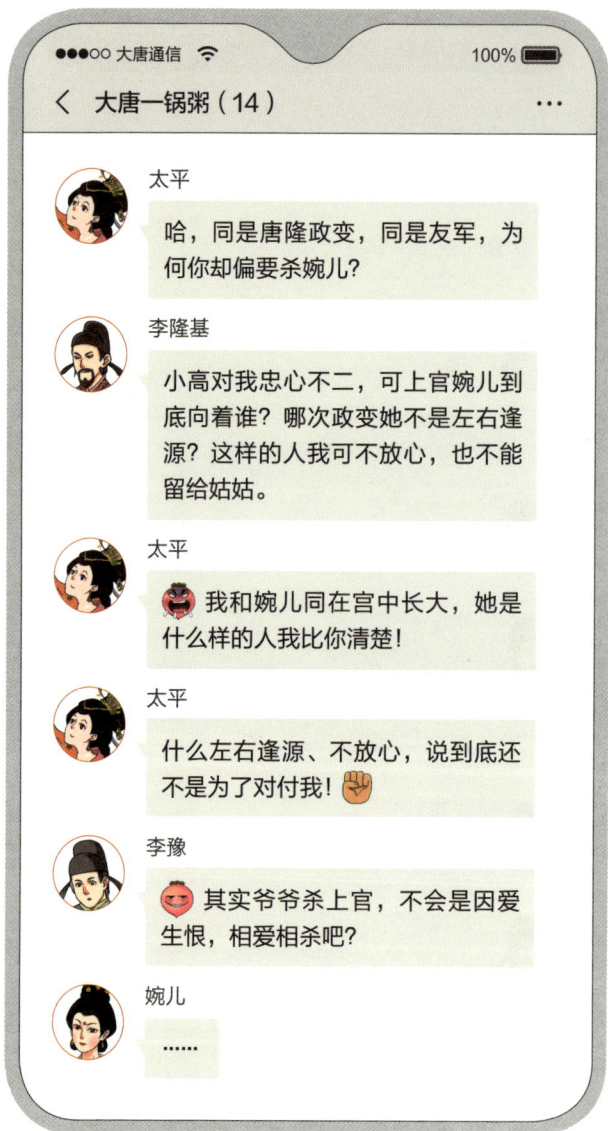

●●●○○ 大唐通信 📶　　　　　100% 🔋

〈　大唐一锅粥（14）　　　　　‥‥

太平
> 哈，同是唐隆政变，同是友军，为何你却偏要杀婉儿？

李隆基
> 小高对我忠心不二，可上官婉儿到底向着谁？哪次政变她不是左右逢源？这样的人我可不放心，也不能留给姑姑。

太平
> 😈 我和婉儿同在宫中长大，她是什么样的人我比你清楚！

太平
> 什么左右逢源、不放心，说到底还不是为了对付我！✊

李豫
> 😡 其实爷爷杀上官，不会是因爱生恨，相爱相杀吧？

婉儿
> ……

📍

284

●●●○○ 大唐通信 📶　　　　　　　100% 🔋

‹ 大唐一锅粥（14）　　　　　 ⋯

李隆基
……

太平
？！🫑

李豫
那个……我好像看过爷爷和上官的
野史……

李忱
@李豫 您看错了吧！野史明明讲的
是玄宗爷爷和太平公主！

太平
……

李隆基
……

李隆基
胡说！我喜欢年纪比我小的！

婉儿
是啊，最好小34岁。🫑

📍

285

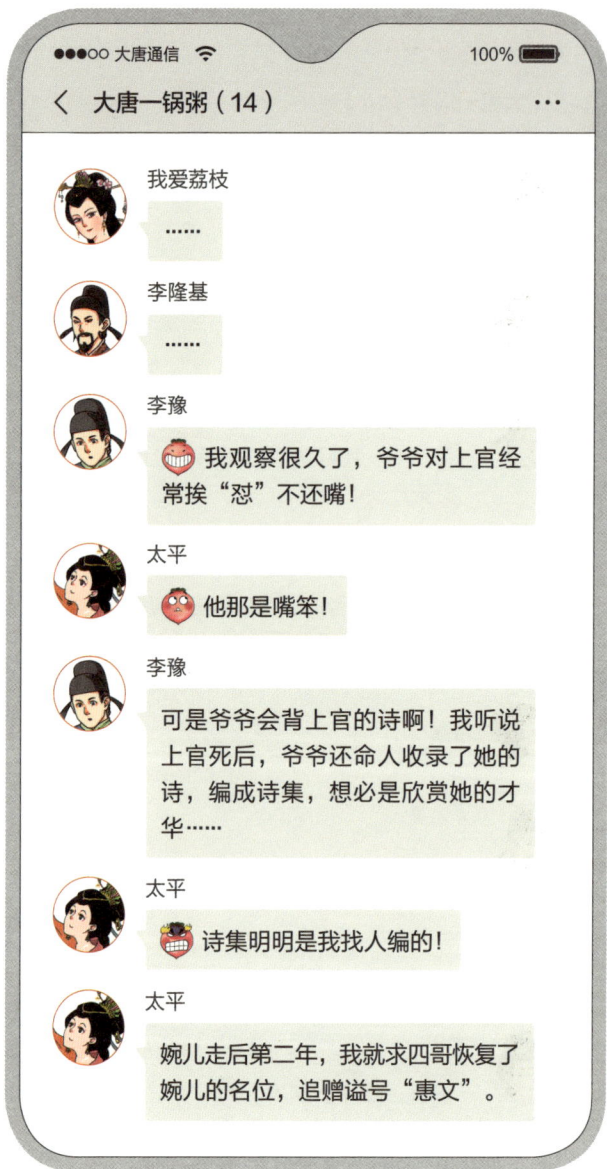

●●●○○ 大唐通信 📶　　　　　　　　100% 🔋

＜　大唐一锅粥（14）　　　 …

我爱荔枝
......

李隆基
......

李豫
😁 我观察很久了，爷爷对上官经常挨"怼"不还嘴！

太平
😠 他那是嘴笨！

李豫
可是爷爷会背上官的诗啊！我听说上官死后，爷爷还命人收录了她的诗，编成诗集，想必是欣赏她的才华......

太平
😬 诗集明明是我找人编的！

太平
婉儿走后第二年，我就求四哥恢复了婉儿的名位，追赠谥号"惠文"。

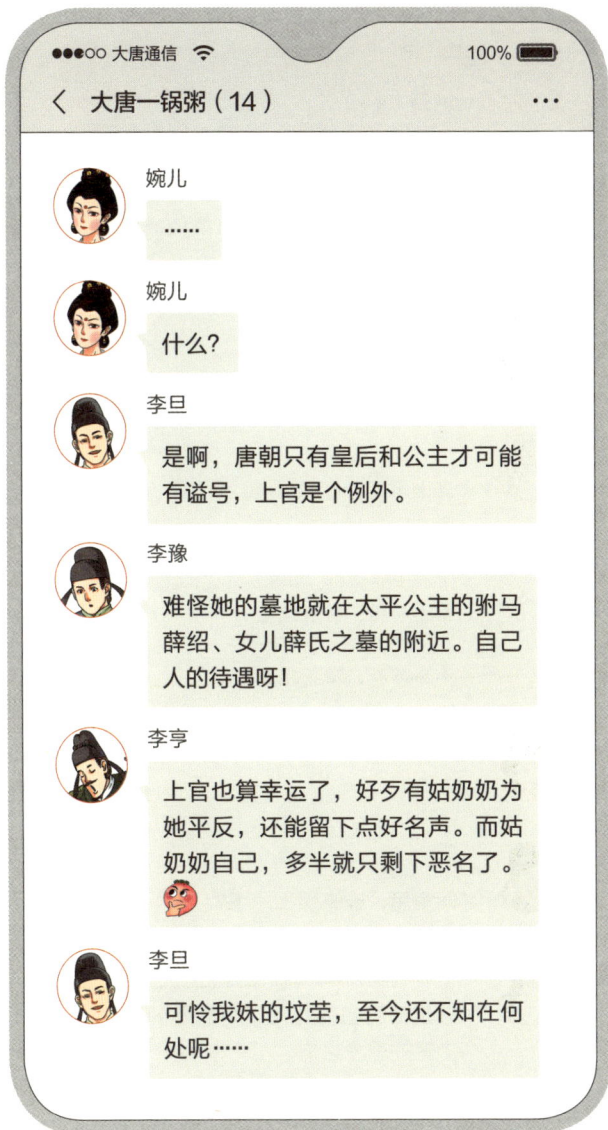

●●●○○ 大唐通信 📶　　　　　　100% 🔋

‹　　大唐一锅粥（14）　　　···

婉儿
……

婉儿
什么？

李旦
是啊，唐朝只有皇后和公主才可能有谥号，上官是个例外。

李豫
难怪她的墓地就在太平公主的驸马薛绍、女儿薛氏之墓的附近。自己人的待遇呀！

李亨
上官也算幸运了，好歹有姑奶奶为她平反，还能留下点好名声。而姑奶奶自己，多半就只剩下恶名了。🤭

李旦
可怜我妹的坟茔，至今还不知在何处呢……

●●●○○ 大唐通信 🛜 　　　　　　100% 🔋

❮　大唐一锅粥（14）　　　⋯

李忱
所以，上官还不知道自己的墓志铭
写了些什么？

婉儿
？

李豫
潇湘水断，宛委山倾。

珠沉圆折，玉碎连城。

甫瞻松槚，静听坟茔。

千年万岁，椒花颂声。

婉儿
⋯⋯

李渊
啥意思，谁来翻译一下？

李豫
这是最有名的几句，写的是公主对
上官的思念之情。

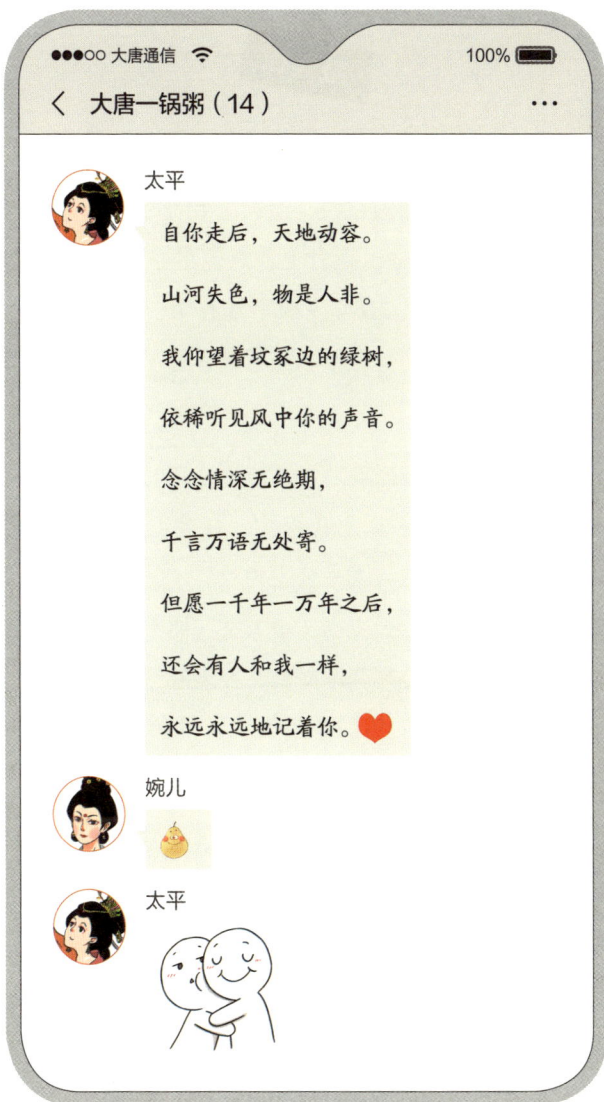

大唐一锅粥（14）

100% 🔋

太平

自你走后，天地动容。

山河失色，物是人非。

我仰望着坟冢边的绿树，

依稀听见风中你的声音。

念念情深无绝期，

千言万语无处寄。

但愿一千年一万年之后，

还会有人和我一样，

永远永远地记着你。❤

婉儿

太平

敲黑板

🔊 据《旧唐书》记载，高力士曾因犯了小错被赶出宫，过了一年多又被武则天召回。到景龙年间（707—710），李隆基还在做藩王时，高力士就对他尽心侍奉，颇得恩顾。后因唐隆政变（710年）时平乱有功，高力士得到了提拔，并被调到内坊（太子东宫所属官署）管理内务，每日服侍李隆基左右。

🔊 上官婉儿之墓被发现后，墓志铭透露的不少信息都与后世的史书不符。例如上官婉儿一直被正史划归为韦皇后、安乐公主一党，与太平公主为政敌，但墓志铭中叙述了婉儿为了阻止安乐公主当"皇太女"而不惜以死劝谏李显之事。而太平公主高调厚葬婉儿并为她追讨身后之名，结合婉儿在李显驾崩后的政治表现，推测两人应属同一阵营。

🔊 据《旧唐书》记载，李隆基即位后命人收录上官婉儿的诗，编成诗集，由张说作序。之后的史书都沿用了这个说法。但从张说为文集所作的序言来看，文集应为太平公主奏请天子编纂的。根据太平公主的生卒年份，以及学者陈祖言对张说的年谱考证，此天子应为唐睿宗李旦，收编文集极可能发生在景云二年（711年），与恢复婉儿名位一事同时进行。

> 镇国太平公主，道高帝妹，才重天人。昔尝共游东壁，同宴北渚。倏来忽往，物在人亡。悯雕琯（guǎn）之残言，悲素扇之空曲。上闻天子，求椒掖之故事，有命史臣，叙兰台之新集。
>
> ——《唐昭容上官氏文集序》

🔊 上官婉儿墓位于咸阳市渭城区北杜镇邓村北，古代地名是"雍州咸阳县茂道乡洪渎原"，此地有大量北周、隋、唐朝的贵族墓葬。太平公主的第一任驸马薛绍和女儿万泉县主薛氏墓均在此处。

🔊 上官婉儿的墓志铭作者暂不可考。铭文中提到了太平公主痛惜婉儿之死，赠巨资为奠仪（即葬礼的"份子钱"），并派人吊祭，"词旨绸缪"。"绸缪"出自《诗·豳风·鸱鸮》，意为情意缠绵。

🔊 "椒花颂声"意为世人对上官婉儿聪慧之名的歌颂。这个典故出自唐朝的官修史书《晋书》：晋人刘臻的妻子陈氏聪明善辩、通晓文墨，曾写了一首《椒花颂》送给丈夫作为新年贺词。此处引用应当是将婉儿比作陈氏，称赞她才学过人。

杨贵妃与唐玄宗:

大唐第一绝恋竟然是"营销"出来的?

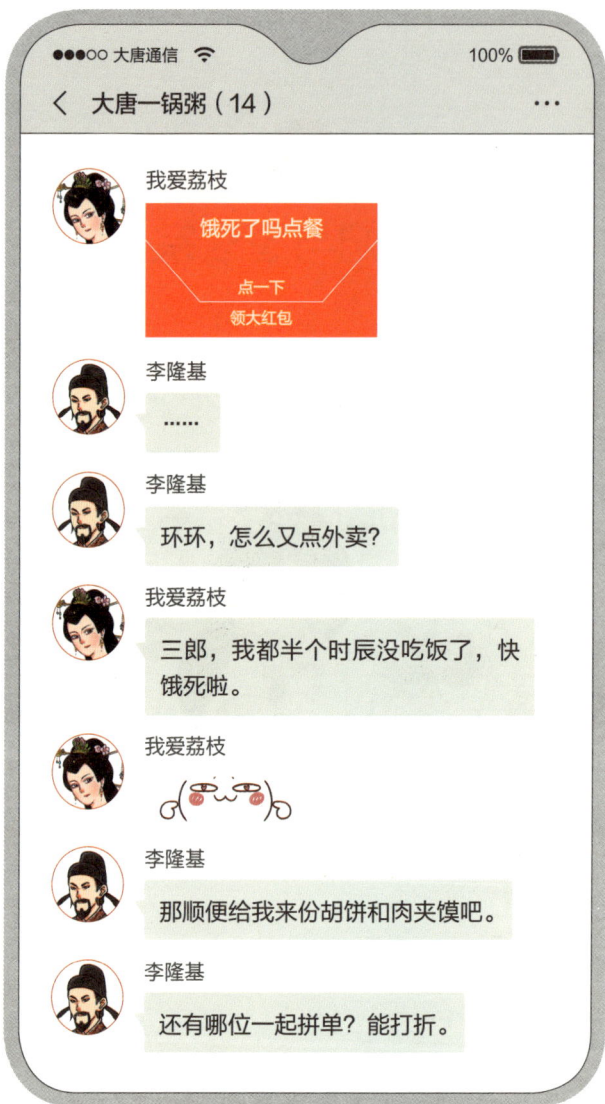

●●●○○ 大唐通信 📶　　　　　　　100% 🔋

〈 大唐一锅粥（14）　　　　　　•••

太平
哼，我差那点钱？等会儿我就办一场船宴，请婉儿和哥哥们吃烤李豫！

李豫
啊？

太平
打错了，烤鲤鱼。

李豫
[emoji]

李渊
[emoji] "鲤"谐音"李"，我朝不是禁止吃鲤鱼吗？这是要造反啊！

太平
……

李世民
爸爸，这条禁令只是做个样子，其实鲤鱼都快成民间名菜了……

●●●○○ 大唐通信 📶　　　　　　100% 🔋

< 大唐一锅粥（14）　　　　　···

李世民
像王昌龄、白居易还写诗去歌颂呢，不如睁只眼闭只眼吧！

李治
西域进贡了一批美食，我和阿武这几天吃肉都快吃腻了，来份槐叶冷淘清清胃。

我爱荔枝
好的哦。

李世民
哦？她不是不吃肉，还下过一道屠宰禁令吗？

李世民
😳自称活佛，怎么忍心杀生呢？

李旦
那是腌过的肉，我妈不想浪费，只好含泪吃了两大碗。

武则天
······

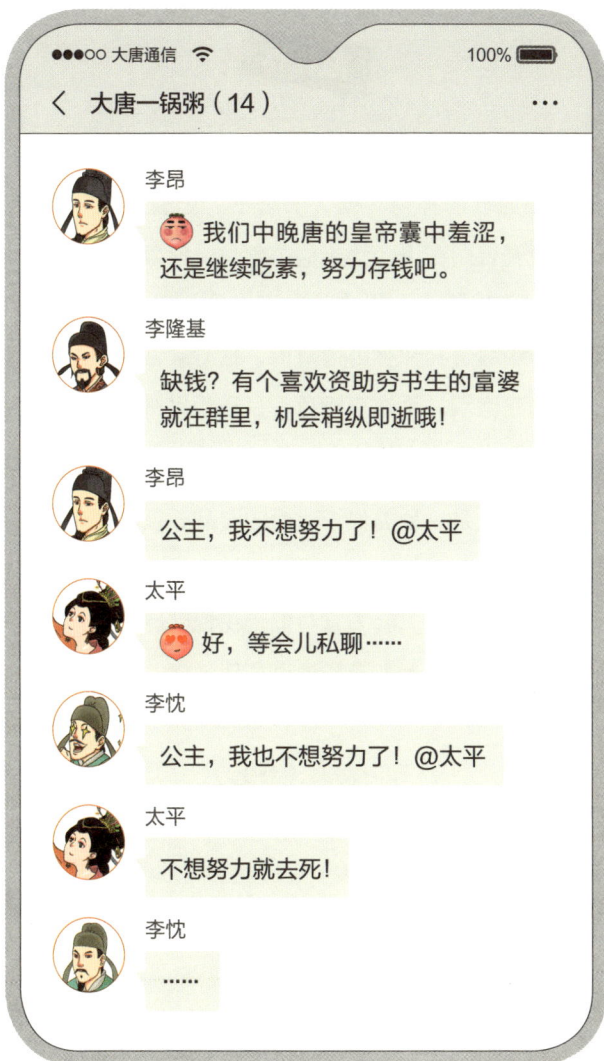

敲黑板

🔊　唐朝崇敬鲤鱼，除了谐音的缘故，也因为崇尚道教，而鲤鱼是道教的神物。据《旧唐书》记载，715年和731年，李隆基曾两次下令禁止捕杀鲤鱼。但事实上，民间食鲤的风俗流传甚广，不少诗歌都有所反映。如王昌龄在《独游》中写道："林卧情每闲，独游景常晏。时从灞陵下，垂钓往南涧。手携双鲤鱼，目送千里雁……"白居易的《舟行》中也有"船头有行灶，炊稻烹红鲤"的描述。

🔊　槐叶冷淘是一种类似于凉面的食品。据唐朝官修的行政法典《唐六典》规定，夏天朝会饮宴，太官令（掌管宫廷膳食、酒果的官）会为官员们提供槐叶冷淘。杜甫还写过一首《槐叶冷淘》来赞扬这道宫廷美食。

槐叶冷淘（节选）

青青高槐叶，采掇付中厨。

新面来近市，汁滓宛相俱。

入鼎资过热，加餐愁欲无。

碧鲜俱照箸，香饭兼苞芦。

🔊　武则天崇信佛教，称帝后曾下达屠宰禁令。据《旧唐书》记载，692年，武则天大赦天下，并"禁断天下屠杀"。此事在《资治通鉴》中有更详细的描述：禁令包括屠宰牲畜和捕捉鱼虾，然而同年江淮一带大旱，粮食无收，百姓又不敢下水捞鱼虾蚌蛤，结果许多人被饿死。

🔊　"活佛"的说法，是武则天称帝前借助宗教所造的舆论。据《旧唐书》记载，薛怀义、法明等人伪造《大云经》进献，并引申经义，说武则天是弥勒佛下凡，理当执掌天下。此后的史书皆认定《大云经》是伪经，直至1900年敦煌本《大云经疏》面世，多数学者认为它才是薛怀义等人上表之物，而真正的《大云经》早已有之，并非伪造的经书。

🔊　据《旧唐书》记载，太平公主的府邸常有文人造访，而她也会引荐、提拔一些有才之士，并为穷困者赠送金帛，此举得到文人们的一致称赞。

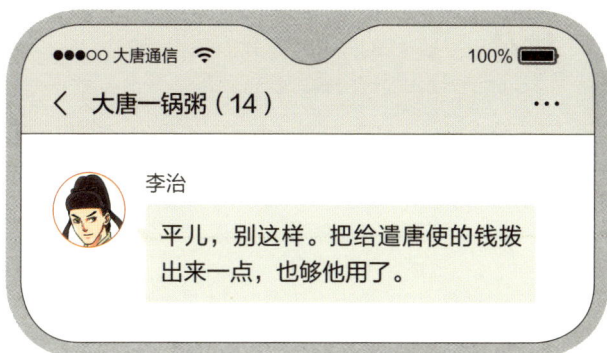

●●●○○ 大唐通信 📶　　　　　　　100% 🔋

〈　大唐一锅粥（14）　　　　　　···

李治

平儿，别这样。把给遣唐使的钱拨出来一点，也够他用了。

李渊

遣唐使？

婉儿

是的，日本曾派了十几批使节来大唐朝贡，顺便学习我们的典章制度。

李豫

不止，还有大唐的天文、算数、建筑、医药、音乐、体育、书法、美术、文学以及民俗也被带去日本，经过改良，逐渐成为日本的国风文化。

李渊

🤯 我的先人！这是五鬼搬运啊，什么都往回拿。

李显

听说他们对唐文化的继承比我们还完整，什么茶道、花道、书道……真是抄了不少啊！

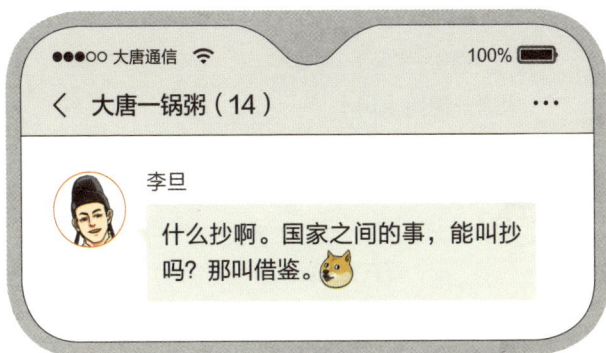

◀》　日本遣唐使访问期间，他们的衣、食、住、行各方面费用均由唐政府承担。

◀》　遣唐使的访问次数存在争议，按成行批次来看，一共有16次。但其中1次是迎接遣唐使回日本，3次是送唐朝使者回国，所以有学者认为，真正意义上的遣唐使一共有12批。

◀》　茶道、花道、书道是日本民间的传统生活习俗，合称"三道"。

　　茶道是一种通过品茶艺术接待客人的礼仪活动，花道可理解为插花艺术，书道即书法艺术。这"三道"源于中国，据说从唐朝传入，并深受禅宗（印度佛教的一派，从中国传入日本）理念的熏陶，结合日本当地的自然、社会特征，逐渐发展为日式文化。

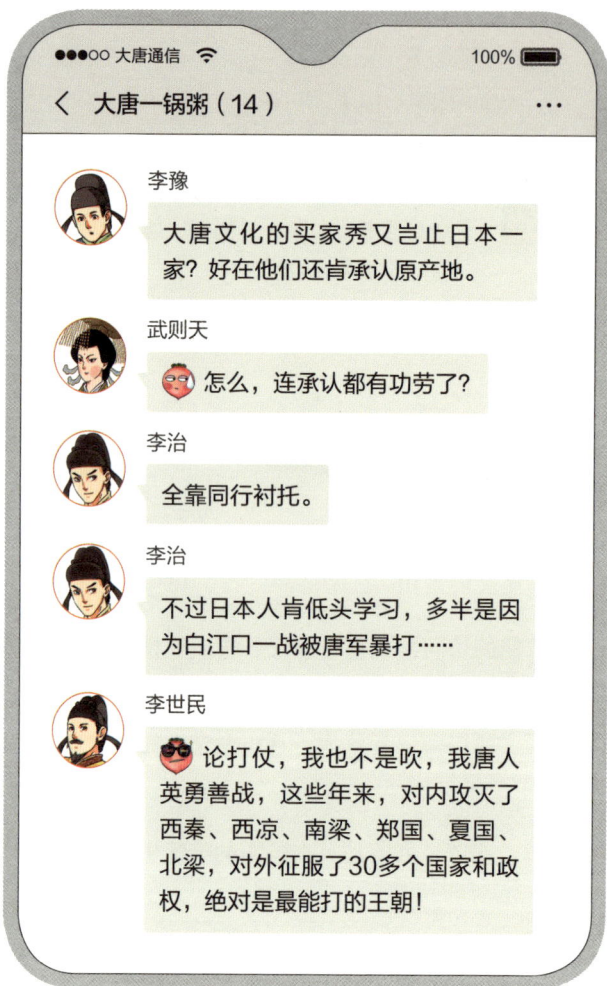

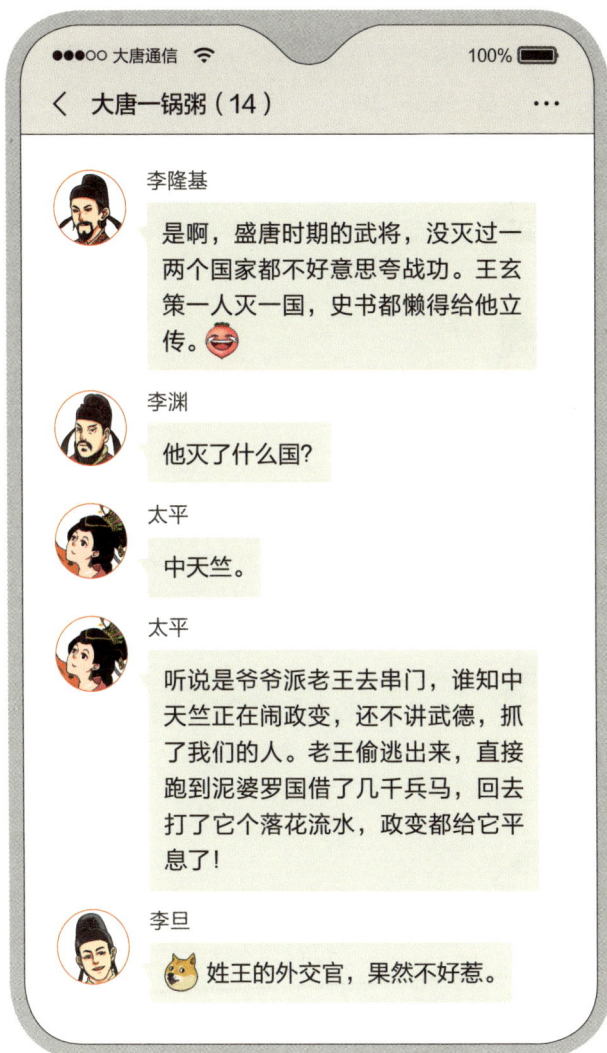

李隆基

是啊，盛唐时期的武将，没灭过一两个国家都不好意思夸战功。王玄策一人灭一国，史书都懒得给他立传。😆

李渊

他灭了什么国？

太平

中天竺。

太平

听说是爷爷派老王去串门，谁知中天竺正在闹政变，还不讲武德，抓了我们的人。老王偷逃出来，直接跑到泥婆罗国借了几千兵马，回去打了它个落花流水，政变都给它平息了！

李旦

🐕 姓王的外交官，果然不好惹。

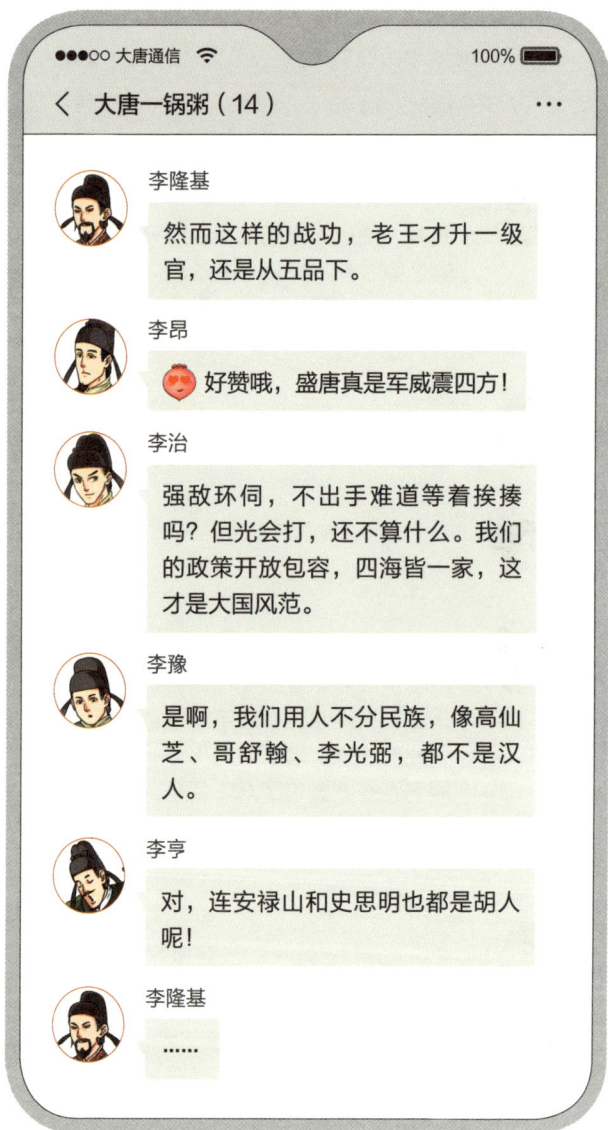

●●●○○ 大唐通信 📶　　　　　　　100% 🔋

〈　**大唐一锅粥（14）**　　　　···

李隆基

然而这样的战功，老王才升一级官，还是从五品下。

李昂

🍅 好赞哦，盛唐真是军威震四方！

李治

强敌环伺，不出手难道等着挨揍吗？但光会打，还不算什么。我们的政策开放包容，四海皆一家，这才是大国风范。

李豫

是啊，我们用人不分民族，像高仙芝、哥舒翰、李光弼，都不是汉人。

李亨

对，连安禄山和史思明也都是胡人呢！

李隆基

······

敲黑板

🔊　660年，唐朝出兵攻打百济，迅速将其占领。遗留的百济王室向日本求救，于是日本出兵朝鲜半岛。663年，唐军与日军在白江口（今韩国锦江的入海口）发生了一场海战，这就是白江口之战，也是中日两国在历史上的第一次正式交战，最终唐军大获全胜。据《旧唐书》记载，"海水皆赤，贼众大溃"。战后日军退出了朝鲜半岛，唐军彻底灭百济、高句丽，奠定了唐朝东亚霸主的地位。

🔊　"一人灭一国"当然是夸张的说法，但它确有几分传奇色彩。据《旧唐书》记载，王玄策出使天竺（即古印度，分东、西、南、北、中五个国家，以中天竺面积最大）时，其余四个天竺国都献上了朝贡品，只有中天竺没有，因为中天竺国王刚死，被臣子篡位。新国王派兵攻打王玄策，王玄策随从30人因力不能敌而被捕，朝贡品也被抢走。王玄策偷偷逃出，到吐蕃借了1200精兵，又到泥婆罗国（即今尼泊尔）借了7000多骑兵，与副将蒋师仁率兵进入中天竺，连战三日，斩杀、俘虏了数万人，并将新国王活捉，带回长安。李世民十分满意，将王玄策升为朝散大夫。

🔊　唐朝用人不仅不分民族，而且不论贵贱，比如军事方面，不少外族人可担任高级将领。像高仙芝（？—756）是高句丽人，曾任右羽林大将军；哥舒翰（？—757）是突骑施人，曾任河西节度使；李光弼（708—764）是契丹人，曾任天下兵马副元帅、朔方节度使；安禄山（703—757）是粟特人，曾兼任三镇节度使；史思明（703—761）是突厥人，曾任河北节度使。

* 杨贵妃对群聊内容不甚关心，正在埋头大吃。

●●●○○ 大唐通信 📶　　　　100% 🔋

‹　大唐一锅粥（14）　　　···

李隆基
环环，别吃了！把你的炙羊肉切一块，堵住李亨这张讨嫌的嘴。

李亨
······

李治
对啊，杨贵妃刚进群，这集应该是你的专场，怎么光顾着吃啊？

我爱荔枝
我对打仗有心理阴影，不太会聊。

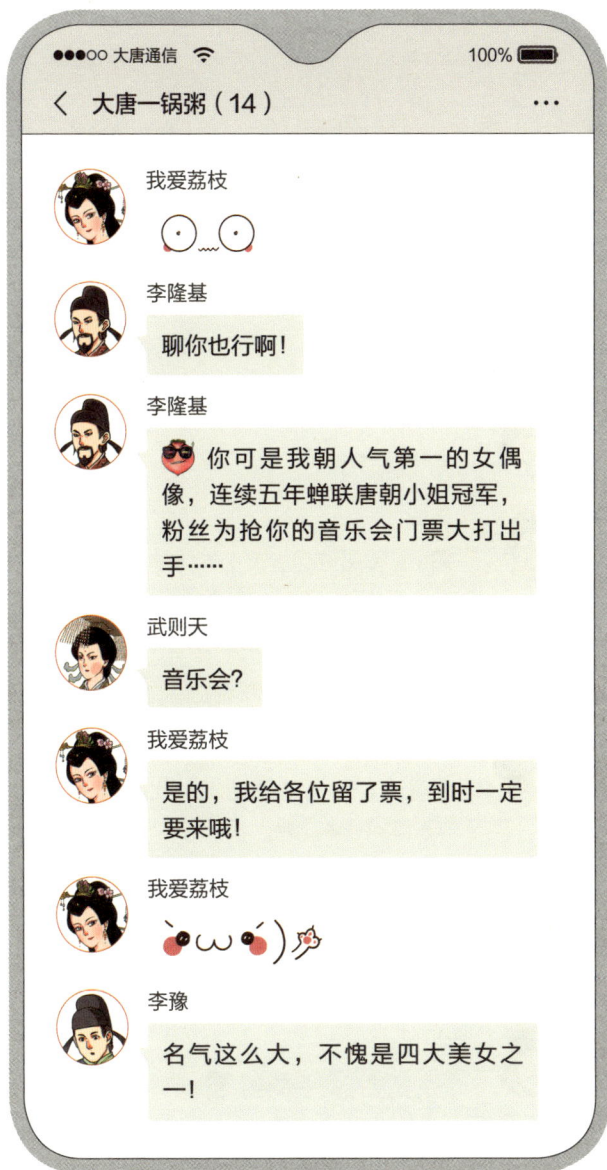

●●●○○ 大唐通信 📶　　　　　　　100% 🔋

< 大唐一锅粥（14）　　　　　　**···**

我爱荔枝

⊙‿⊙

李隆基

聊你也行啊！

李隆基

😈 你可是我朝人气第一的女偶像，连续五年蝉联唐朝小姐冠军，粉丝为抢你的音乐会门票大打出手……

武则天

音乐会？

我爱荔枝

是的，我给各位留了票，到时一定要来哦！

我爱荔枝

ヽ(･ω･´)ゞ

李豫

名气这么大，不愧是四大美女之一！

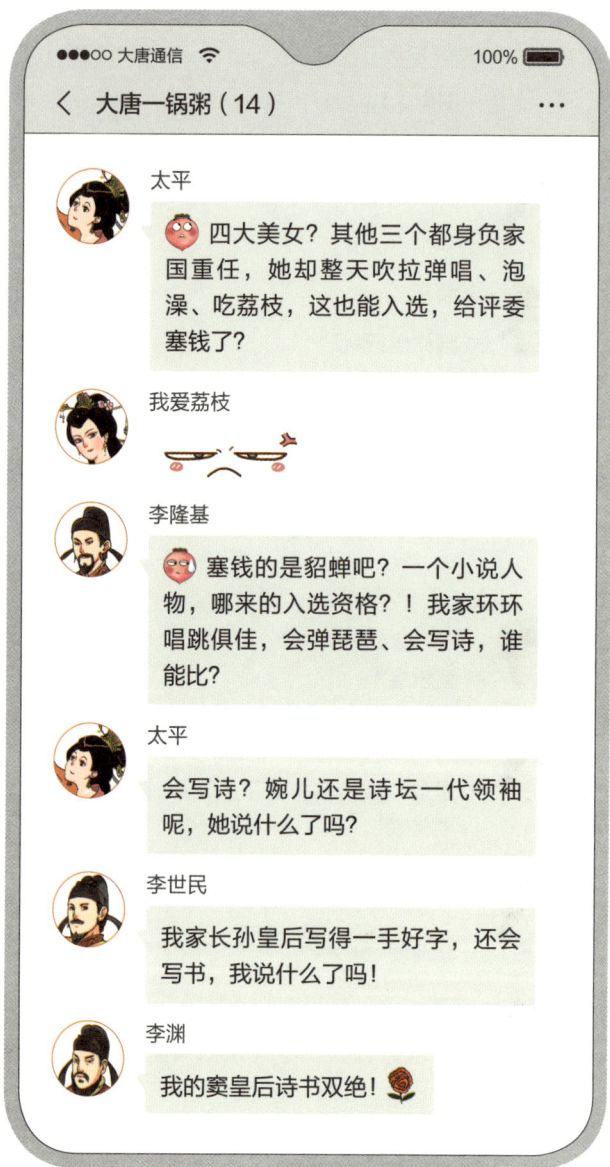

●●●○○ 大唐通信 📶　　　　　　　　100% 🔋

〈　大唐一锅粥（14）　　　　⋯

太平

> 🐷 四大美女？其他三个都身负家
> 国重任，她却整天吹拉弹唱、泡
> 澡、吃荔枝，这也能入选，给评委
> 塞钱了？

我爱荔枝

> ╰(－＿－)╯

李隆基

> 😠 塞钱的是貂蝉吧？一个小说人
> 物，哪来的入选资格？！我家环环
> 唱跳俱佳，会弹琵琶、会写诗，谁
> 能比？

太平

> 会写诗？婉儿还是诗坛一代领袖
> 呢，她说什么了吗？

李世民

> 我家长孙皇后写得一手好字，还会
> 写书，我说什么了吗！

李渊

> 我的窦皇后诗书双绝！🌹

●●●○○ 大唐通信 📶　　　　　　　　100% 🔋

< 　大唐一锅粥（14）　　　　　⋯

李豫
我家独孤爱妃也擅长歌咏啊。❤️

李治
哦，你们说的，我家阿武都会。😈

李治
另外她还有个小小的才艺是当皇帝，虽然不咋样，可惜没有女性对手。😡

太平
⋯⋯

李世民
⋯⋯

李渊
⋯⋯

李豫
⋯⋯

📍

●●●○○ 大唐通信 🛜 　　　　　　100% 🔋

‹　大唐一锅粥（14）　　　•••

李隆基
> 还是爷爷厉害，把尼姑打造成皇帝，简直是大唐最佳妇女之友。🍑

李治
> ……

武则天
> 不及孙子给力，把贵妃打造成艳鬼，不愧是大唐第一妇女杀手。🍑

李隆基
> ……

李渊
> 行了，你俩搁这儿对对联呢？

李渊
> 我大唐重视女子教育，即便是平民，除了德行礼仪，很多人还要读书作诗，学习艺术。什么女子无才便是德，净是扯淡！

李渊
> 杨贵妃，谈谈你的治国理念。

大唐一锅粥（14）

我爱荔枝
……

我爱荔枝
那个……我对治国有心理阴影。

我爱荔枝
⊙﹏⊙

敲黑板

🔊　西施、王昭君、貂蝉、杨玉环是中国古代四大美女，这个说法最早见于清朝华广生所编选的俗曲集《白雪遗音》。四大美女中，貂蝉来自小说《三国演义》，是四人中唯一没有史料原型的人物。

🔊　上官婉儿的诗歌继承并发扬了祖父上官仪的"上官体"，重视声辞、格律之美，风格既清新灵动又不失磅礴大气。由于她特殊的政治地位，她不仅推动朝廷增设昭文馆学士、提拔当朝词学之臣，还代表官方品评天下诗文，重赏优者，是当时诗坛文风的标志者和引领者。

🔊 长孙皇后曾写过一部《女则》。据《旧唐书》记载，此书共十卷，采集了古代女子的优秀事迹。长孙皇后去世后，李世民看到了《女则》，十分悲恸，认为它足以垂范千古。有人认为《女则》是倡导三从四德的书籍，实则不然。明成祖仁孝皇后徐氏所撰的《内训》认为，《女则》"徒有其名"，言下之意，就是《女则》的内容并非传统意义上的女性行为规范。

🔊 武则天素有文学修养，曾撰写《垂拱集》《金轮集》《臣轨》等书，《全唐诗》收录其诗47首。同时，她精于书法，尤其擅长飞白书、行书和草书，存世代表作有《升仙太子碑》。此外，她也酷爱舞乐，曾亲制雅乐乐章《唐明堂乐章》《神宫大乐》等，供宫廷乐队演出。

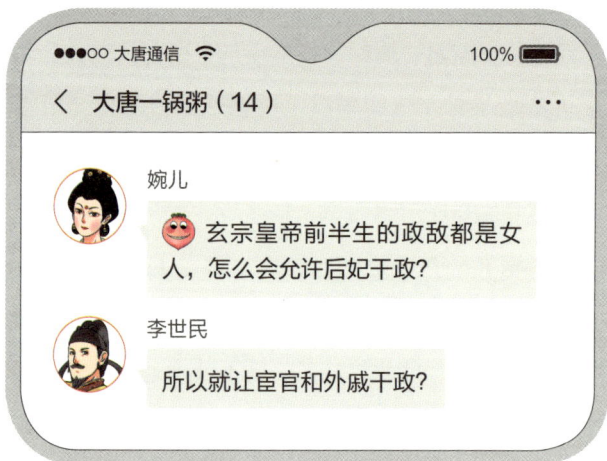

●●●○○ 大唐通信 🛜   100% 🔋

〈 大唐一锅粥（14）   •••

婉儿
> 😎 玄宗皇帝前半生的政敌都是女人，怎么会允许后妃干政？

李世民
> 所以就让宦官和外戚干政？

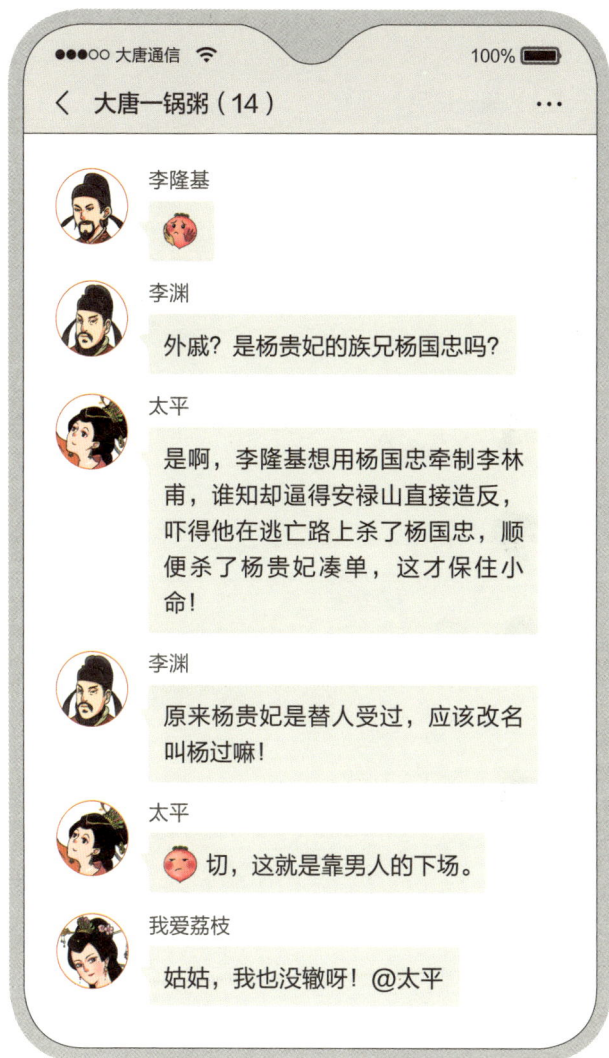

李隆基

李渊

外戚？是杨贵妃的族兄杨国忠吗？

太平

是啊，李隆基想用杨国忠牵制李林甫，谁知却逼得安禄山直接造反，吓得他在逃亡路上杀了杨国忠，顺便杀了杨贵妃凑单，这才保住小命！

李渊

原来杨贵妃是替人受过，应该改名叫杨过嘛！

太平

切，这就是靠男人的下场。

我爱荔枝

姑姑，我也没辙呀！ @太平

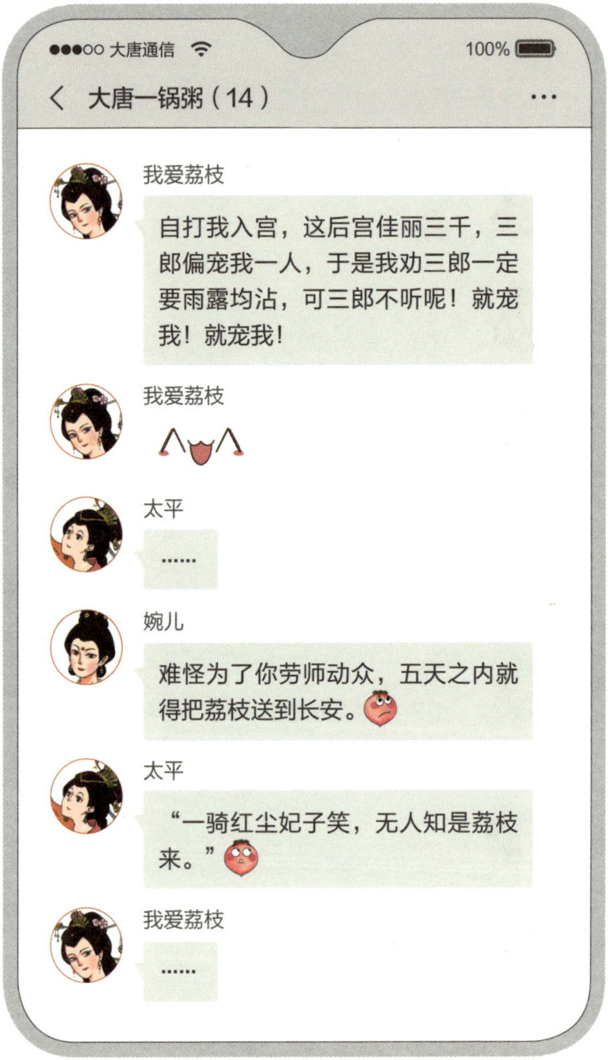

●●●○○ 大唐通信 📶　　　　　100% 🔋

‹ 大唐一锅粥（14）　　　　　···

我爱荔枝

自打我入宫，这后宫佳丽三千，三郎偏宠我一人，于是我劝三郎一定要雨露均沾，可三郎不听呢！就宠我！就宠我！

我爱荔枝

∧💌∧

太平

……

婉儿

难怪为了你劳师动众，五天之内就得把荔枝送到长安。😥

太平

"一骑红尘妃子笑，无人知是荔枝来。"🍅

我爱荔枝

……

敲黑板

🔊　杨国忠发迹后，因新旧贵族间的权力分配与宰相李林甫产生矛盾，两人互相较劲、彼此牵制，直到李林甫去世，杨国忠继任宰相。但对于边将安禄山而言，李林甫的震慑力更大。据《旧唐书》记载，安禄山对李林甫"以为神明"，每次见到他，即便在寒冬也会流汗。而李林甫死后，安禄山越发骄横，和杨国忠的矛盾也日益尖锐。最终安禄山以讨伐杨国忠为名，发动了安史之乱。

●●●○○ 大唐通信 📶　　　　　100% 🔋

〈　大唐一锅粥（14）　　　⋯

李亨
> 听说为了运送荔枝，那些马儿整日狂奔，都练出了性感而结实的脚后跟……

我爱荔枝
> 马！马……

我爱荔枝
> 别说了，我对"马"有心理阴影。

我爱荔枝
> ⊙﹏⊙

李世民
> 😡 你是在伞下长大的吗？这么多阴影。

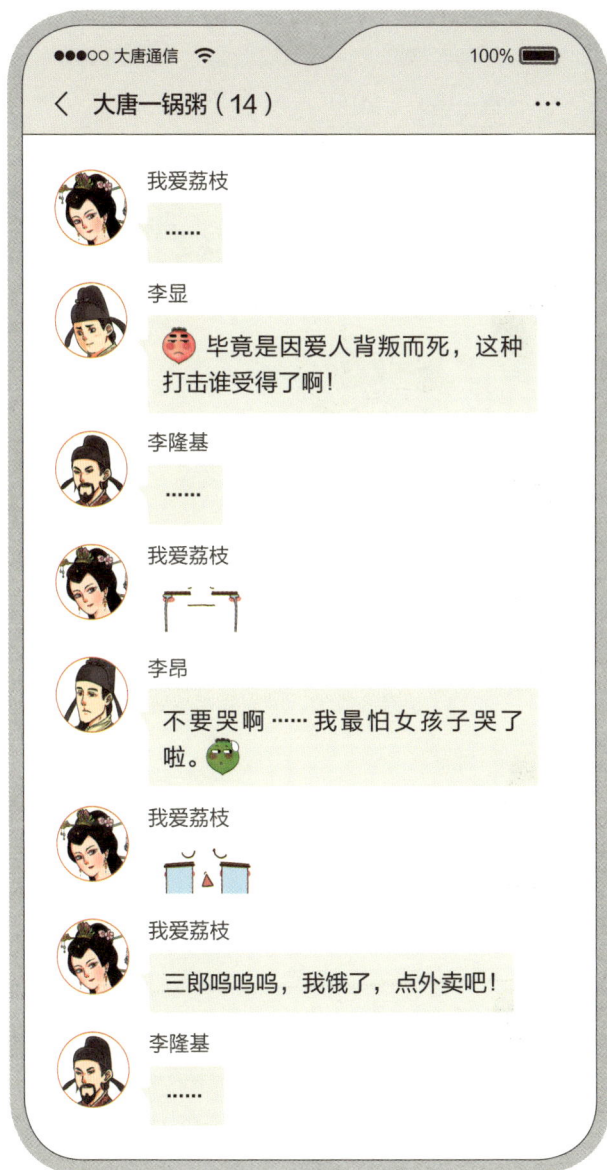

●●●○○ 大唐通信 🛜　　　　　　　100% 🔋

⟨　大唐一锅粥（14）　　　　⋯

我爱荔枝
……

李显
😳 毕竟是因爱人背叛而死，这种
打击谁受得了啊！

李隆基
……

我爱荔枝
凸

李昂
不要哭啊……我最怕女孩子哭了
啦。🐸

我爱荔枝
😢

我爱荔枝
三郎呜呜呜，我饿了，点外卖吧！

李隆基
……

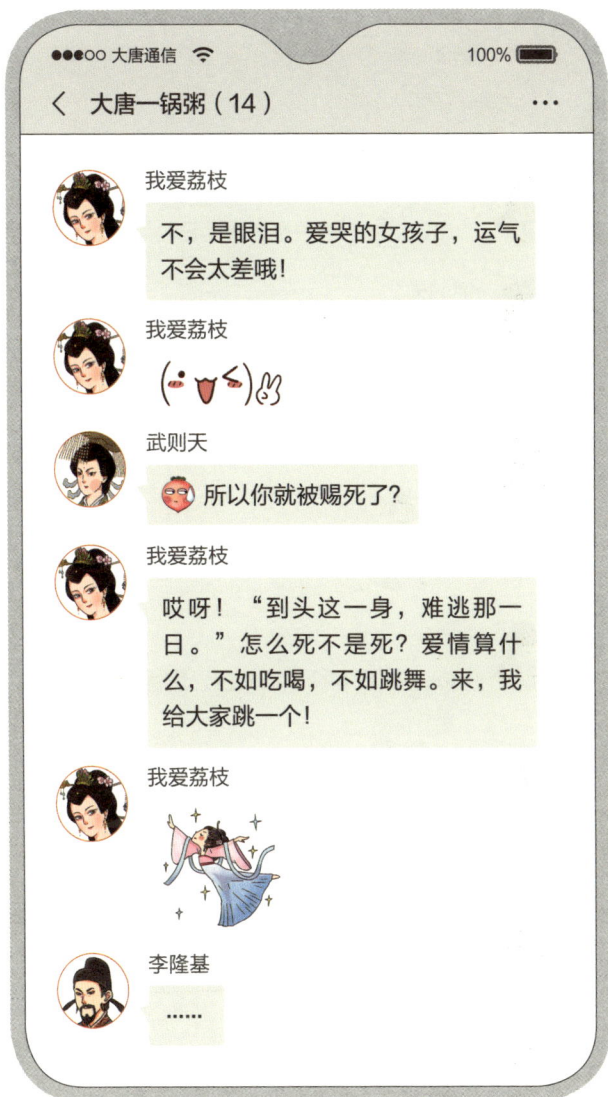

●●●○○ 大唐通信　📶　　　　　　　100% 🔋

‹　大唐一锅粥（14）　　　　　　···

我爱荔枝
不，是眼泪。爱哭的女孩子，运气不会太差哦！

我爱荔枝
(˙ ᵕ ˂)╯

武则天
所以你就被赐死了？

我爱荔枝
哎呀！"到头这一身，难逃那一日。"怎么死不是死？爱情算什么，不如吃喝，不如跳舞。来，我给大家跳一个！

我爱荔枝

李隆基
······

📍

319

●●●○○ 大唐通信 📶 100% 🔋

‹ **大唐一锅粥（14）** •••

李隆基
> 哈哈哈哈，她只是嘴硬而已！

武则天
> 一辈子受人所控还死于非命，杨贵妃你就不伤心？

我爱荔枝
>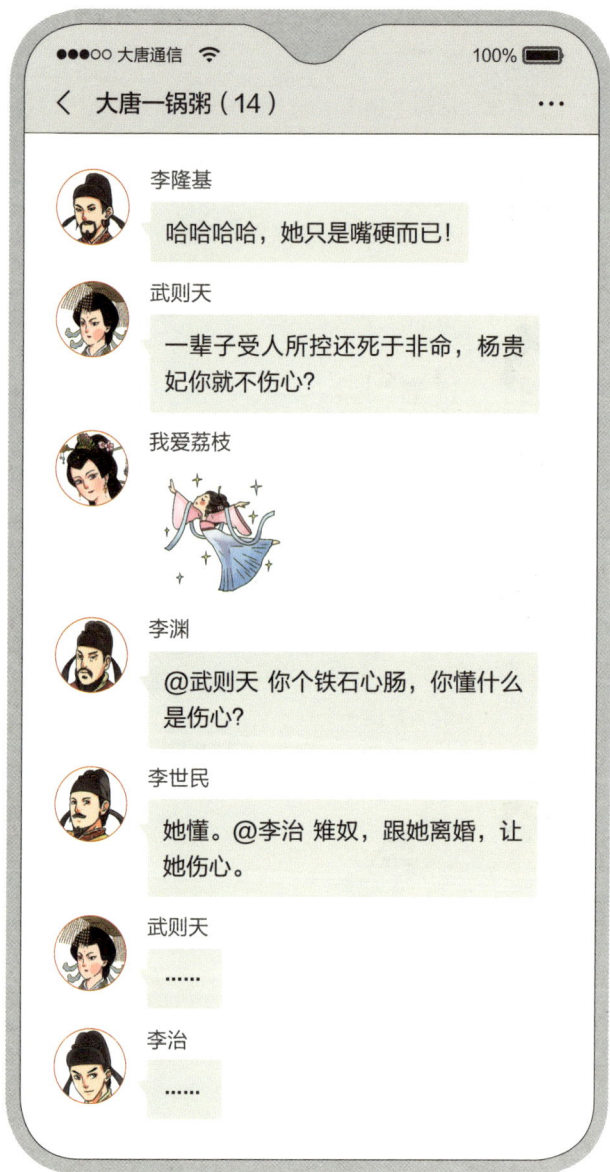

李渊
> @武则天 你个铁石心肠，你懂什么是伤心？

李世民
> 她懂。@李治 雉奴，跟她离婚，让她伤心。

武则天
> ……

李治
> ……

●●●○○ 大唐通信 📶　　　　　　100% 🔋

〈　大唐一锅粥（14）　　　…

李隆基

哇，学到了！👌

李隆基

环环，我要跟你离婚！

我爱荔枝

谢陛下不杀之恩！

我爱荔枝

♪(^▽^)♪

我爱荔枝

我爱荔枝

李隆基

……

321

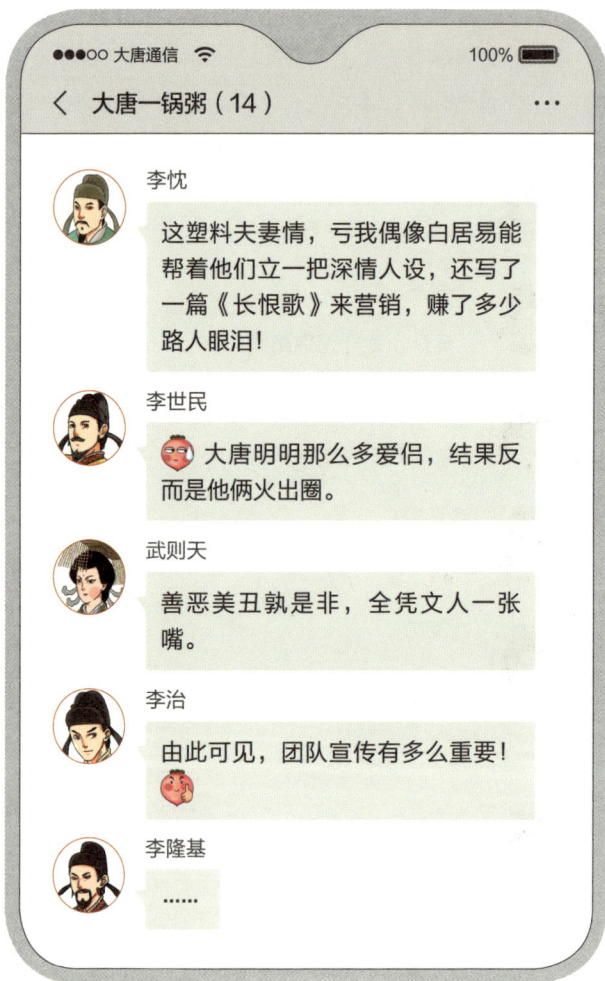

敲黑板

🔊 杨贵妃对"马"的心理阴影有两个解释。一是"马嵬驿兵变"（756年），据《旧唐书》记载，安史之乱爆发后，李隆基为躲避叛军，在禁军的保护下携众亲眷一路西逃。到达马嵬驿（今陕西兴平市）后，随行士兵发动兵变，杀死杨国忠和他的几个家属亲信，并逼迫李隆基将杨贵妃缢杀于佛堂。二是"马践杨妃"，关于杨贵妃的死法有多种说法，其中一种是被马群践踏而死。

🔊 李忱对白居易的诗才非常欣赏，据说他登基后想任白居易为相，但因白居易已年老体衰，只得作罢。据《新唐书》记载，白居易去世后，李忱将他追赠为尚书右仆射，谥号文，并写下一首《吊白居易》以示哀悼。其中"童子解吟长恨曲，胡儿能唱琵琶篇"是对白居易才华与名气的经典解读，常被后人引用。

小剧场　冬至诗会

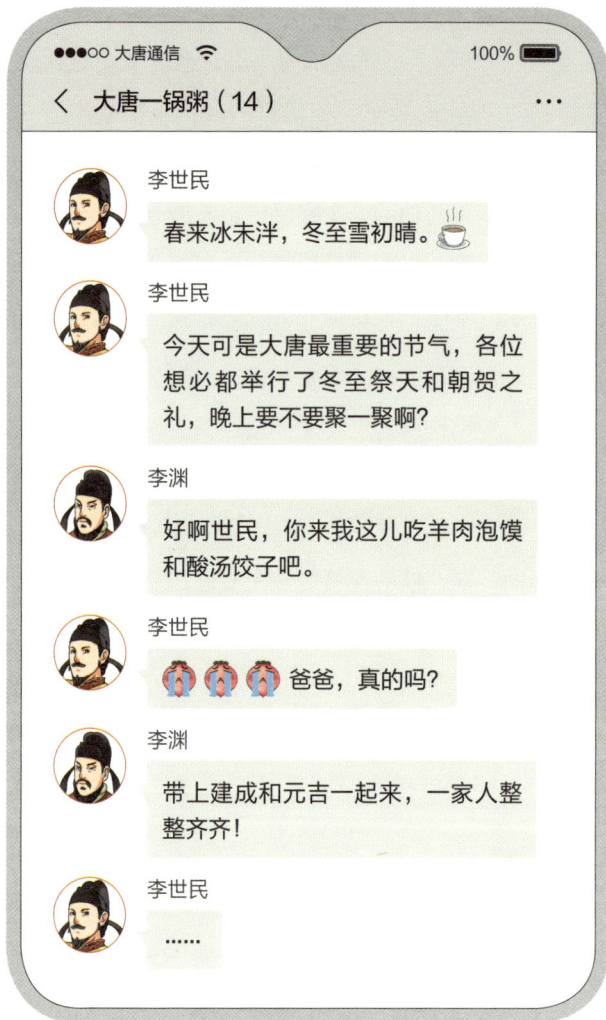

●●●○○ 大唐通信 　　　　　　　　100% ▮

〈　大唐一锅粥（14）　　　　　⋯

李世民
> 春来冰未泮，冬至雪初晴。☕

李世民
> 今天可是大唐最重要的节气，各位想必都举行了冬至祭天和朝贺之礼，晚上要不要聚一聚啊？

李渊
> 好啊世民，你来我这儿吃羊肉泡馍和酸汤饺子吧。

李世民
> 🧧🧧🧧 爸爸，真的吗？

李渊
> 带上建成和元吉一起来，一家人整整齐齐！

李世民
> ⋯⋯

●●●○○ 大唐通信 📶　　　　　　　100% 🔋

〈　大唐一锅粥（14）　　　　　　···

李昂

🧧 恭喜发财，大吉大利

红包

群红包提醒："李昂"刚刚发了一个价值8贯开元通宝的红包！（点击可前往设置取消该提醒）

李忱

欸？Leon难得大方，发生什么好事了？

李昂

😆 感谢玄宗爷爷帮我改善伙食。

李隆基

哦，是李昂想吃年糕和汤圆，宦官仇士良却坚持冬至只能吃饺子和馄饨。我实在看不下去，就派小高去把他揍了一顿！

太平

这么霸道？早知道我也一起去打人了。可惜今天犯了风寒，不能出门。😆

●●●○○ 大唐通信 📶   100% 🔋

< 大唐一锅粥（14）   ···

婉儿
公主，我去煎点桂枝汤……

太平

李显
怎么今年大家都不太顺利。

李旦
放心，刚才我爸妈找袁天罡卜了一卦，大吉。明年必定国泰民安，万事亨通！福

李旦
我可是亲眼所见哦！

李渊
哟，某对"忘崽夫妇"终于想起带孩子，不出去浪了？

李治
……

大唐一锅粥（14）

李治
> 今天在圜丘祭天，累得腰酸背痛，没力气浪了。

武则天
> 冬至养生是大事，我都安排好了，等会儿让狄仁杰给陛下做针灸。

李治
> 🍅又扎针？！这个……

李治
> 咳！阿武辛苦了！

李治
> （拥抱表情）

武则天
> 为陛下服务。🍃

我爱荔枝
> 哇，第一次见到两个皇帝秀恩爱耶！

327

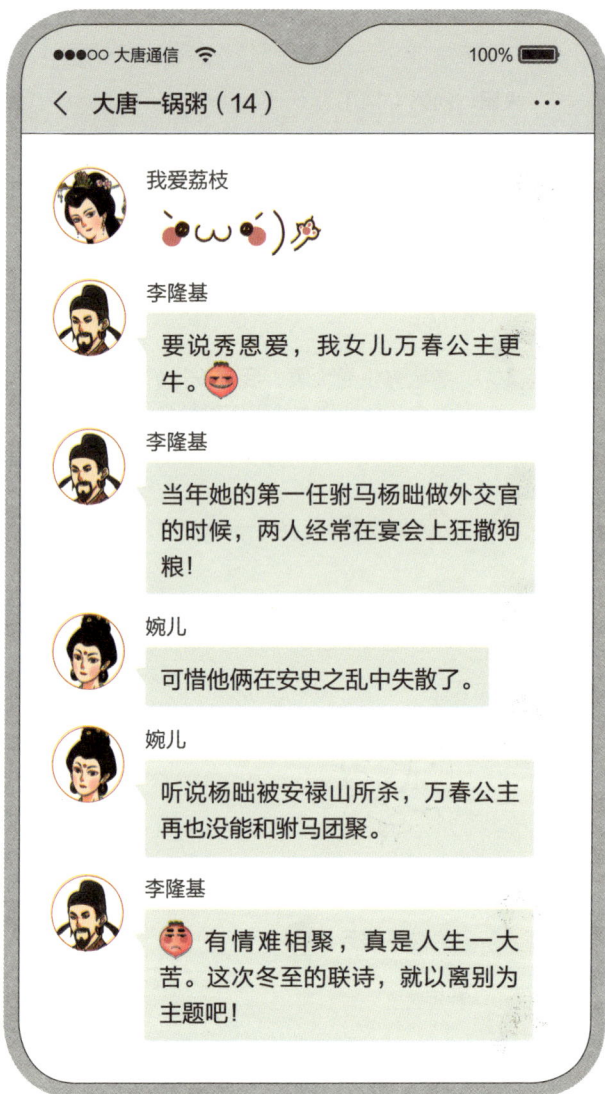

●●●○○ 大唐通信 ⊚   100% ▣

‹ 大唐一锅粥（14）   ···

我爱荔枝

ˋ)ω•)ﾉ

李隆基

要说秀恩爱，我女儿万春公主更牛。😎

李隆基

当年她的第一任驸马杨昢做外交官的时候，两人经常在宴会上狂撒狗粮！

婉儿

可惜他俩在安史之乱中失散了。

婉儿

听说杨昢被安禄山所杀，万春公主再也没能和驸马团聚。

李隆基

😥 有情难相聚，真是人生一大苦。这次冬至的联诗，就以离别为主题吧！

玖 杨贵妃与唐玄宗：大唐第一绝恋竟然是"营销"出来的？

敲黑板

🔊 李忱说李昂"难得大方"，是因为李昂以勤俭治国而闻名，向来反对奢靡之风。据《旧唐书》记载，他即位后带头厉行节俭，下令释放一部分宫女回家，诏令各地停止进献奇珍异宝，废除斗鹰、游猎等活动，禁止大臣和皇室成员衣着华丽，饮食方面也杜绝铺张。

🔊 唐朝皇室对冬至非常重视，将冬至祭天列为极重要的祭祀仪式之一。每逢这一天，多数皇帝都会亲自或指派高级官员到圜丘（位于今陕西西安市）祭天，并举行朝贺与群宴。另外，本章提到的饮食、聚会、占卜、针灸都是冬至特有的习俗。

🔊 仇士良是李昂一朝的著名权宦，在甘露之变之后把持朝政大权，几乎将李昂视作傀儡。据《新唐书》记载，他不仅杀死了二王（陈王李成美、安王李溶）、一妃（李昂的杨贤妃）、四宰相（李训、王涯、贾𫗧、舒元舆），还废掉了李昂立的太子李成美（李昂的侄子），拥立唐武宗李炎，在官场横行20多年。

🔊 袁天罡是隋末唐初的著名术士，精通相学、天文、风水，留下了许多传奇逸闻。两《唐书》均记载了他给年幼的武则天看相，并预测她将成为"天下之主"一事。他撰有《相书》《要诀》《易镜玄要》《九天玄女六壬课》等玄学著作，而后世盛传他参著的《推背图》，其真实作者存在争议。

🔊 据唐朝薛用弱的传奇小说《集异记》记载，狄仁杰爱好医术，尤其擅长针灸。他曾在显庆年间（656—661）应李治的征召入京，途中用针灸治好了一名少年的鼻部赘瘤。

🔊 李治应该体验过针刺疗法。据唐朝胡璩的笔记小说《谭宾录》记载，李治曾因风疾发作而头痛欲裂、双眼无法视物，侍医秦鸣鹤想要为他行针放血。武则天大发雷霆，认为这是弑君，被李治劝阻。等秦鸣鹤用针刺了百会穴之后，李治马上感到双目复明。武则天高兴地说："这是上天赐给我们的良医！"于是向秦鸣鹤赔礼道歉，并重赏了他。此事后来被录入了正史。

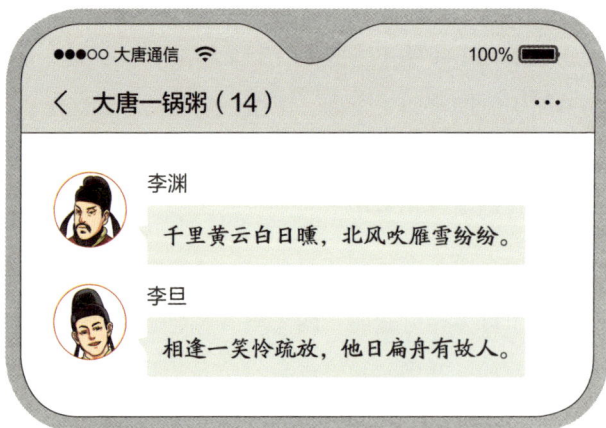

●●●○○ 大唐通信 🛜 100% 🔋

‹ 大唐一锅粥（14） ···

李渊
千里黄云白日曛，北风吹雁雪纷纷。

李旦
相逢一笑怜疏放，他日扁舟有故人。

玖　杨贵妃与唐玄宗：大唐第一绝恋竟然是"营销"出来的？

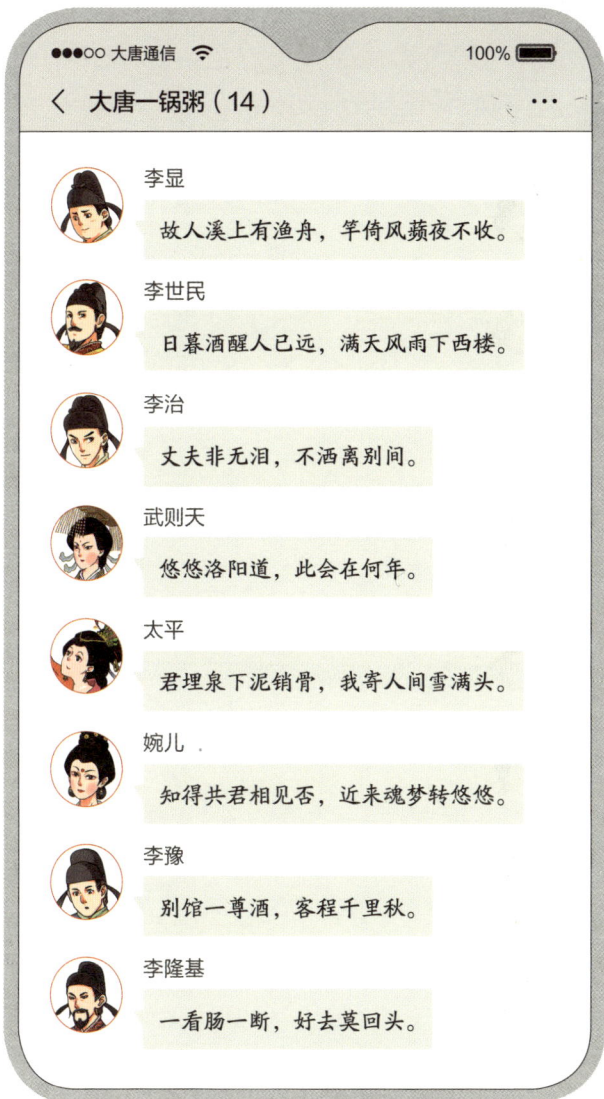

●●●●○○ 大唐通信 🛜　　　　　　100% 🔋

〈　大唐一锅粥（14）　　　　　⋯

李显

故人溪上有渔舟，竿倚风蘋夜不收。

李世民

日暮酒醒人已远，满天风雨下西楼。

李治

丈夫非无泪，不洒离别间。

武则天

悠悠洛阳道，此会在何年。

太平

君埋泉下泥销骨，我寄人间雪满头。

婉儿

知得共君相见否，近来魂梦转悠悠。

李豫

别馆一尊酒，客程千里秋。

李隆基

一看肠一断，好去莫回头。

331

●●●○○ 大唐通信 📶　　　　　　　100% 🔋

< 　大唐一锅粥（14）　　　　　·· ·

我爱荔枝

> 昔时横波目，今作流泪泉。

李忱

> 平生竹如意，犹挂草堂前。

李昂

> 衣上年年泪血痕，只将怀抱诉乾坤。

太平

> 袖中忽见三行字，拭泪相看是故人。

李豫

> 别离当乱世，骨肉在他乡。

武则天

> 明日隔山岳，世事两茫茫。

婉儿

> 相见时难别亦难，东风无力百花残。

李显

> 更把玉鞭云外指，断肠春色在江南。

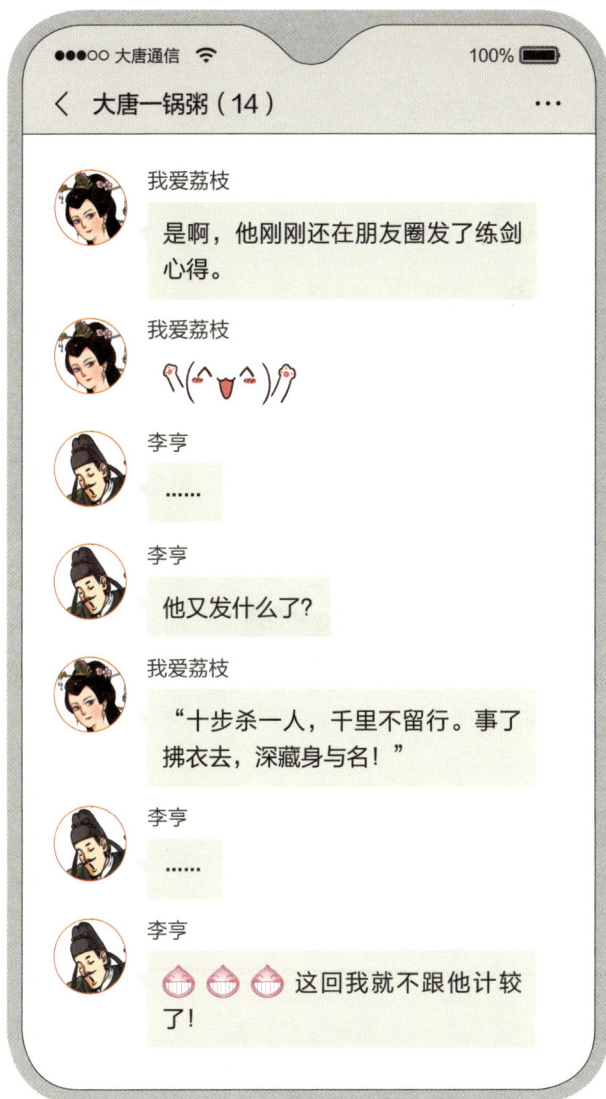

李亨
男子汉大丈夫，能屈能伸！

李渊
······

李世民
······

敲黑板

🔊 李渊所吟，出自高适的诗。

别董大

千里黄云白日曛，

北风吹雁雪纷纷。

莫愁前路无知己，

天下谁人不识君。

"董大"原名董庭兰，是开元、天宝年间的著名乐师，曾为房琯的门客。747年，房琯因事遭贬，董庭兰受牵连离京，在河南遇到高适。临别时，高适写下此诗相赠。

🔊　李治所吟，出自陆龟蒙的诗。相比大多数送别诗的凄婉缠绵、沉郁悲观，此诗慷慨激昂、豪气冲天，体现了不惧艰险的大无畏气魄，令人耳目一新。

别离

丈夫非无泪，不洒离别间。

杖剑对尊酒，耻为游子颜。

蝮蛇一螫手，壮士即解腕。

所志在功名，离别何足叹。

🔊　"君埋泉下泥销骨，我寄人间雪满头"出自白居易的《梦微之》。"微之"是元稹，他与白居易互为知己至交，二人并称"元白"。对于两人的交情，白居易自言"死生契阔者三十载，歌诗唱和者九百章"。此诗为白居易在元稹逝世后第9年所写的悼亡之作。

🔊　"知得共君相见否，近来魂梦转悠悠"出自元稹的《酬乐天得微之诗知通州事因成四首·其一》。此诗为元稹酬和白居易之作，表达对挚友魂牵梦萦的思念之情。

🔊　"平生竹如意，犹挂草堂前"出自孟浩然的《过景空寺故融公兰若》。"竹如意"指竹制的如意，为僧人使用的僧具，僧人通常在宣讲佛经时，持如意画记经文，以免遗忘。此诗为孟浩然悼念正弘禅师所作，故人已逝而旧物仍在，作者抚今追昔，思念之情溢于言表。

◀) 上官婉儿第二次所吟，出自李商隐的诗。

无题

相见时难别亦难，东风无力百花残。

春蚕到死丝方尽，蜡炬成灰泪始干。

晓镜但愁云鬓改，夜吟应觉月光寒。

蓬山此去无多路，青鸟殷勤为探看。

此诗描摹了一位女子对心上人煎熬、执着的相思之情。此诗的创作背景颇有争议，有人认为是李商隐在记述自己从前的一段恋情，有人认为是李商隐仕途失意，于是借诗向宰相令狐绹委婉地表述自己的政治抱负。

◀) "君生我未生，我生君已老"摘自唐代铜官窑瓷器上的题诗。1974—1978年间出土于湖南长沙铜官窑窑址，共有21首，均为五言诗。作者不明，可能是陶工的原创作品，也可能是当时流行的民间歌谣。

◀) 李亨所吟，出自杜甫的诗。全诗即景生情，通过由近及远的景物对比，烘托出一个孤苦无依的飘零形象，表达了诗人政治理想难以实现的压抑之情，诉说着诗人内心无限的寂寞与感伤。

旅夜书怀

细草微风岸，危樯独夜舟。

星垂平野阔，月涌大江流。

名岂文章著，官应老病休。

飘飘何所似，天地一沙鸥。

◀》　冬至联诗中其他诗句出处：

诗句	出处	作者
相逢一笑怜疏放， 他日扁舟有故人。	《赠郑谠处士》	李商隐
故人溪上有渔舟， 竿倚风蒲夜不收。	《送友人之湖上》	陆龟蒙
日暮酒醒人已远， 满天风雨下西楼。	《谢亭送别》	许浑
悠悠洛阳道， 此会在何年。	《春夜别友人》	陈子昂
别馆一尊酒， 客程千里秋。	《将别寄友人》	马戴
一看肠一断， 好去莫回头。	《南浦别》	白居易

续表

诗句	出处	作者
昔时横波目， 今作流泪泉。	《长相思》	李白
衣上年年泪血痕， 只将怀抱诉乾坤。	《省试日上崔侍郎四首》	刘得仁
袖中忽见三行字， 拭泪相看是故人。	《段九秀才处见亡友吕衡 州书迹》	柳宗元
别离当乱世， 骨肉在他乡。	《送从兄坤载》	李咸用
明日隔山岳， 世事两茫茫。	《赠卫八处士》	杜甫
更把玉鞭云外指， 断肠春色在江南。	《古别离》	韦庄

🔊　杜甫和李白的第一次相遇就发生在洛阳。744年，43岁的李白与32岁的杜甫在洛阳结识，当时的李白已名满诗坛，正值被李隆基"赐金放还"之际。两人一见如故，志趣相投，杜甫为此写下一首《赠李白》，表达了对污浊世道的憎恶，以及对李白抽身官场的理解与支持。

赠李白

秋来相顾尚飘蓬，未就丹砂愧葛洪。

痛饮狂歌空度日，飞扬跋扈为谁雄。

🔊 　李白在不少诗歌中都提到了自己会使剑。与他相识的诗人魏颢在《李翰林集序》中说李白"少任侠，手刃数人"，是一个路见不平，拔剑相向的侠客。晚唐裴敬所撰的《翰林学士李公墓碑》中提到，李白的剑法师承自唐朝"三绝"之一的裴旻。但此说法存在争议，有学者认为这属于艺术上的夸张。

拾

群星璀璨的大唐诗坛：
这样的"内卷"，请多来一点！

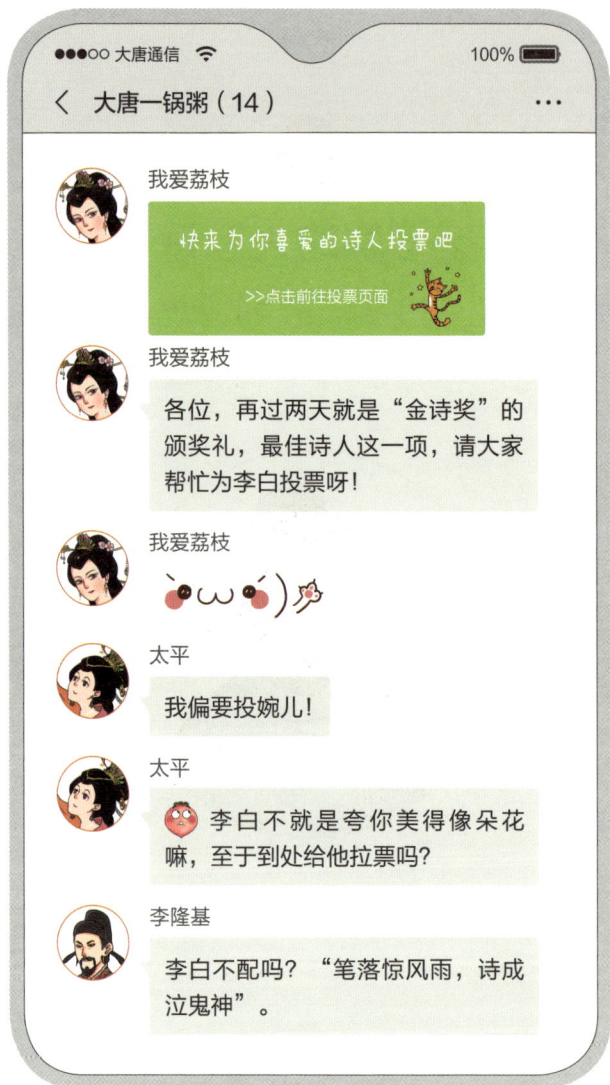

●●●○○ 大唐通信 📶　　　　　　　100% 🔋

〈　大唐一锅粥（14）　　　　　···

李隆基
> 他可是有把牛粪写成鲜花还让人忍不住给它浇水的本事！

我爱荔枝
> ······啥？！

"李隆基"撤回了一条信息

李隆基
> 😄环环，我就是打个比方，没别的意思啊！

我爱荔枝
> 😆

李昂
> 李白的诗是唐朝"三绝"之首，确实厉害······

我爱荔枝
> ٩(^‿^)۶

李昂
> 我投杜甫！

●●●○○ 大唐通信 🛜 100% 🔋

〈 大唐一锅粥（14） ⋯

我爱荔枝
⋯⋯⋯

李亨
杜甫不行！😈

李亨
他生前根本就不出名，仗着唐朝没有文字狱，老写诗骂我！

李豫
不光骂您，还骂爷爷和我。🍊

李豫
幸好我活得久，不然我儿子也难逃一骂！

李隆基
算啦！老杜要是一辈子活在盛唐，也不用成天愁眉苦脸。他要是早生十几年就好了。🙏

李世民
😳 那倒不必，你少活十几年就行。

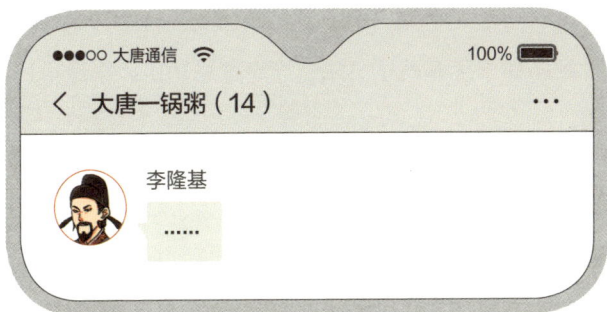

●●●○○ 大唐通信 🛜　　　　　　100% 🔋

❮ **大唐一锅粥（14）**　　　　　···

李隆基
‥‥‥‥

敲黑板

🔊　"笔落惊风雨，诗成泣鬼神"出自杜甫的五言古诗《寄李十二白二十韵》，意思是李白下笔时风雨都要为之惊动，写好的诗连鬼神都会感动落泪。后世常引用这两句，来形容优秀作家的惊世文才。

🔊　李白曾作过一组诗——《清平调词三首》，有名句"云想衣裳花想容，春风拂槛露华浓""一枝红艳露凝香，云雨巫山枉断肠"，比喻杨贵妃像牡丹花一样美艳。

🔊　据《新唐书》记载，李昂曾下诏将李白的诗歌、裴旻的剑舞、张旭的草书并称为"三绝"。不过，李昂对杜甫也很欣赏。据《旧唐书》记载，李昂爱好写诗，常常读杜甫的《曲江》。

🔊　杜甫亲身经历了大唐帝国由盛转衰的过程，其诗歌对李隆基、李亨、李豫三朝的腐朽和祸乱进行了深刻的揭露与批评，如李隆基耽于享乐、李亨猜忌功臣、李豫重用宦官等。

李忱
我投白居易，他的诗多上档次啊！👋

李忱
听说一个军官娶歌女，因为对方会背《长恨歌》，还得加钱下聘。

李豫
我投寒山，他的诗名扬日本和欧美，却连真实姓名都没留下。

李显
那我投张若虚，一首《春江花月夜》，孤篇压倒全唐。🌹

武则天
我投宋之问。

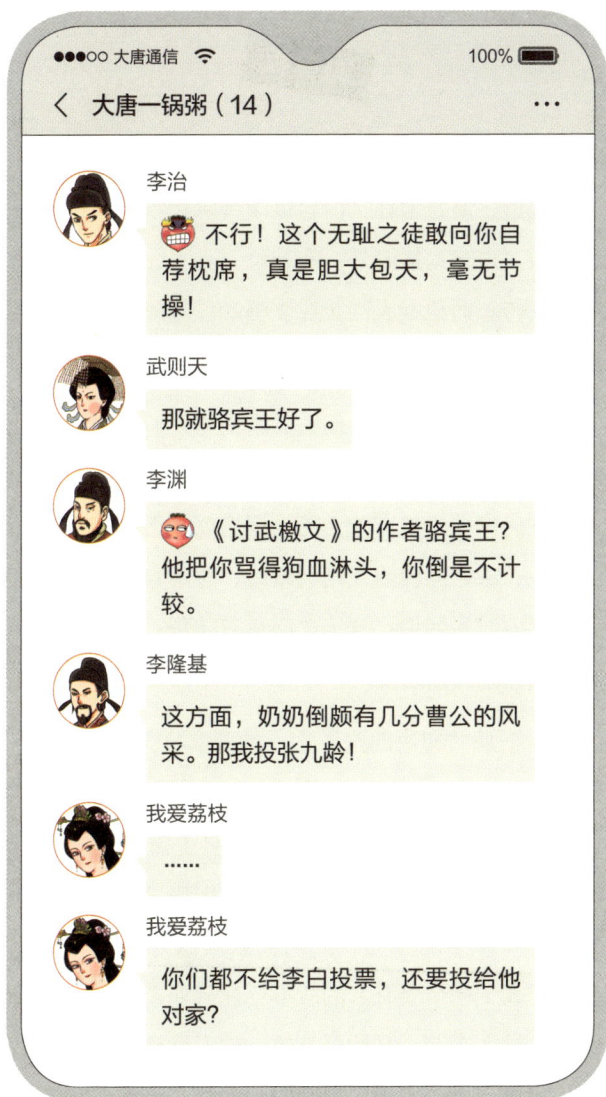

李治

不行！这个无耻之徒敢向你自荐枕席，真是胆大包天，毫无节操！

武则天

那就骆宾王好了。

李渊

《讨武檄文》的作者骆宾王？他把你骂得狗血淋头，你倒是不计较。

李隆基

这方面，奶奶倒颇有几分曹公的风采。那我投张九龄！

我爱荔枝

……

我爱荔枝

你们都不给李白投票，还要投给他对家？

敲黑板

◀) 寒山是唐代著名诗僧，姓名和生卒年不详。他的白话诗通俗浅近、质直素朴，内容以演绎佛理禅机、揭露世态人情为主，声名远播海外，在朝鲜、日本、美国、法国等地广为流传。而他本人甚至在美国20世纪60年代的嬉皮士运动中被视作精神领袖，影响力贯彻古今。

◀) 宋之问虽富有文才，但人品饱受争议，他不仅在朝堂上趋炎附势、卖友求荣，民间还有他"因诗杀人"的传闻，因此后世评价他有才无德。据唐朝孟棨的诗论《本事诗》记载，宋之问曾给武则天献诗，表达自荐枕席之意。武则天读完对崔融说："宋之问虽有才华，但他的口臭太严重，我真是无法忍受。"

◀) 骆宾王是"初唐四杰"之一的著名文人。684年，他跟随徐敬业起兵讨伐武则天，并撰写《为徐敬业讨武曌檄》历数她的罪行，兵败后下落不明（据说被杀或出家了）。武则天很欣赏他的才华，据《旧唐书》记载，骆宾王死后，文章多有遗失，武则天派人四处求取。《新唐书》则记载了一个更有名的故事：徐敬业造反时，武则天读《讨武檄文》，一开始只是笑，然而读到"一抔之土未干，六尺之孤安在"时，惊问是谁写的，有人说是骆宾王，武则天感叹道："宰相怎能错过这样的人才呢！"

●●●○○ 大唐通信 📶   100% 🔋

〈 大唐一锅粥（14）   …

李渊
> 杜甫的诗都背不全，你还有脸投自己？@李亨

李亨
> 高祖爷爷，我冤枉啊！贺知章是我老师，我怎么会是文盲？那是作者污蔑我！

婉儿
> 没文化的皇帝都没进群，为了活跃气氛，作者也没办法……

敲黑板

🔊 据《旧唐书》记载，李亨天资聪颖且过目不忘，所作诗文都十分典雅华丽，所以他绝非胸无点墨之人（前面群聊里出的几次"洋相"只为调侃他和杜甫的矛盾，权作一笑）。事实上，杜甫曾被李亨任命为左拾遗，后因替宰相房琯说话而激怒李亨，遭到贬谪。而杜甫晚年又常写诗批评李亨，他俩关系的确不太和睦。

📍

> 上（李亨）仁爱英悟，得之天然；及长，聪敏强记，
> 属辞典丽，耳目之所听览，不复遗忘。
>
> ——《旧唐书》

🔊　据《旧唐书》记载，贺知章年轻时以文章知名，考中进士后（有一种说法是他在695年考中乙未科状元）入仕，在开元年间升任礼部侍郎，并担任皇太子（即李亨）侍读。他去世后，李亨特意下诏怀念，并追赠他为礼部尚书。

李旦
> 论文化素养，咱家可不是泥腿子出身！高祖爷爷是贵族世家子弟，大唐20多个皇帝，半数以上都是文学家、书法家。😎

李隆基
> 还有艺术家！有人热爱唱戏，还被后世尊奉为梨园祖师爷。环环你说，这人是谁？😁

●●●○○ 大唐通信 📶   100% 🔋

〈 大唐一锅粥（14）   ···

我爱荔枝
我死得早，没听说过啊。

我爱荔枝
⊙▾⊙

李隆基
……

李隆基
那你说，帝王之中谁的诗最好？

我爱荔枝
是太宗爷爷！

李隆基
……

我爱荔枝
中宗陛下也不错。李昂的五言诗也很棒，还有……

李治
阿武呢？她的诗很出名啊。

敲黑板

🔊　如果将武则天和李重茂算入，则唐朝帝王22人，无诗歌留存的仅有少帝李重茂、宪宗李纯、穆宗李恒、敬宗李湛、武宗李炎、僖宗李儇、哀帝李柷（chù）7人。这在封建王朝中实属少见。

🔊　李隆基不仅会演奏乐器、撰写乐章，而且重视对音乐人才的培养。据《旧唐书》记载，他在梨园（长安城内的地名）开设教坊，挑选300位宫廷歌舞艺人在此习艺，这些人被称作梨园弟子。

据传李隆基还找来文臣写戏编本，让梨园弟子们学习唱念做打，甚至亲自扮演剧中角色（以"丑角"居多）。因此后世将戏曲界称作梨园，并尊奉李隆基为梨园祖师爷。

🔊 大多数学者认为李隆基的诗才在唐朝皇帝中首屈一指，他的《经邹鲁祭孔子而叹之》是唯一入选《唐诗三百首》的帝王诗。

李世民存诗不少，艺术价值较高，康熙帝认为"前代帝王，惟唐太宗诗律高华"。

李显爱好作诗，常与群臣唱和，文采颇佳。

李昂擅长作诗，尤其喜作五言诗，宋朝的王谠在笔记小说《唐语林》中评价他的诗"古调尤清峻"。

武则天的诗歌富有真情和风骨，气势宏大而不失浪漫色彩，但一些学者对其真实性表示怀疑。

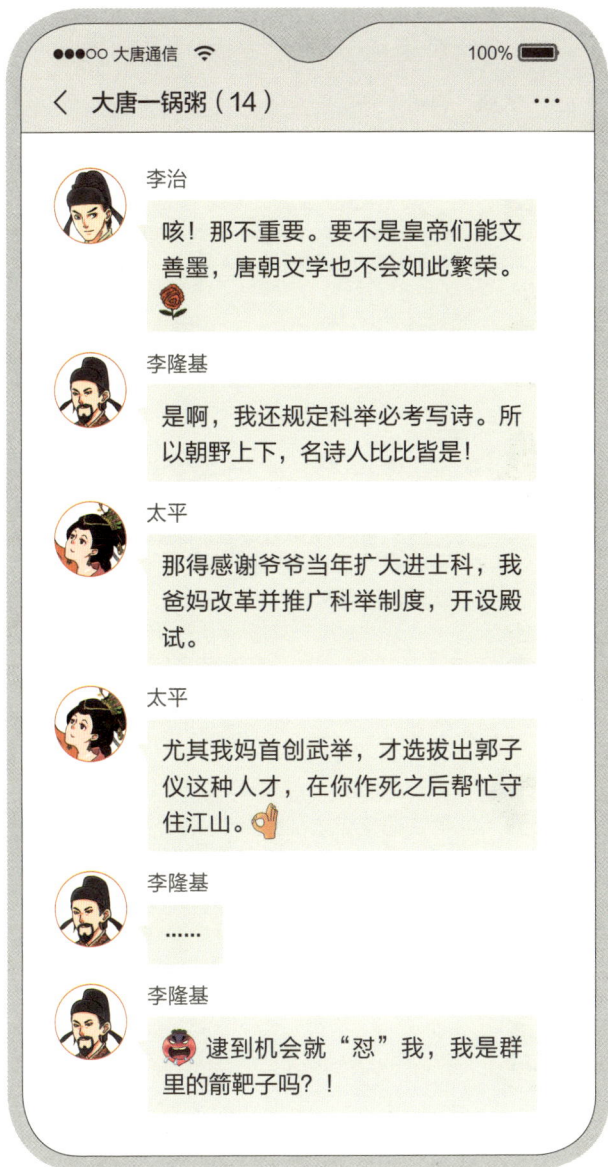

●●●○○ 大唐通信 🛜 100% 🔋

〈 大唐一锅粥（14） ⋯

李治
咳！那不重要。要不是皇帝们能文善墨，唐朝文学也不会如此繁荣。🌹

李隆基
是啊，我还规定科举必考写诗。所以朝野上下，名诗人比比皆是！

太平
那得感谢爷爷当年扩大进士科，我爸妈改革并推广科举制度，开设殿试。

太平
尤其我妈首创武举，才选拔出郭子仪这种人才，在你作死之后帮忙守住江山。👌

李隆基
⋯⋯

李隆基
😡逮到机会就"怼"我，我是群里的箭靶子吗？！

📍
357

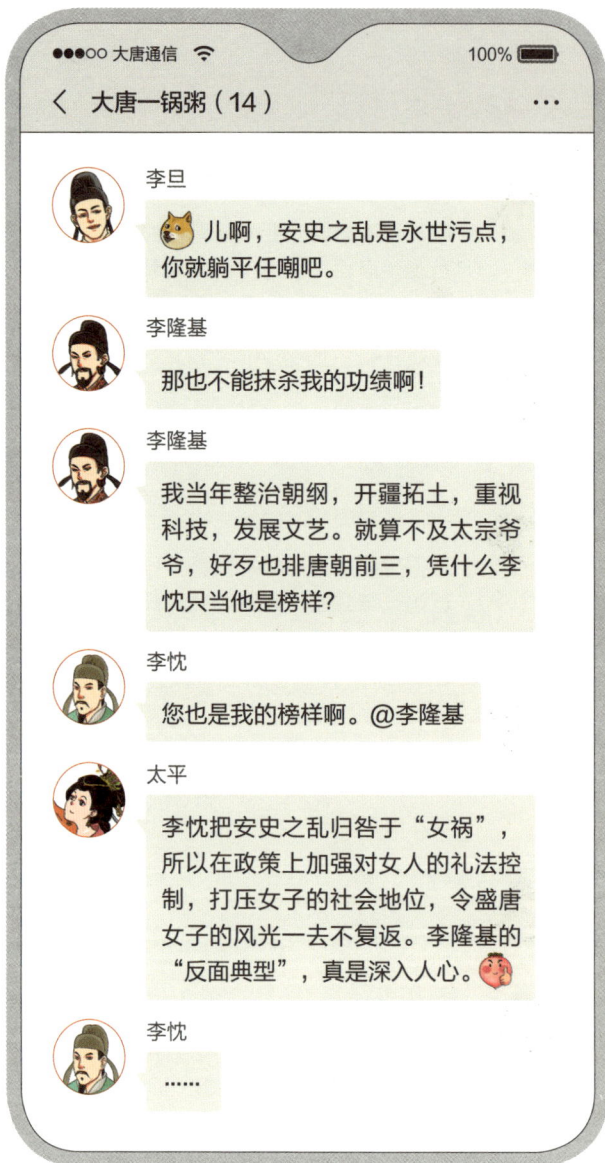

●●●○○ 大唐通信 🛜   100% 🔋

‹ **大唐一锅粥（14）**   •••

李旦

> 🐕 儿啊，安史之乱是永世污点，你就躺平任嘲吧。

李隆基

> 那也不能抹杀我的功绩啊！

李隆基

> 我当年整治朝纲，开疆拓土，重视科技，发展文艺。就算不及太宗爷爷，好歹也排唐朝前三，凭什么李忱只当他是榜样？

李忱

> 您也是我的榜样啊。@李隆基

太平

> 李忱把安史之乱归咎于"女祸"，所以在政策上加强对女人的礼法控制，打压女子的社会地位，令盛唐女子的风光一去不复返。李隆基的"反面典型"，真是深入人心。🍑

李忱

> ……

📍

358

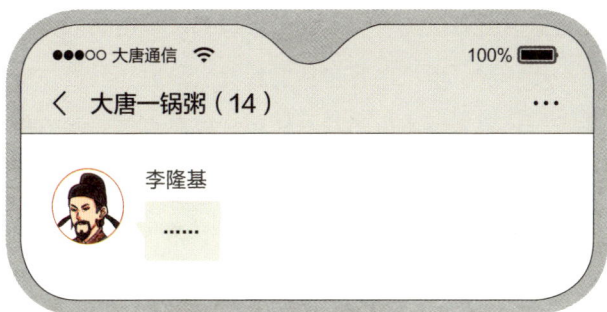

敲黑板

🔊　两《唐书》和《唐会要》均认为制举（科举的一种）考诗赋，是从754年（李隆基一朝）正式开始的。但此事存在争议，有学者认为这是沿用隋制，也有学者认为在681年（李治一朝）就开始要求科举考生创作律诗和律赋了。

🔊　殿试即"殿前试人"，是科举中最高级别的考试，通常在殿廷举行，由皇帝亲自主持、出题，录取者即为进士。殿试始于唐朝，但首场殿试的时间存在争议。按唐朝杜佑的政书《通典》记载，殿试始于690年，由武则天开创，《唐会要》和《资治通鉴》均采用了这个说法。但有学者提出质疑，因为据《旧唐书》记载，李治在659年就曾亲自策试举人。

🔊　武举又称武科，是我国古代科举制度中专为选拔军事人才而设置的考试。武举始于702年，由武则天开创。据唐朝官修的行政法典《唐六典》记载，武举由兵部主持，通常一年一次，考试内容包括射长垛、骑射、马枪、步射和举重，还要考察考生的身材样貌、应对言语。武举制度在后世被进一步完善、规整，对于扩大人才的选拔范围、提升军队的整体素质有重要意义。

🔊 唐朝前中期的妇女观较为开放自由，李世民公开提倡寡妇再嫁，武则天更是冲击了男尊女卑的传统观念，李隆基虽然限制女性干政，但基本维持了女性在婚姻、社交等方面的自由。然而，安史之乱后社会动荡，统治者为了建构稳固的秩序，需要恢复、强化传统的伦理纲常。李忱在位时期重树贞洁观念，加强了对女性的礼法约束。据《唐会要》记载，他曾下诏禁止有子女的皇室妇女改嫁，并且强调"妇德"的重要性。

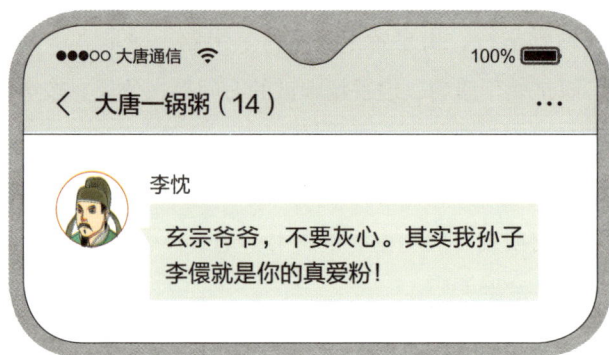

●●●○○ 大唐通信 📶　　　　　　　　100% 🔋

‹　大唐一锅粥（14）　　　　　　···

李忱

玄宗爷爷，不要灰心。其实我孙子李儇就是你的真爱粉！

●●●○○ 大唐通信 📶　　　　　　　　100% 🔋

< **大唐一锅粥（15）**　　　　　　　···

李儇
> "大唐一锅粥"，这群名一看就是您起的吧，真是有文化、有内涵！

李世民
> 啥意思？

李儇
> 这不是您在《贞观政要》里的名言吗？水能载舟，亦能煮粥啊！

李世民
> ······

太平
> 🦃 荀子的棺材板我帮你按住了，继续说。

李儇
> 哇，女皇大人，镇国公主，巾帼宰相，四大美女之一。你们都在啊，厉害厉害！

太平
> 此话怎讲？

大唐一锅粥（15）

李渊
一进群就挑事，@李儇 你想干啥？

李儇
我是真心想夸你们啊……

李隆基
咳！我都等半天了，你就没什么话要对我说？@李儇

李儇
你谁啊？

李隆基
……

李儇
给点提示？

太平
他呀，前半生王者荣耀，后半生望着农药。

敲黑板

🔊　"水能载舟，亦能覆舟"最早见于《荀子·哀公》，意思是：君王像船，百姓像水，水既能载起船使船航行，也能淹没船使其覆灭。这句话强调了百姓的重要性，在《贞观政要》中多次被引用。

🔊　李儇所说的"人均两个老公"，指的是：武则天与李世民、李治；太平公主与薛绍、武攸暨；上官婉儿与李治（很可能有名无实）、李显；杨贵妃与李瑁（即李珺）、李隆基。其中只有杨贵妃比两个丈夫更早去世，其他三位都比两个丈夫更晚去世。

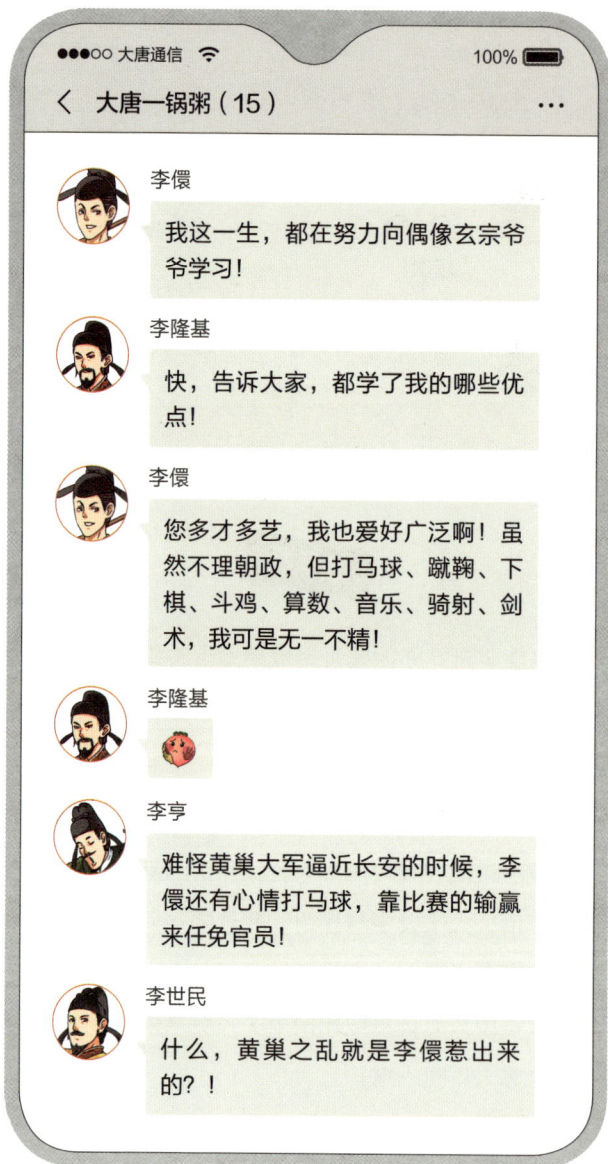

●●○○ 大唐通信 🛜 100% 🔋

< 大唐一锅粥（15） ···

李儇
我这一生，都在努力向偶像玄宗爷爷学习！

李隆基
快，告诉大家，都学了我的哪些优点！

李儇
您多才多艺，我也爱好广泛啊！虽然不理朝政，但打马球、蹴鞠、下棋、斗鸡、算数、音乐、骑射、剑术，我可是无一不精！

李隆基
🍑

李亨
难怪黄巢大军逼近长安的时候，李儇还有心情打马球，靠比赛的输赢来任免官员！

李世民
什么，黄巢之乱就是李儇惹出来的？！

婉儿
是啊，为了学习偶像引发安史之乱的事迹，他也是煞费苦心。

李儇
······

李隆基
······

李儇
这不关我的事啊······每个朝代最后半死不活的时候，总会有一群农民跳出来活跃气氛，很正常嘛！

李渊
那你如何应对的？

李儇
很简单，向偶像看齐啊！

●●●○○ 大唐通信 📶   100% 🔋

〈 大唐一锅粥（15）   ···

李儇

> 想当年叛军压境，玄宗爷爷是大唐第一位从长安逃到四川的皇帝。所以我追随偶像的脚步，也坚定不移地跑去了四川。🍑

李隆基

> 🍑

武则天

> 你爸妈一定很幽默吧，生出你这么个笑话。

李儇

> 🍑

敲黑板

🔊   黄巢起义（878—884）是唐朝历史上规模最大的一场农民起义，这场起义加速了唐朝统治的瓦解。领导者黄巢最初在山东起兵，起义波及河南、安徽、浙江、福建、湖北、湖南、江西等十余省，几乎踏及唐朝半壁江山。881年，黄巢带兵进入长安称帝，建立大齐政权，改年号为金统。此后唐军反攻，黄巢于883年撤离长安，双方多次交战。据《旧唐书》记载，884年，黄巢兵败被杀于山东。

🔊　据《资治通鉴》记载，880年，黄巢大军北伐中原，长安势危，而李儇不问政事，只顾玩耍。掌权的宦官田令孜准备挟持李儇逃往蜀地，顺便推荐他的兄长陈敬瑄和心腹杨师立、牛勖、罗元杲（gǎo）作为三大藩镇的节度使人选。四人选三，李儇难以权衡，于是举办了一场马球比赛，依比赛结果决定了他们各自的职务。这便是历史上臭名昭著的"击球赌三川"。

🔊　李儇是继李隆基之后第二位逃往四川避难的皇帝。880年，黄巢军在洛阳消灭了围剿义军的中央军主力，抵达潼关，长安危在旦夕。同年十二月，李儇在宦官田令孜率领的神策军的保护下匆忙奔往蜀地。黄巢之乱被平定后，885年三月，李儇返回长安。

●●●○○ 大唐通信 📶　　　　　　100% 🔋

❮ 大唐一锅粥（15）　　　　⋯

李亨
> 至少李儇平定了黄巢之乱，没扔给别人！🥵

李隆基
> ⋯⋯

李儇
> 虽说是平定了，但是⋯⋯玄宗爷爷曾错信安禄山，我呢，向偶像学习，也错信了一个投降的叛兵，还给他赐官封王。😂

李隆基
> 那人是谁？

李儇
> 嘿嘿，好像叫朱温。

李儇
> 不过幸好我死得早！不用亲眼看着他灭掉唐朝。👌

李治
> 😬

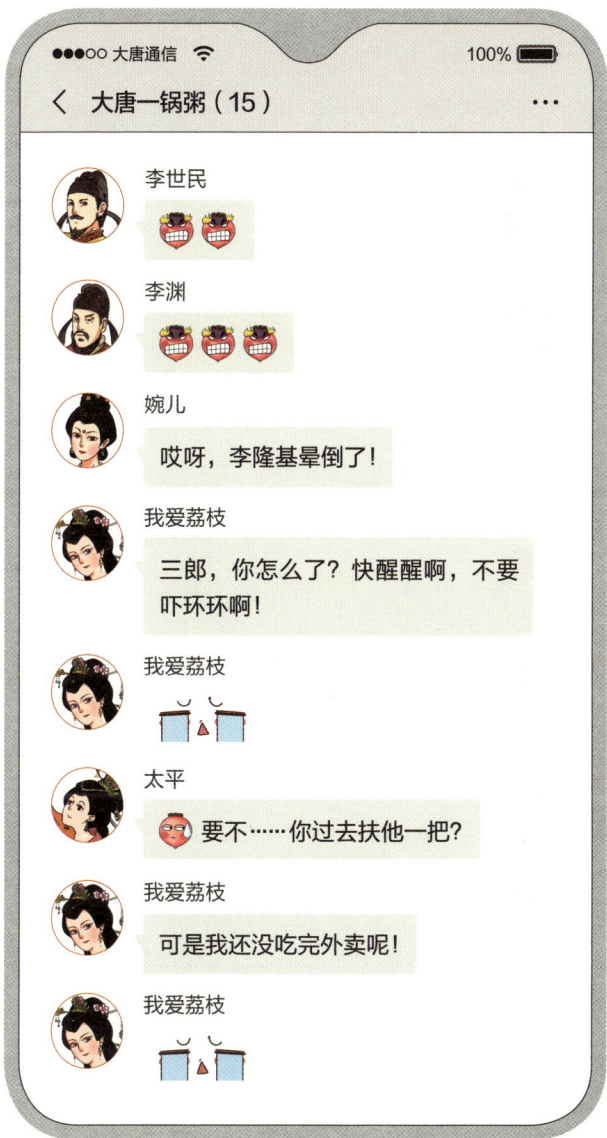

●●●○○ 大唐通信 📶   100% 🔋

< 大唐一锅粥（15）   ···

太平
……

我爱荔枝
高公公，快来呀！三郎被李儇气晕啦！

高力士
怎么回事？！

李治
……

李渊
……

李世民
高力士？！

李世民
这就过分了啊，宦官怎么能进群！

李治
爸爸，他在用三郎的号。

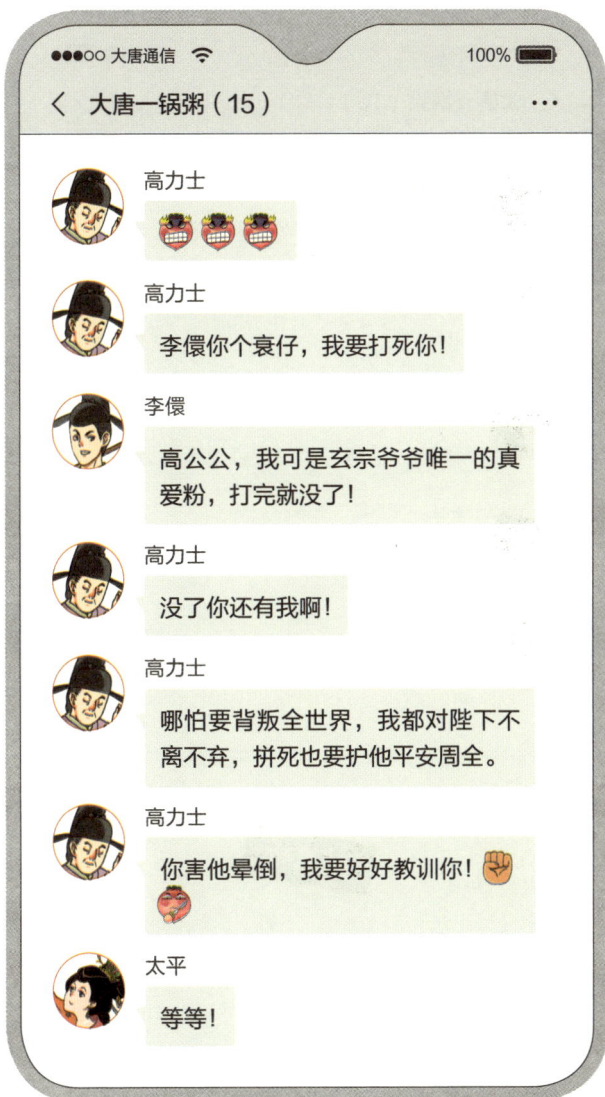

●●●○○ 大唐通信 🛜　　　　　　　100% 🔋

〈　大唐一锅粥（15）　　　　　⋯

太平
> 我先检查一下李儇的朋友圈！

李儇
> ？

太平
> 哦……检查完了，一点也不帅。😳

太平
> 高公公，打吧。

李儇
> ……

敲黑板

🔊　朱温原本是黄巢的部下，后来因兵力不足、军心涣
散，于882年主动投降唐军。

据北宋的官修史书《旧五代史》记载，李儇在四川遥
知此事后，高兴地说："这是上天赐给我的人！"于是封

朱温为左金吾卫大将军、河中行营副招讨使，并给他赐名"朱全忠"。886年，李儇将朱温封为吴兴郡王，食邑三千户。

🔊　904年，朱温发兵攻陷长安，挟持唐昭宗李晔迁都至洛阳，之后将李晔杀害，另立唐哀帝李柷。

907年，朱温逼李柷禅位，自行称帝，改国号为梁。至此，唐朝灭亡。

拾 壹

欢迎加入长安观光团：

前方到站，唐朝政变专用大门

●●●○○ 大唐通信 📶　　　　　　100% 🔋

〈　大唐一锅粥（15）　　　⋯

李隆基

各位好，我又回来啦！🐣

李世民

三郎的账号不是被举报了吗？

李隆基

对啊，上次小高登录，账号涉嫌被转让，我还得重新验证。因为密保问题不好答，折腾了很久。💰

李渊

什么密保问题？

李旦

问他喜欢的女人是谁，我儿日夜苦思冥想，连输一百多个名字，才终于答对了！

李渊

⋯⋯

李隆基

哎，喜欢一个人太累了⋯⋯所以我喜欢了几百个。

📍

●●●○○ 大唐通信 📶　　　　　　　　100% 🔋

< 　大唐一锅粥（15）　　　　　⋯

李亨

谁让爸爸有钱呢！俗话说得好，马行无力皆因瘦，人不风流只为贫。

李世民

风流？把贪恋美色说得如此清新脱俗。😳

李昂

不要说啦，杨贵妃在欸！

李显

放心，群里的女人们今早组团去华清宫泡澡了。不然三郎能这么嘚瑟？

李儇

哇，我也想去华清宫参观，能打折吗？

李治

能啊，腿给你打折。😎

李儇

……

敲黑板

🔊 李隆基是有名的风流天子，不仅子女数量位列古代帝王第三名（前两名是宋徽宗赵佶和陈宣帝陈顼），而且后宫嫔妃仅列入史书的就有将近40人，居唐朝帝王之首。据说，他因难以抉择侍寝的人选而发明了不少办法。五代王仁裕的笔记小说《开元天宝遗事》记载了"蝶幸"和"投钱"两种方法，前者是妃嫔们在头上插满鲜花，由李隆基捉蝴蝶放飞，蝴蝶停在谁头上，谁就能得到临幸；后者是妃嫔们掷金钱，优胜者得以侍寝。宋朝陶穀（gū）的笔记小说《清异录》还记载了李隆基的妃嫔们通过投骰子决定侍寝者，所以小宦官们把骰子叫作"剉角媒人"。

🔊 据说杨贵妃爱吃醋。唐朝郑綮的笔记小说《开天传信记》记载她"妒媚"，曾因对李隆基出言不逊而被遣送回家。《资治通鉴》中也有她"妒悍不逊"的说法。

●●●○○ 大唐通信 📶　　　　　　　　100% 🔋

〈　大唐一锅粥（15）　　　　　···

李豫

华清宫就一澡堂子，到处都是坑，有啥好参观的？咱长安的名胜那么多，大小雁塔、孔庙、乐游原、大兴善寺、明德门……

李儇

最有话题热度的，应该是北门吧！

李世民

😠 什么北门南门，没读过书吗？用正式名称！

李儇

好的。玄武门！

李世民

……

李渊

哦，唐朝政变专用大门啊。😄

李世民

🐸

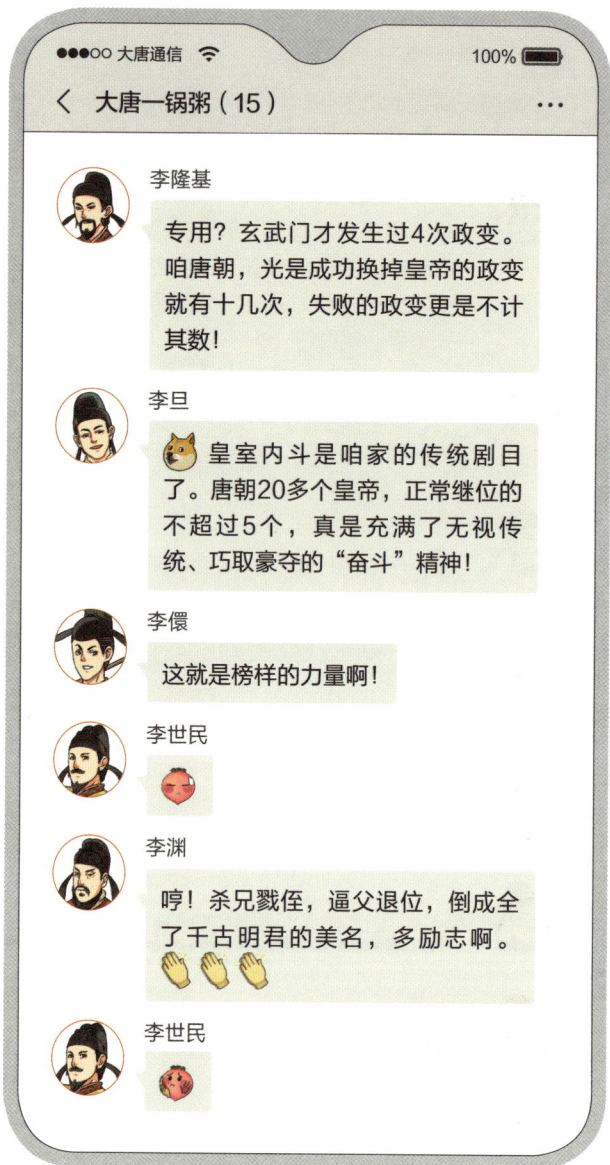

●●●○○ 大唐通信 🛜 100% 🔋

〈 大唐一锅粥（15） ⋯

李隆基

> 专用？玄武门才发生过 4 次政变。咱唐朝，光是成功换掉皇帝的政变就有十几次，失败的政变更是不计其数！

李旦

> 🐕 皇室内斗是咱家的传统剧目了。唐朝 20 多个皇帝，正常继位的不超过 5 个，真是充满了无视传统、巧取豪夺的"奋斗"精神！

李儇

> 这就是榜样的力量啊！

李世民

> 😤

李渊

> 哼！杀兄戮侄，逼父退位，倒成全了千古明君的美名，多励志啊。👏👏👏

李世民

> 😤

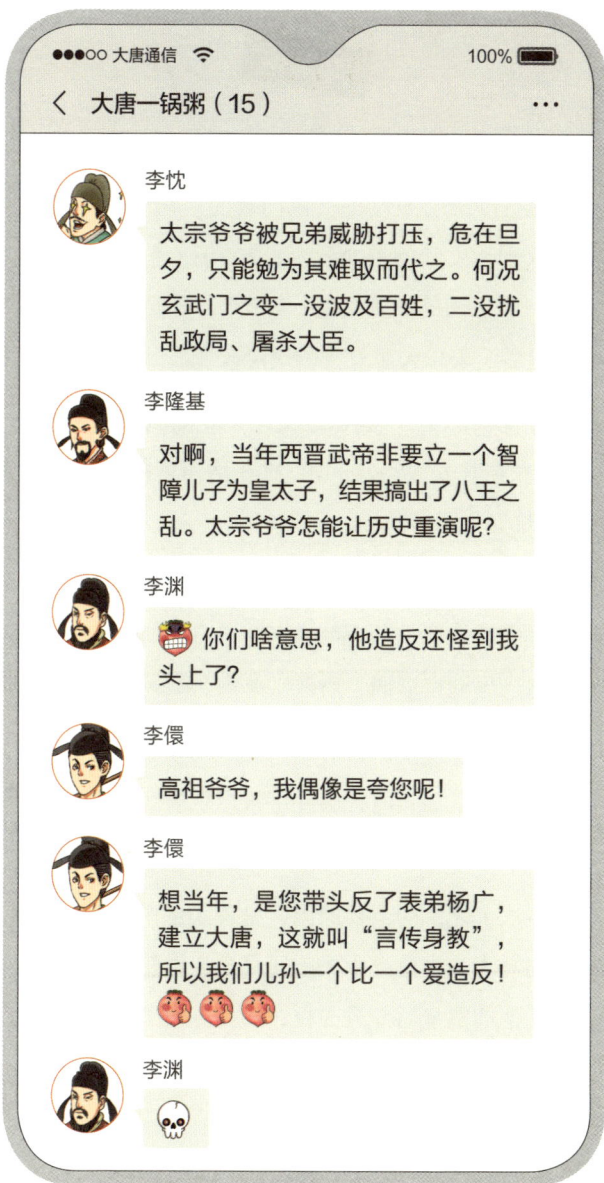

●●●○○ 大唐通信 📶　　　　　　　100% 🔋

‹ 大唐一锅粥（15）　　　　　　　**···**

李忱
太宗爷爷被兄弟威胁打压，危在旦夕，只能勉为其难取而代之。何况玄武门之变一没波及百姓，二没扰乱政局、屠杀大臣。

李隆基
对啊，当年西晋武帝非要立一个智障儿子为皇太子，结果搞出了八王之乱。太宗爷爷怎能让历史重演呢？

李渊
😁 你们啥意思，他造反还怪到我头上了？

李儇
高祖爷爷，我偶像是夸您呢！

李儇
想当年，是您带头反了表弟杨广，建立大唐，这就叫"言传身教"，所以我们儿孙一个比一个爱造反！😡😡😡

李渊
💀

敲黑板

🔊 发生在玄武门的4次政变分别是：626年，李世民针对李建成、李元吉发动的玄武门政变；705年，张柬之等人针对武则天发动的神龙政变；707年，李重俊针对武三思、韦皇后发动的景龙政变；710年，李隆基、太平公主针对韦皇后、安乐公主发动的唐隆政变。

需要说明的是，这4次政变中的"玄武门"不在同一处。第1次在长安大兴宫，第2次在洛阳紫微城，第3次和第4次在长安大明宫。

🔊 如果将"无兵变、无篡位、父皇钦定"视作正常即位条件，那么符合标准的唐朝皇帝至少有：唐高宗李治、唐德宗李适、唐顺宗李诵、唐敬宗李湛。

🔊 八王之乱发生于西晋时期，是一场皇族为争夺中央政权而引发的内乱，当时社会经济被严重破坏、人民大量死伤，最终西晋亡国。

产生八王之乱的重要原因，是晋武帝司马炎坚持要立嫡次子司马衷为皇位继承人。司马衷生性愚钝，据说是白痴，因此他的贾皇后专政弄权，直接导致了宗室内部的互相攻伐、争权夺利。

●●●○○ 大唐通信 📶　　　　　100% 🔋

〈 大唐一锅粥（15）　　　···

李世民
> 这个李偁进群，是替他偶像分担火力的吧？

李隆基
> 😡

李治
> 咳，唐朝名胜又不是只有玄武门，聊点别的。

李偁
> 洛阳的明堂和天枢也特别有热度。

李亨
> 这题我会！

李亨
> 明堂是曾奶奶布政、祭祀的重要场所，紫微城的大朝正殿，高88米，是唐朝最高大的木质建筑。天枢是她命人铸造的巨型铜铁柱，用以记述功德。

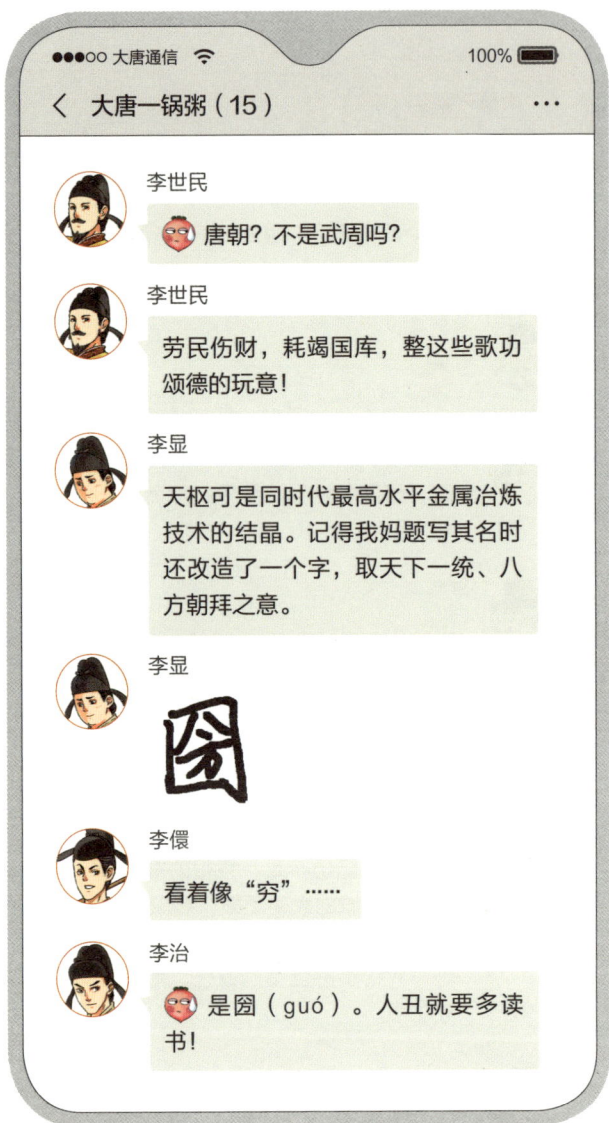

●●●●○○ 大唐通信 📶　　　　　　　100% 🔋

〈　大唐一锅粥（15）　　　　…

李世民
> 😤 唐朝？不是武周吗？

李世民
> 劳民伤财，耗竭国库，整这些歌功颂德的玩意！

李显
> 天枢可是同时代最高水平金属冶炼技术的结晶。记得我妈题写其名时还改造了一个字，取天下一统、八方朝拜之意。

李显
> 圐

李儇
> 看着像"穷"……

李治
> 😤 是圐（guó）。人丑就要多读书！

📍

386

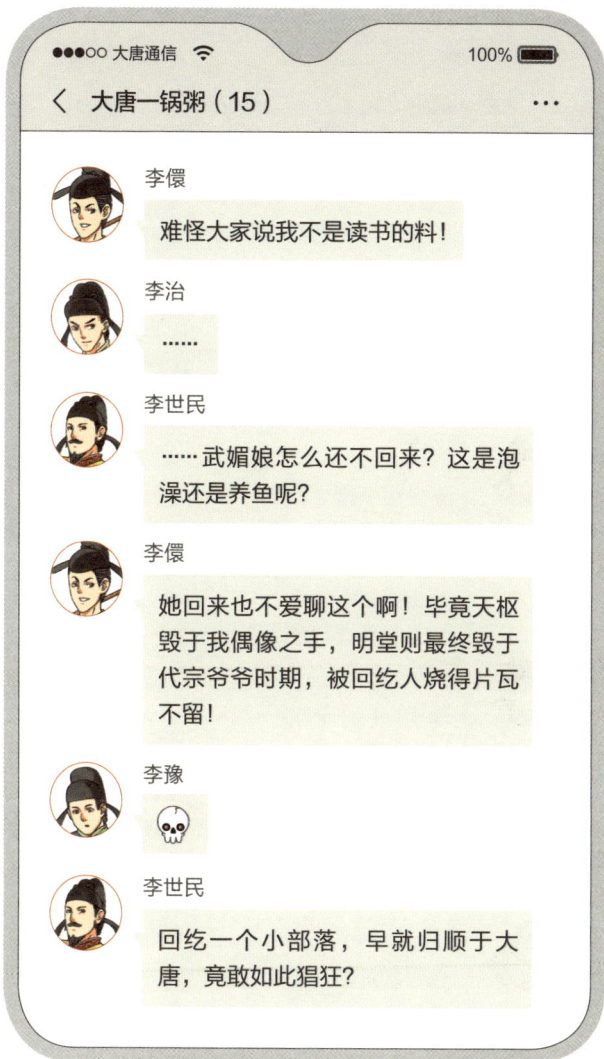

难怪大家说我不是读书的料！

——李治

……

——李世民

……武媚娘怎么还不回来？这是泡澡还是养鱼呢？

——李儇

她回来也不爱聊这个啊！毕竟天枢毁于我偶像之手，明堂则最终毁于代宗爷爷时期，被回纥人烧得片瓦不留！

——李豫

💀

——李世民

回纥一个小部落，早就归顺于大唐，竟敢如此猖狂？

●●●○○ 大唐通信 📶 100% 🔋

< 大唐一锅粥（15） ···

李世民

李豫，你就眼睁睁看着他们烧掉我大唐的宫殿？！

李豫

😳 没有啊！我是闭着眼睛的……

李隆基

不全怪李豫。是李亨当年求回纥人帮忙平定安史之乱，作为回报，又送钱又送人，还答应把洛阳城内的财物全给回纥！

李世民

李亨！！你个混……

李亨

🐵 太宗爷爷，您脾气不是改好了吗？

李亨

您要是发飙，我就唱歌了啊！

李世民

……

📍

388

敲黑板

◀)）　古人认为北极星象征着天帝，而天枢星在北斗七星中离北极星最近，代表强有力的统治管理，因此武则天时期建造的天枢不仅是庄严恢宏的建筑物，更是武周朝政权的标志。据《资治通鉴》记载，诸胡（即周边少数民族）凑钱百万亿，所买的铜铁仍不够铸造天枢，最后连民间的农器都用上了，才铸成天枢。714年，李隆基下令将天枢销毁，其铜铁材质花了一个月也没能彻底熔掉。

◀)）　明堂于688年建成后，不止一次遭到焚毁。据《旧唐书》记载，武则天的面首薛怀义曾担任明堂建设的监工。后来武则天有了新宠沈南璆，薛怀义受到冷落而醋意大发，于695年放火烧毁了明堂、天堂（紫微城内的通天塔），此后两堂又被重新建造起来。762年，回纥人在洛阳城中烧杀抢夺，明堂被彻底焚毁。

◀)）　"又送钱又送人"的说法源自《资治通鉴》，李亨与回纥人曾约定"克城之日，土地、士庶归唐，金帛、子女皆归回纥"。据《旧唐书》记载，756年收复长安后，李豫暂时阻止了回纥人的抢劫。直到同年收复洛阳，回纥人入城大肆劫掠了三天，所得财物不可胜数。

◀)）　洛阳城一共遭到过回纥两次洗劫。第一次发生在756

年，第二次发生在762年，唐军联合回纥军再度杀退洛阳的叛军之后。据《资治通鉴》记载，回纥人进洛阳肆意杀掠，死者数以万计，大火几十天未灭，而唐军竟也一同掳掠了足足三个月。但正史对此次的记载有矛盾之处，百姓的伤亡情况也存在争议。

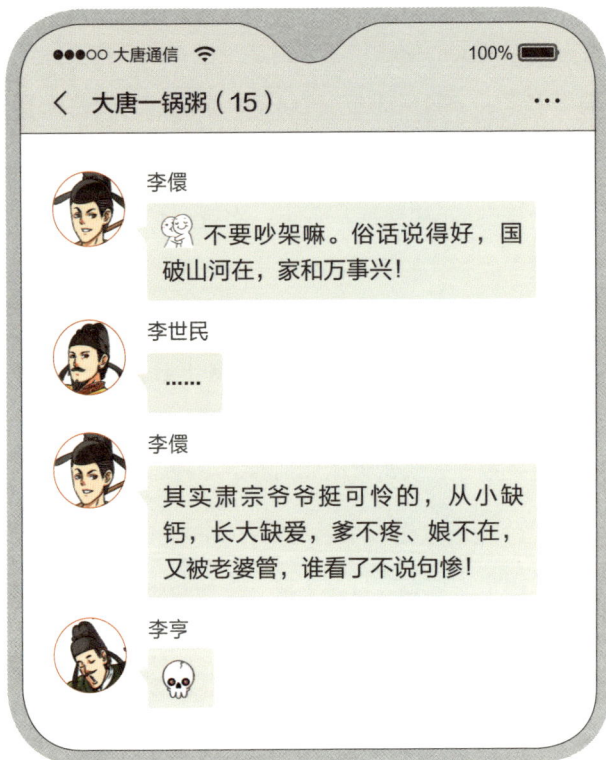

●●●○○ 大唐通信 📶   100% 🔋

〈   大唐一锅粥（15）   ⋯

李俨
🗣️ 不要吵架嘛。俗话说得好，国破山河在，家和万事兴！

李世民
······

李俨
其实肃宗爷爷挺可怜的，从小缺钙，长大缺爱，爹不疼、娘不在，又被老婆管，谁看了不说句惨！

李亨
💀

●●●○○ 大唐通信 📶　　　　　　　　100% 🔋

< 　大唐一锅粥（15）　　　　　···

李隆基

😡 他对我可不手软！我退休后差点被弄死，连小高都被流放！太宗爷爷好歹还念着父亲，为他修建大明宫。

李渊

有啥用？忙活半天，第一个住进去的是李治。

李渊

敢情除了我们爷俩，群里的人都住过！🐷

李治

大明宫也没什么好住的，不过是中国宫殿建筑的巅峰之作而已。风水好点儿，装修华丽点儿，面积是紫禁城的四倍再多点儿。😎

李儇

难怪烧了三次才烧干净······

李治

啥？大明宫被谁烧了？！

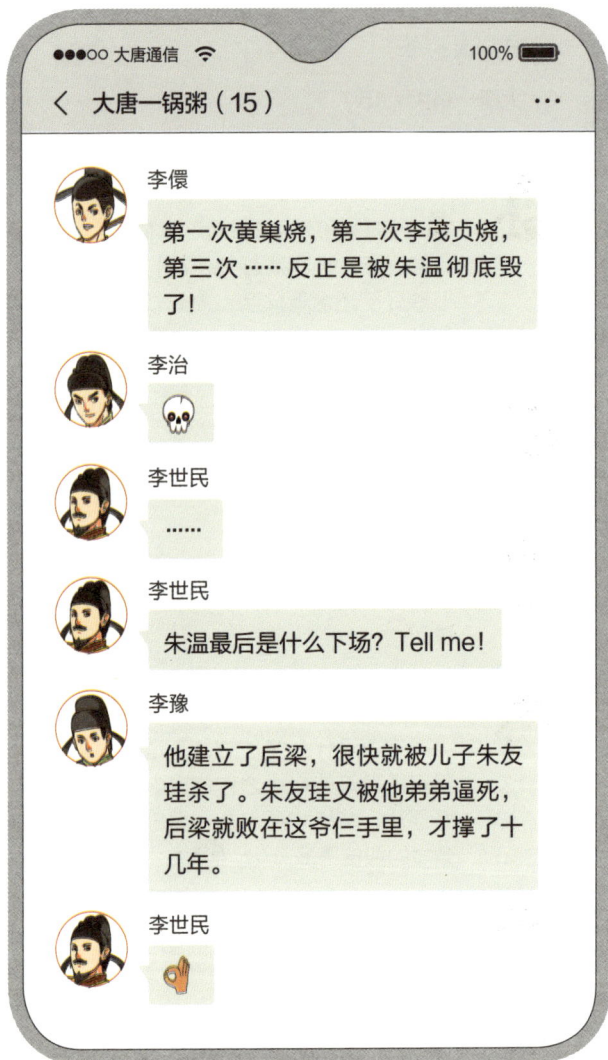

●●●○○ 大唐通信 📶　　　　　　　　100% 🔋

〈　大唐一锅粥（15）　　　　　　　⋯

李隆基

这么看来，咱家还行，至少没有弑父的。

李儇

欸，安乐公主不在群里啊？

李显

⋯⋯⋯

＊前文提到过，李显可能是被韦皇后和女儿安乐公主下毒杀害的，但此事存在疑点，详见第二章。

敲黑板

🔊　李隆基晚年郁郁寡欢。757年，他从蜀地返回长安后居住在兴庆宫，不问政事，只留一些亲近的内臣陪伴左右。据《旧唐书》记载，因为宦官李辅国的离间陷害，760年李隆基被迫移居到西内（即太极宫，710年前称大兴宫），高力士最终被贬官流放。唐朝韦绚的笔记小说《戎幕闲谈》还记载了李隆基险些被李辅国杀死的事。尽管史书一般将李隆基晚景凄凉归咎于李辅国，但他的行为离不开李亨的默许。

> 时肃宗不豫，李辅国诬奏云：此皆九仙媛、高力士、陈玄礼之异谋也。下矫诏迁太上皇（李隆基）于西内，给其扈从部曲，不过老弱三二十人。及中途，攒刃曜日，辅国统之。太上皇惊，欲坠马数四，赖左右扶持乃上。高力士跃马而前，厉声曰："五十年太平天子，李辅国汝旧臣，不宜无礼，李辅国下马！"辅国不觉失辔而下。
>
> ——《戎幕闲谈》

🔊 据《唐会要》记载，李世民在634年下令建造大明宫（初名永安宫），给太上皇李渊避暑时居住。然而半年后李渊驾崩，修建工程随即停止。662年，李治深受风疾之苦，而所居的大兴宫地势低洼、湿气过重，于是决定大兴土木，重建大明宫。据《旧唐书》记载，当时征集了陇、雍、同、岐等十五州的户口人力，并且扣除了长安官员一个月的俸禄，以助修建。663年，大明宫正式建成。

🔊 据《旧唐书》记载，大明宫第一次被烧是在880年，当时黄巢率兵攻入长安，将宫殿、庙宇等建筑几乎焚烧殆尽；第二次被烧是在896年，李茂贞的军队进犯长安，再度火烧宫室间舍。据《资治通鉴》记载，大明宫第三次被焚毁是在901年，因朱温的大军逼近长安，宦官韩全海等人劫持唐昭宗李晔向西逃往凤翔，顺便用火焚烧宫城。904年，朱温强迫李晔迁都洛阳，并下令拆毁长安城的宫殿民舍，将能用的材质运到洛阳。自此，大明宫被彻底毁灭。

🔊　李茂贞原名宋文通，是唐朝末期的著名军阀。他曾因带兵保护李儇有功而得到提拔，不仅官拜凤翔、陇右节度使，还被唐昭宗李晔封为陇西郡王。由于拥兵自持、权势日盛，李茂贞逐渐骄横跋扈，多次与朝廷对战，割据一方。唐朝灭亡后，他自居唐室忠臣而没有称帝，但其吃住仪仗，甚至死后的陵墓规格均与帝王无异。

李旦
人家可是大唐第一美人，@李儇 想见她吗？

李儇
我可不敢！睿宗爷爷，您曾被一个婢女怀恨报复，痛失了几个老婆，所以说，厉害的女子是不能招惹的。

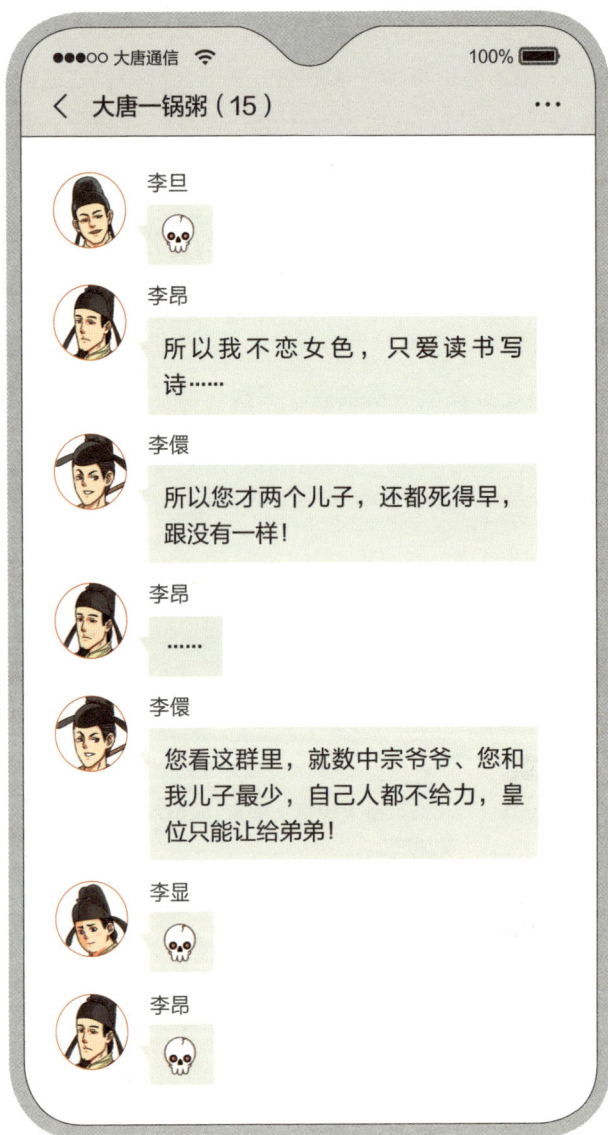

●●●○○ 大唐通信 📶   100% 🔋

< 大唐一锅粥（15）   ···

李旦
💀

李昂
所以我不恋女色，只爱读书写诗……

李儇
所以您才两个儿子，还都死得早，跟没有一样！

李昂
……

李儇
您看这群里，就数中宗爷爷、您和我儿子最少，自己人都不给力，皇位只能让给弟弟！

李显
💀

李昂
💀

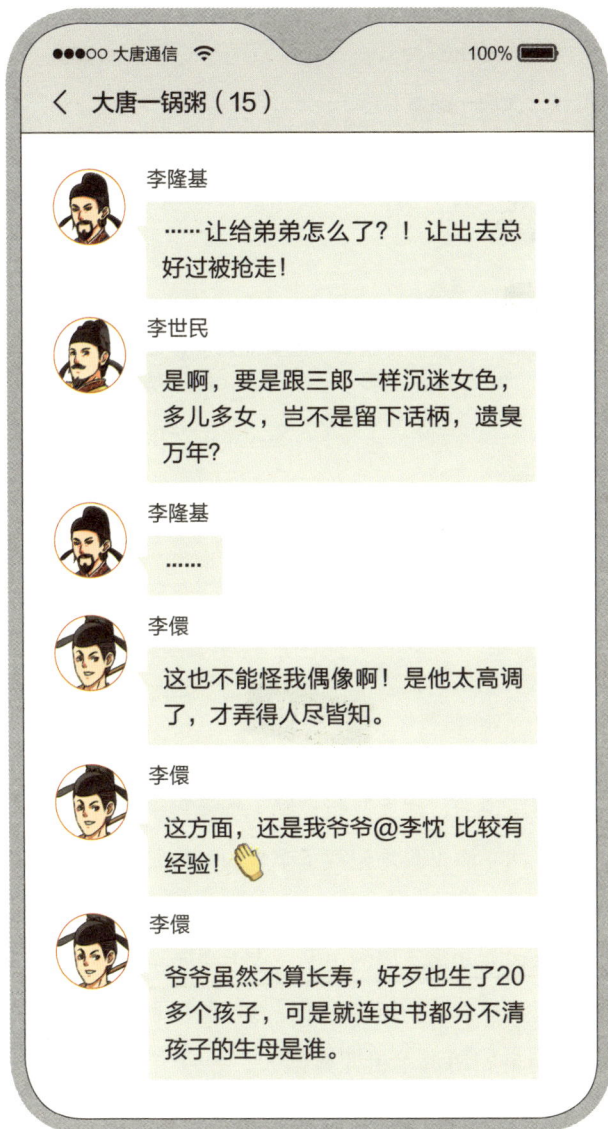

●●●○○ 大唐通信 📶　　　　　　　　　100% 🔋

‹　大唐一锅粥（15）　　　　　　···

李隆基

……让给弟弟怎么了？！让出去总好过被抢走！

李世民

是啊，要是跟三郎一样沉迷女色，多儿多女，岂不是留下话柄，遗臭万年？

李隆基

……

李儇

这也不能怪我偶像啊！是他太高调了，才弄得人尽皆知。

李儇

这方面，还是我爷爷@李忱 比较有经验！👋

李儇

爷爷虽然不算长寿，好歹也生了20多个孩子，可是就连史书都分不清孩子的生母是谁。

敲黑板

🔊 　李儇所说的"婢女"指户婢（掌管宫中门户的宫女）
韦团儿。两《唐书》均记载了李旦的窦德妃和刘皇妃遭韦
团儿陷害而死之事，但并未说明原因。《资治通鉴考异》
引用了唐朝刘知幾所撰的史书《太上皇实录》，认为韦团
儿想勾引李旦而遭到拒绝，于是她怀恨在心，设法诬陷窦
德妃、刘皇妃用邪术诅咒武则天，导致二人被武则天杀
死。据考古发现，被此事牵连受害的应该还有李旦的唐孺

人、崔孺人（详见第五章）。

🔊　李昂的两个儿子分别是李永和李宗俭。据《新唐书》记载，李永曾被立为皇太子，后来遭到李昂的杨贤妃陷害打击，终日郁郁寡欢，不久后暴死。李宗俭的生平不详，但应当比李永早亡。由于儿子都已去世，李昂最终只好立侄儿李成美为皇太子。

🔊　尽管李忱生前未立皇后，在史料文献中似乎对"女色误国"有所反思，但他一共有23个子女，在唐朝帝王中不算少育，而且子女的生母在史籍中大多无载。据《旧唐书》记载，858年，道士轩辕集曾劝李忱"彻声色"（即戒除声色之欢）以修身，但李忱于859年就因服丹药而驾崩。有学者认为，李忱有可能是纵情声色而亡。

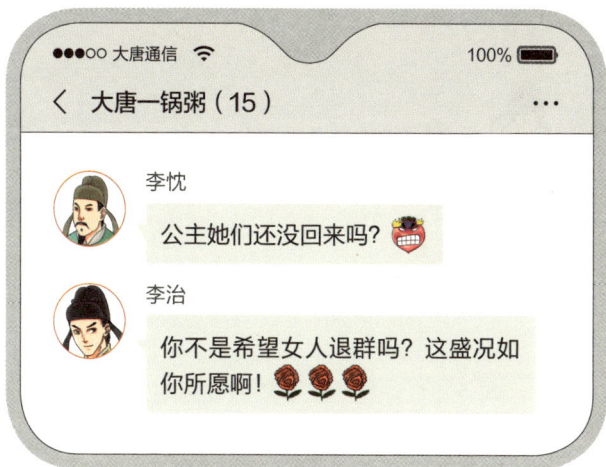

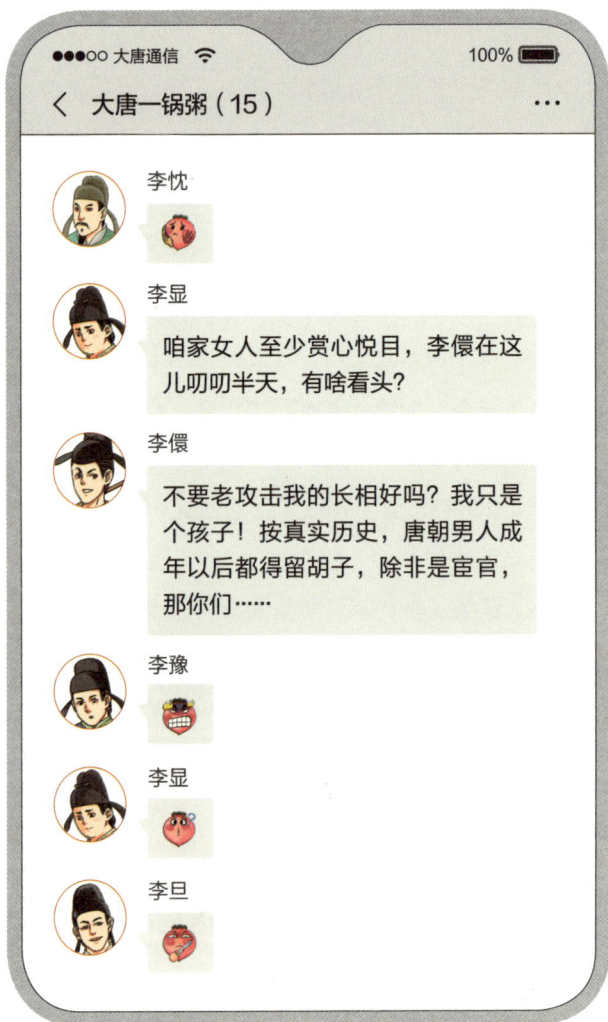

李忱

李显

咱家女人至少赏心悦目，李儇在这儿叨叨半天，有啥看头？

李儇

不要老攻击我的长相好吗？我只是个孩子！按真实历史，唐朝男人成年以后都得留胡子，除非是宦官，那你们……

李豫

李显

李旦

李治

"武则天"拍了拍"李治"

武则天

怎么，我才出去一会儿，这就生气了？

* 武则天一行总算回来了，群成员都欣喜若狂。

太平

······

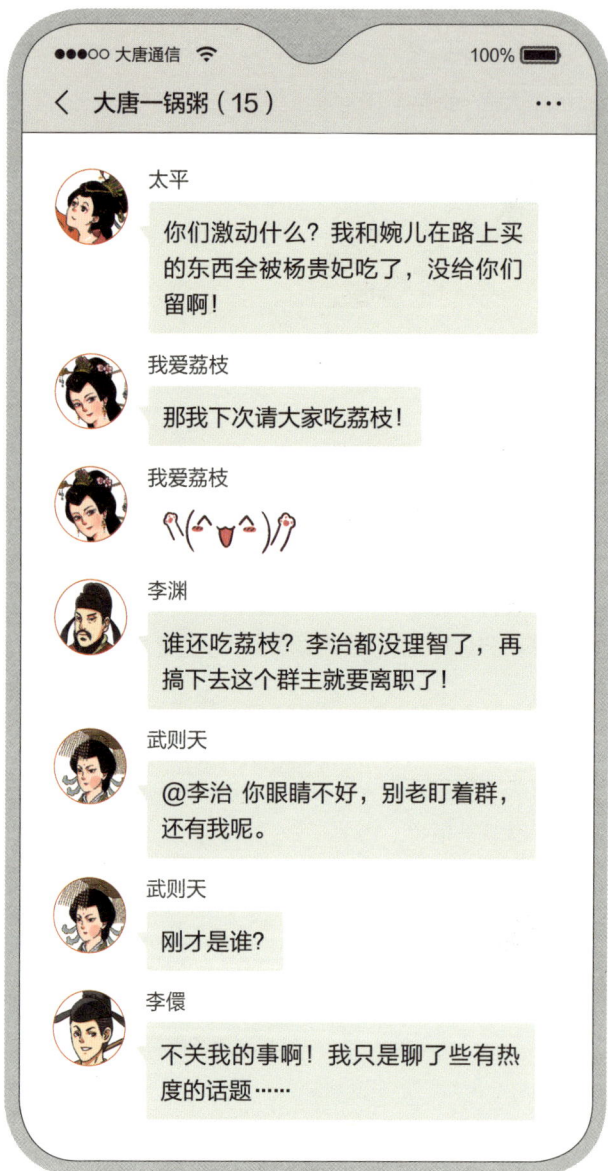

●●●○○ 大唐通信 📶　　　　　　　　100% 🔋

< 　大唐一锅粥（15）　　　　　　···

太平

你们激动什么？我和婉儿在路上买的东西全被杨贵妃吃了，没给你们留啊！

我爱荔枝

那我下次请大家吃荔枝！

我爱荔枝

ᕕ(´• ◡•)ᕗ

李渊

谁还吃荔枝？李治都没理智了，再搞下去这个群主就要离职了！

武则天

@李治 你眼睛不好，别老盯着群，还有我呢。

武则天

刚才是谁？

李儇

不关我的事啊！我只是聊了些有热度的话题……

●●●○○ 大唐通信 📶　　　　　100% 🔋

〈　大唐一锅粥（15）　　　　 ···

武则天
> 你嫌他们不够火大吗，这么需要热度？

李儇
> ······

李儇
> 我好歹是个皇帝，论平定叛乱，也算颇有作为。怎么会让人火大嘛！

武则天
> 有作为？叛军狼奔豕突，百姓饔飧不继，你却遁逃如风驰电掣，不知所终，将子民投畀豺虎。这等腌臜子子，何不以溺自照？

李儇
> 看不懂啊，是在夸我吗？

婉儿
> 😊 对啊！夸你英勇善战，高风亮节，爱民如子，光耀门楣。

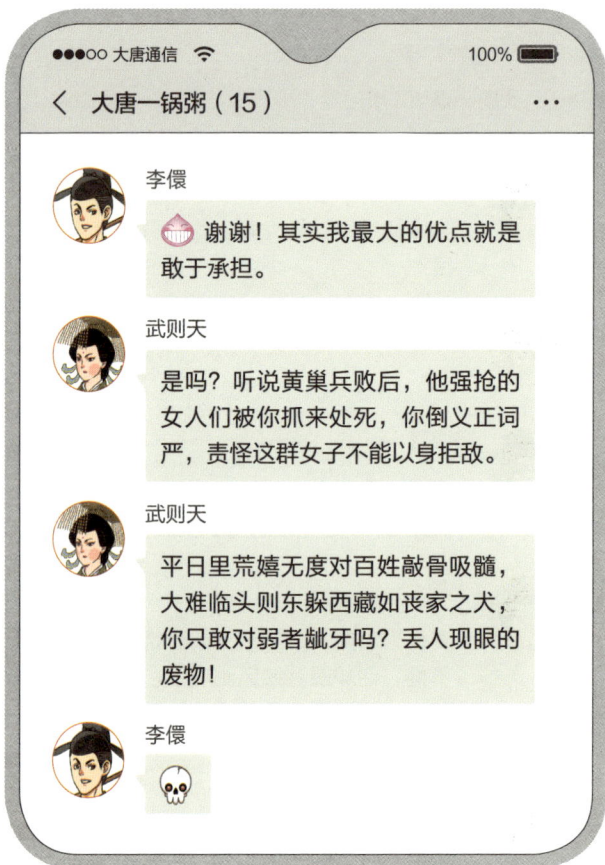

●●●○○ 大唐通信 📶　　　　　　　　100% 🔋

〈　大唐一锅粥（15）　　　　　···

李儇
> 🧁 谢谢！其实我最大的优点就是敢于承担。

武则天
> 是吗？听说黄巢兵败后，他强抢的女人们被你抓来处死，你倒义正词严，责怪这群女子不能以身拒敌。

武则天
> 平日里荒嬉无度对百姓敲骨吸髓，大难临头则东躲西藏如丧家之犬，你只敢对弱者龇牙吗？丢人现眼的废物！

李儇
> 💀

敲黑板

🔊　李治常年患有风疾（即卒中一类的心脑血管疾病），严重时头痛欲裂、眼睛无法视物，导致他无法独自处理政务。

🔊　据《资治通鉴》记载，884年黄巢兵败后，他的数十名姬妾被俘。李儇问她们："你们都是大户人家出身，国家待你们不薄，为什么委身于贼？"为首的女子答道："逆贼凶残，国家拥兵百万，连宗庙都守不住，弃长安、奔巴蜀。如今陛下责备我们这群女流不能拒敌，置那些公卿将帅于何地呢？"李儇无言以对，下令将她们全部处死。

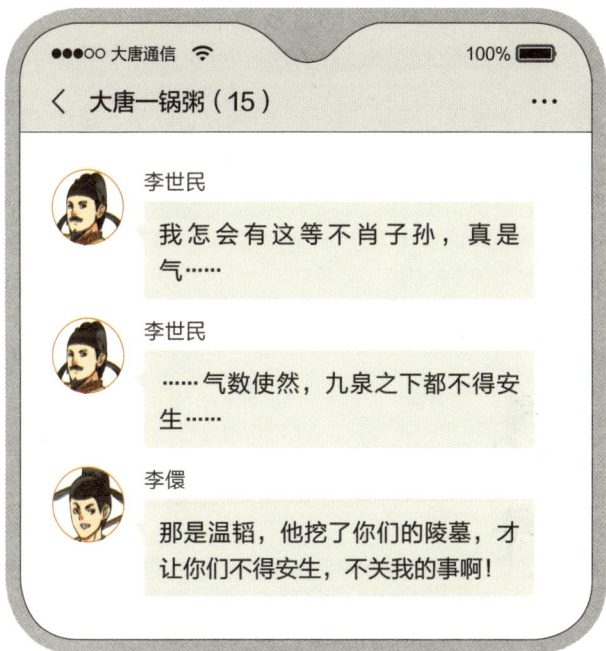

●●●○○ 大唐通信 📶　　　　　　100% 🔋

‹ 　大唐一锅粥（15）　　　　···

李世民
我怎会有这等不肖子孙，真是气……

李世民
……气数使然，九泉之下都不得安生……

李儇
那是温韬，他挖了你们的陵墓，才让你们不得安生，不关我的事啊！

●●●○○ 大唐通信 📶　　　　　　　100% 🔋

〈　大唐一锅粥（15）　　　　⋯

李世民

🫢 我们的……陵墓？！

李儇

是啊，唐朝十八帝陵，除了女皇和高宗的乾陵有金钟罩护体，其余的全被温韬挖了，陪葬物也毁得七七八八。

*李渊、李世民、李显、李旦、李隆基、李亨、李豫、李昂、李忱犹如五雷轰顶，感到天旋地转。

●●●○○ 大唐通信 📶　　　　　　　100% 🔋

〈　大唐一锅粥（15）　　　　⋯

李世民

温韬是谁？

李儇

他算是我手下的手下啦，但是不关我的事啊……

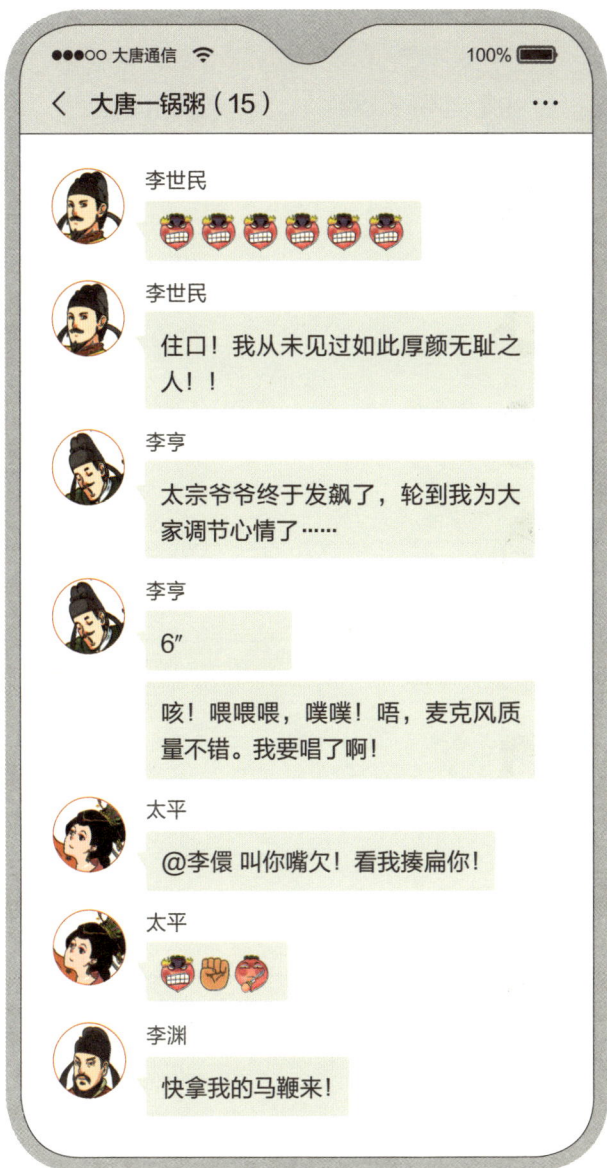

●●●○○ 大唐通信 🛜   100% 🔋

< 大唐一锅粥（15）   ···

李世民
😁😁😁😁😁😁

李世民
住口！我从未见过如此厚颜无耻之人！！

李亨
太宗爷爷终于发飙了，轮到我为大家调节心情了……

李亨
6″

咳！喂喂喂，噗噗！唔，麦克风质量不错。我要唱了啊！

太平
@李儇 叫你嘴欠！看我揍扁你！

太平
😁✊👊

李渊
快拿我的马鞭来！

📍
407

●●●○○ 大唐通信 📶   100% 🔋

< **大唐一锅粥（15）**   ···

李豫

我打头阵！

李世民

让我来！

李隆基

+1

李旦

+1

李显

+1

李昂

+1

李忱

+1

婉儿

🍅 哎，僖宗也真是的。人生那么短，偏要走捷径。

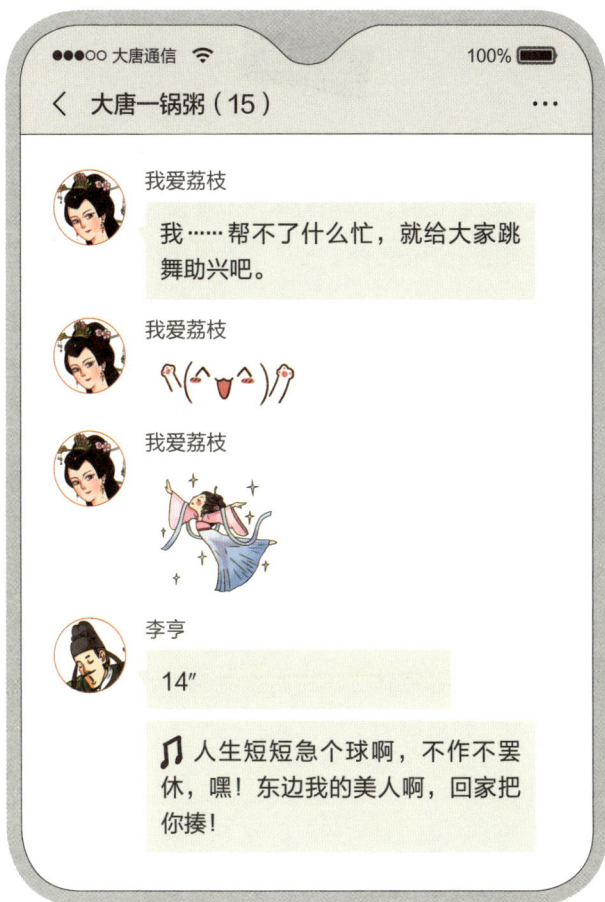

敲黑板

🔊 温韬是历史上破坏力最强的盗墓者。据北宋的官修史书《旧五代史》记载，温韬做耀州节度使期间，发掘了关中地区所有的唐朝帝王陵，搜罗了大量金银财宝、名家字画。北宋的官修史书《新五代史》补充记载了李治和武则天的乾陵是唯一没被挖掘的"幸存陵"。但此事历来存在争议。宋太祖赵匡胤曾诏令州县调查，认为关中被盗的唐陵有12座，尚有6座无恙。现代专家通过实地勘察，认为昭陵、桥陵等陵墓并未被盗。

🔊 温韬曾是李茂贞的部下，所以是李儇"手下的手下"。但他盗墓时李儇已逝世，所以确实和李儇关系不大。温韬的政治立场不定，曾在李茂贞、朱温之间反复叛变，后归降后唐，最终被后唐明宗赐死。

大唐最著名的两位高僧：

为求真理，舍生忘死

●●●○○ 大唐通信 📶   100% 🔋

〈 大唐一锅粥（15）   **···**

李渊

🐷 李儇这小子还挺扛揍。打了半天，他倒全须全尾的，反而世民被气得旧疾复发。

李隆基

坟被刨了能不气吗？陪葬品还有钟繇和王羲之的墨宝，全被温韬这混账给毁了！

李世民

😨

李亨

哎呀，身外之物，何必太过计较？

李世民

😣

李亨

最惨的是遗体被盗墓贼集体围观！

李世民

……

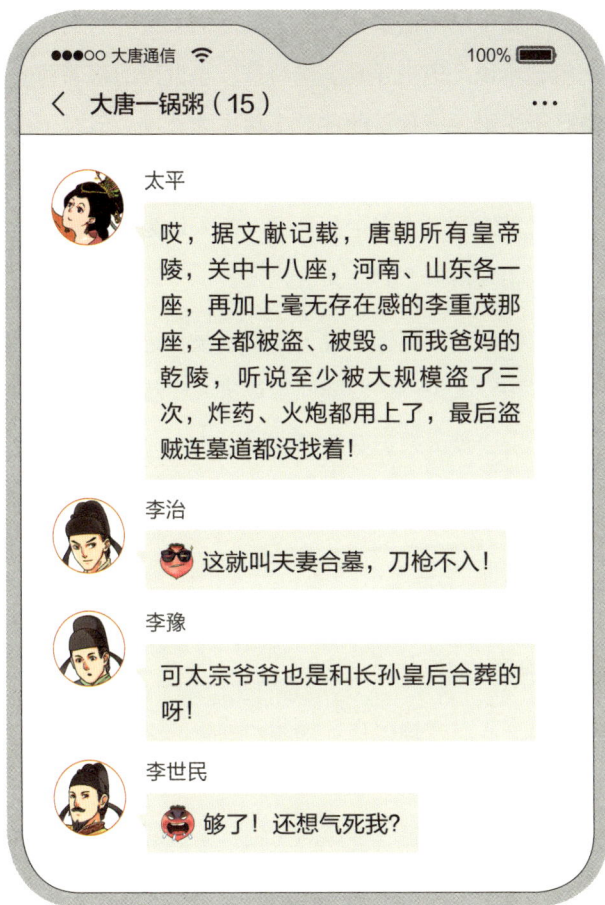

太平

哎，据文献记载，唐朝所有皇帝陵，关中十八座，河南、山东各一座，再加上毫无存在感的李重茂那座，全都被盗、被毁。而我爸妈的乾陵，听说至少被大规模盗了三次，炸药、火炮都用上了，最后盗贼连墓道都没找着！

李治

这就叫夫妻合墓，刀枪不入！

李豫

可太宗爷爷也是和长孙皇后合葬的呀！

李世民

够了！还想气死我?

敲黑板

据北宋官修的史书《旧五代史》记载，温韬从李世民的昭陵中盗走了书法家钟繇、王羲之的墨宝。唐朝刘悚创作的笔记小说《国史异纂》中写道，李世民的陪葬物中有号称"天下第一行草"的《兰亭集序》真迹。但对于这些陪葬字画的下落，历代学者的说法不一。有人认为它们散落人间（见宋朝《江南余载》），有人认为它们被温韬所毁（见元朝《衍极》的注文）。

◀ 据宋朝佚名的笔记小说《江南余载》记载，温韬的外甥郑玄素跟别人说，他曾随同温韬进入昭陵，见到了棺材中披散头发、被玉架护着的李世民遗体。

（郑玄素）尝入昭陵，见太宗散发以玉架卫之，两厢皆置石榻，有金匣五，藏锺、王墨迹，《兰亭》亦在其中，嗣是散落人间，不知归于何所。

——《江南余载》

◀ 关中十八唐帝陵包括：李渊的献陵、李世民的昭陵、李治和武则天的乾陵、李显的定陵、李旦的桥陵、李隆基的泰陵、李亨的建陵、李豫的元陵、李适的崇陵、李诵的丰陵、李纯的景陵、李恒的光陵、李湛的庄陵、李昂的章陵、李炎的端陵、李忱的贞陵、李漼的简陵、李儇的靖陵。此外，李晔的和陵在河南省洛阳市，李柷的温陵在山东省菏泽市。

◀ 陕西省武功县有一座陵墓，因为碑文消失，以讹传讹，从明朝开始就一直被认作是隋炀帝陵。直到2013年位于江苏省扬州市的真正隋炀帝墓出土后，经专家分析，这座陵墓的真正主人应该是唐少帝李重茂。

🔊　乾陵三次险些被盗的"元凶"分别是：

第一次，黄巢。据说黄巢动用大军挖了几日也没找到墓道口，只留下了一条40余米深的大沟，如今它被称作黄巢沟。但此事在正史中无详细记载，仅《旧唐书》中武将高骈给李儇的奏章中提到了黄巢曾毁陵，因此有学者认为此事不可信。

第二次，温韬。据北宋官修的史书《新五代史》记载，乾陵因风雨天气而免于被盗。

第三次，孙连仲（国民党将领）。据说民国初年，他率兵进驻乾陵，动用了炸药、火炮，仍未找到墓道口。

直到1958年，陕西省乾县的几个农民炸山取石，无意间炸出了乾陵的墓道口。省政府原拟进一步发掘，但周总理做出批示，要求暂停挖掘帝王陵。直到今天，乾陵尚未被正式打开。

李治
爸爸的暴脾气之前不是被人劝好了吗？要不让那人进群再劝一劝？

李世民
行。

李治
我知道那人是谁！一定是妈妈！

"李世民"邀请"玄奘"进入群聊

李治
......

李治
不要"男妈妈"！

玄奘
贫僧玄奘，参见各位陛下。

武则天
三藏法师。

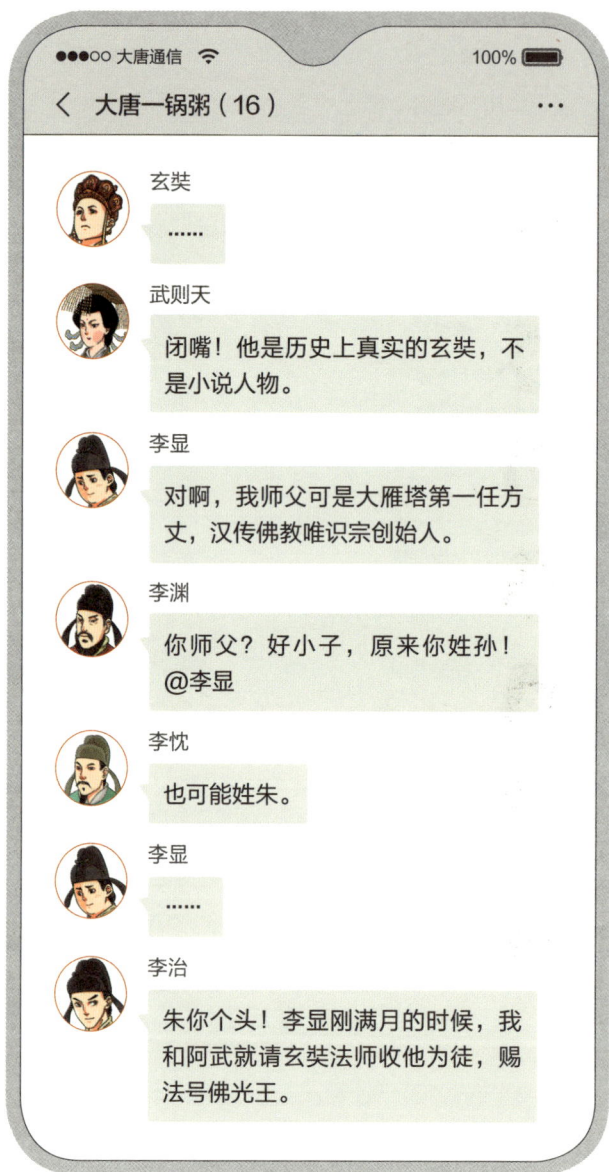

大唐一锅粥（16）

玄奘
……

武则天
闭嘴！他是历史上真实的玄奘，不是小说人物。

李显
对啊，我师父可是大雁塔第一任方丈，汉传佛教唯识宗创始人。

李渊
你师父？好小子，原来你姓孙！@李显

李忱
也可能姓朱。

李显
……

李治
朱你个头！李显刚满月的时候，我和阿武就请玄奘法师收他为徒，赐法号佛光王。

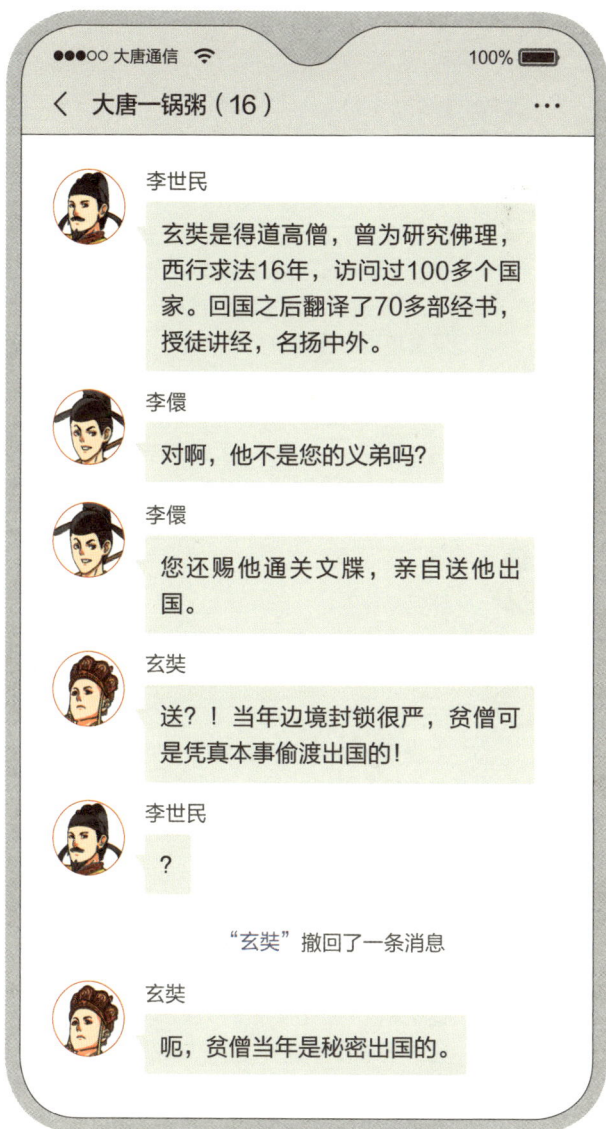

●●●○○ 大唐通信 📶　　　　　　100% 🔋

〈　大唐一锅粥（16）　　　　···

李世民

玄奘是得道高僧，曾为研究佛理，西行求法16年，访问过100多个国家。回国之后翻译了70多部经书，授徒讲经，名扬中外。

李儇

对啊，他不是您的义弟吗？

李儇

您还赐他通关文牒，亲自送他出国。

玄奘

送？！当年边境封锁很严，贫僧可是凭真本事偷渡出国的！

李世民

？

　　　　"玄奘"撤回了一条消息

玄奘

呃，贫僧当年是秘密出国的。

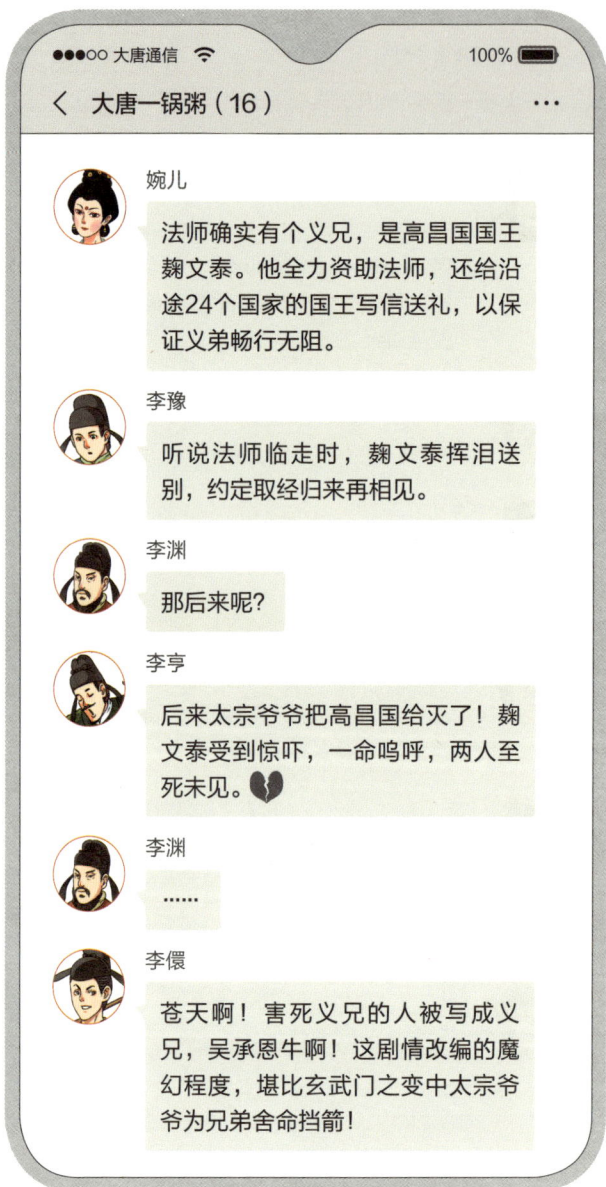

●●●○○ 大唐通信 📶　　　　　　　100% 🔋

〈　大唐一锅粥（16）　　　　　‧‧‧

婉儿

法师确实有个义兄，是高昌国国王麴文泰。他全力资助法师，还给沿途24个国家的国王写信送礼，以保证义弟畅行无阻。

李豫

听说法师临走时，麴文泰挥泪送别，约定取经归来再相见。

李渊

那后来呢？

李亨

后来太宗爷爷把高昌国给灭了！麴文泰受到惊吓，一命呜呼，两人至死未见。💔

李渊

⋯⋯

李儇

苍天啊！害死义兄的人被写成义兄，吴承恩牛啊！这剧情改编的魔幻程度，堪比玄武门之变中太宗爷爷为兄弟舍命挡箭！

●●●●○○ 大唐通信 📶　　　　　　　　100% 🔋

〈　大唐一锅粥（16）　　　　　　　…

李世民
······ 🍵

敲黑板

🔊　"三藏法师"是对精通佛教圣典中之经、律、论三藏者的尊称。玄奘曾在天竺摩揭陀国的那烂陀寺学习5年，最终被授予这个尊号（寺中仅有10人获此荣称）。因为他来自唐朝，所以也被称作"大唐三藏法师"，简称"唐三藏"。

🔊　据唐朝僧人慧立、彦悰（cóng）所著的传记《大唐大慈恩寺三藏法师传》记载，656年，武则天孕期抱恙，于是皈依三宝，请求神佛庇佑。玄奘说她不会有事，但如果生了男孩，希望能让他出家，李治马上答应了。后来武则天顺利生下李显，夫妇俩遵循诺言，请玄奘收他为弟子，法号佛光王。

🔊　玄奘遍谒诸师、广涉佛经，发现各宗说法不一，许多问题难以解释，于是决定去天竺深造。据《大唐大慈恩寺三藏法师传》记载，起初他联合一些僧人上表朝廷，奏请出国求学，但未获批准。这是因为当时李世民刚即位，正值唐和突厥冲突时期，政局不稳定，所以边关戒严，普通百姓不得出关。但玄奘决心已定，于是混入被特许出城的灾民群中，离开了长安，历尽波折后终于出关。

◀ 据《大唐大慈恩寺三藏法师传》记载，629年玄奘启程西行，途中来到高昌国。国王麴文泰是虔诚的佛教徒，听说唐朝来了一位精于佛法的高僧，连夜举办了隆重的欢迎仪式，之后不仅亲捧香炉迎请玄奘，还率领王妃、臣子们相继拜见，听他讲经说法。

麴文泰原本想拜玄奘为国师，让他常住高昌，但玄奘坚决不从，甚至绝食抗议，最后麴文泰只能放行，并提出三个条件：一是与玄奘结拜为兄弟；二是玄奘需在高昌停留一个月讲授《仁王般若经》；三是玄奘回国时要来高昌国留住三年。玄奘一一应允。

于是在玄奘讲经期间，麴文泰为他筹备了极充裕的钱财、衣帛、人马（有学者认为这笔盘缠接近高昌国库的一半积蓄），给沿途24个国家写了信函，请求他们对玄奘以礼相待，并派出卫队护送玄奘离开。643年玄奘从天竺返回，原本想先去高昌国，在途中却收到了高昌国灭亡、麴文泰病故的噩耗。

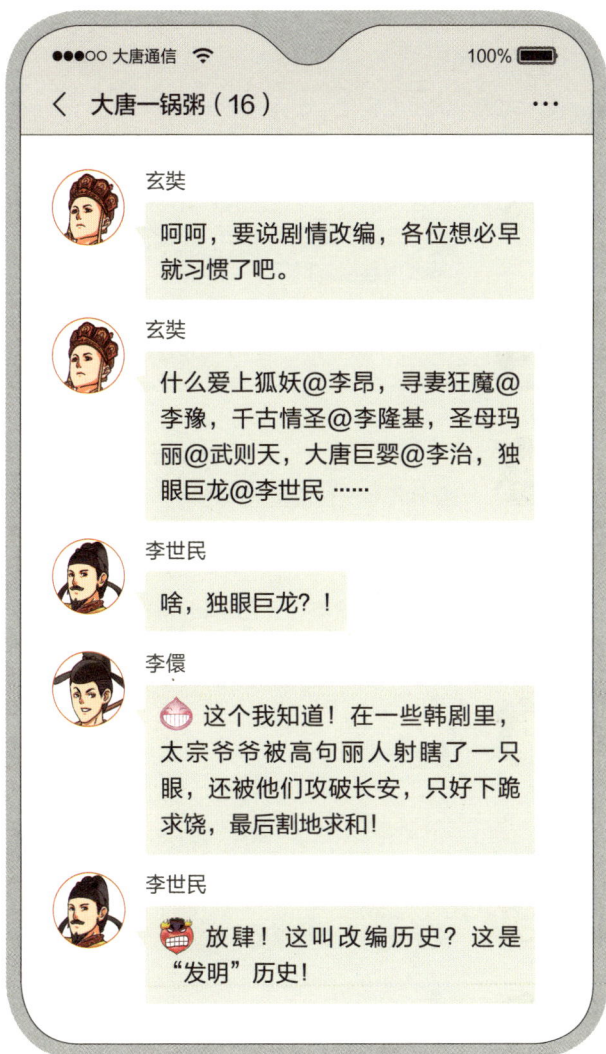

●●●○○ 大唐通信 📶　　　　　　　100% 🔋

〈　大唐一锅粥（16）　　　　　···

玄奘
> 呵呵，要说剧情改编，各位想必早就习惯了吧。

玄奘
> 什么爱上狐妖@李昂，寻妻狂魔@李豫，千古情圣@李隆基，圣母玛丽@武则天，大唐巨婴@李治，独眼巨龙@李世民……

李世民
> 啥，独眼巨龙？！

李儇
> 🏯 这个我知道！在一些韩剧里，太宗爷爷被高句丽人射瞎了一只眼，还被他们攻破长安，只好下跪求饶，最后割地求和！

李世民
> 😆 放肆！这叫改编历史？这是"发明"历史！

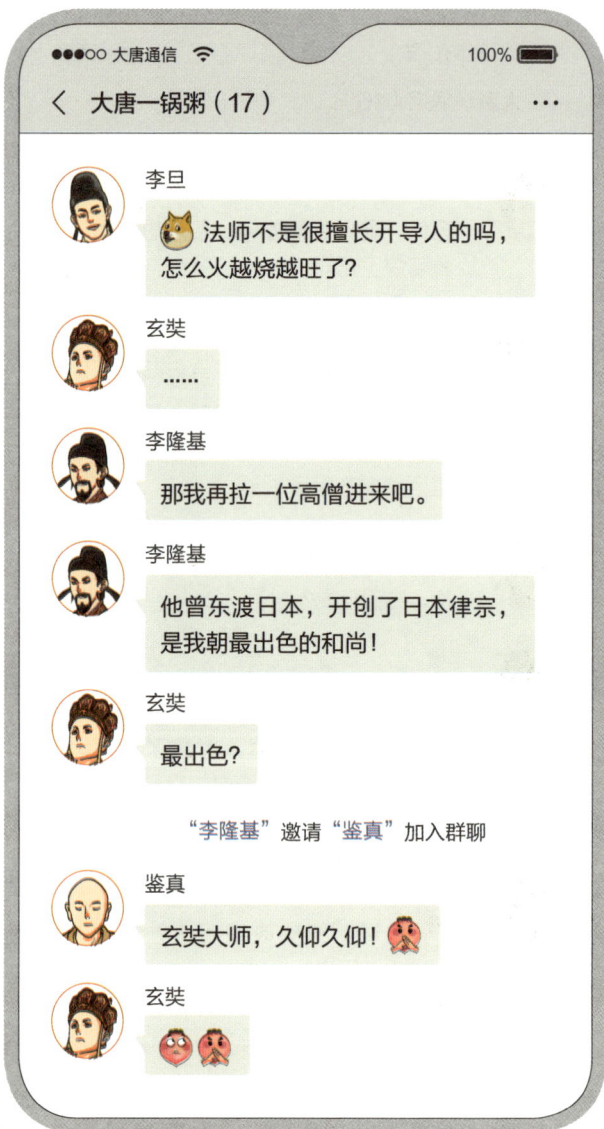

●●●○○ 大唐通信 📶　　　　　　　　100% 🔋

< 大唐一锅粥（17）　　　　　　⋯

李旦
> 🐕 法师不是很擅长开导人的吗，怎么火越烧越旺了？

玄奘
> ⋯⋯⋯

李隆基
> 那我再拉一位高僧进来吧。

李隆基
> 他曾东渡日本，开创了日本律宗，是我朝最出色的和尚！

玄奘
> 最出色？

"李隆基"邀请"鉴真"加入群聊

鉴真
> 玄奘大师，久仰久仰！ 🙇

玄奘
> 😊🙇

●●●○○ 大唐通信 🛜　　　　　　　100% 🔋

< 　大唐一锅粥（17）　　　　　···

鉴真

> 哇，群里这么多俊男美女，真是赏心悦目！

鉴真

> 等等，武宗陛下在吗？

李昂

> 别怕！我弟不在，没人敢灭佛，毕竟群里也有出家人。

敲黑板

🔊　律宗是中国的佛教宗派之一，创始人是唐朝僧人道宣。它因着重研习及传持戒律而得名，其教理分为戒法、戒体、戒行、戒相四科。754年，鉴真在日本当时的都城奈良的东大寺佛殿前筑坛授戒，弘布戒律，是为日本律宗之始，所以他被奉为日本律宗的初祖。

🔊　李昂所说的"我弟"指唐武宗李炎。李炎本人崇信道教，在他即位之初，佛教的盛行已造成严重的社会问题：

人们为逃避赋役而出家，导致僧尼和寺庙越来越多；由于寺庙土地不用纳税，僧人靠农民供养，导致国库亏损、阶级矛盾加重。因此，李炎在位期间（840—846）推行了一系列打压佛教的政策，没收寺院财产、拆寺庙、勒令僧尼还俗。因李炎的年号为会昌，所以史称"会昌灭佛"。

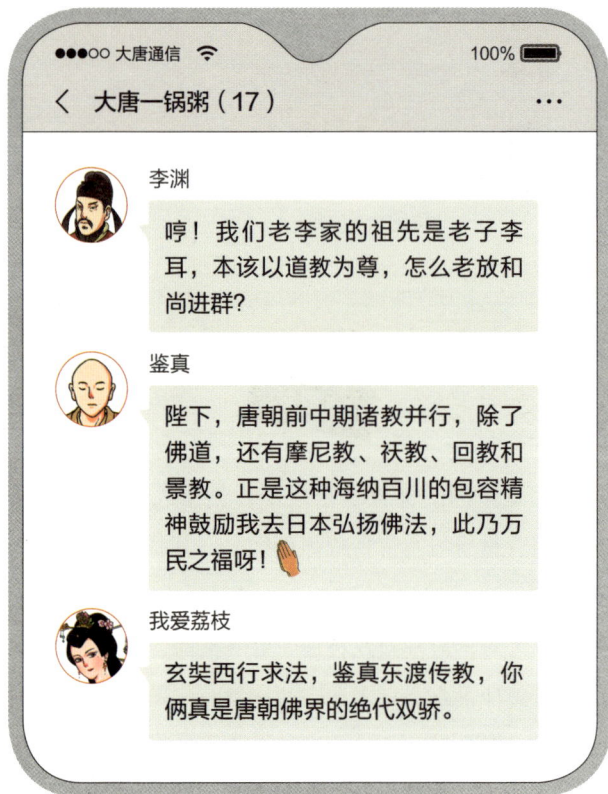

●●●○○ 大唐通信 📶   100% 🔋

‹   **大唐一锅粥（17）**   ···

李渊
> 哼！我们老李家的祖先是老子李耳，本该以道教为尊，怎么老放和尚进群？

鉴真
> 陛下，唐朝前中期诸教并行，除了佛道，还有摩尼教、袄教、回教和景教。正是这种海纳百川的包容精神鼓励我去日本弘扬佛法，此乃万民之福呀！🙏

我爱荔枝
> 玄奘西行求法，鉴真东渡传教，你俩真是唐朝佛界的绝代双骄。

●●●○○ 大唐通信 📶　　　　　100% 🔋

〈　大唐一锅粥（17）　　　···

我爱荔枝

ʕ(＾◡＾)ʔ

我爱荔枝

玄奘

只是佛界吗？贫僧所编写的《大唐西域记》是最早的印度历史书，也是西域各国的民俗志，对后世文学产生了深远影响。

李隆基

鉴真法师也是个全才啊！他在建筑、书画、饮食、医药等领域都颇有建树。

我爱荔枝

饮食？您会做什么好吃的呀？

我爱荔枝

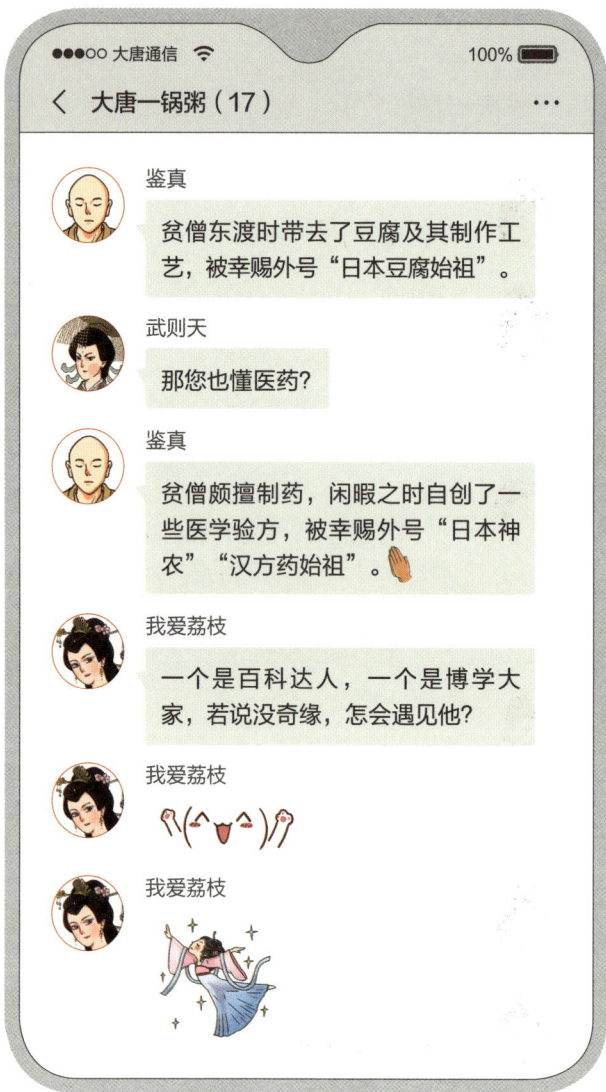

鉴真
贫僧东渡时带去了豆腐及其制作工艺，被幸赐外号"日本豆腐始祖"。

武则天
那您也懂医药？

鉴真
贫僧颇擅制药，闲暇之时自创了一些医学验方，被幸赐外号"日本神农""汉方药始祖"。🙏

我爱荔枝
一个是百科达人，一个是博学大家，若说没奇缘，怎会遇见他？

我爱荔枝
ᕙ(⌒ᴗ⌒)ᕗ

我爱荔枝

敲黑板

🔊　李渊崇信道教，尊老子为祖先，自称"神仙之苗裔"。625年，李渊下诏规定："老教、孔教，此土之基；释教后兴，宜崇客礼。今可先老，次孔，末后释宗。"以道教为首，儒教次之，佛教最后，确立了以道教为国教的基本国策。626年，他下达《沙汰佛道诏》，限制寺庙和僧人、道观和道士的数量。因同年发生玄武门之变，李渊提前退位，所以诏令未能彻底执行。

🔊　《大唐西域记》成书于646年，由玄奘口述，弟子辩机执笔，记述了玄奘西行路上的所见所闻，以及西域各国的气候、地形、建筑、饮食、婚姻、丧葬、信仰、医疗、音乐、舞蹈等风土民俗，是研究印度、乌兹别克斯坦、尼泊尔、巴基斯坦、孟加拉国、斯里兰卡等国家古代地理的重要材料。尤其对印度来说，《大唐西域记》几乎是研究其历史的最早文献。

🔊　日本豆腐的起源存在争议，有唐朝鉴真说、宋朝说、明朝说等。日本民间较流行鉴真说，认为豆腐是由鉴真从中国带来的。鉴真不仅在他居住的唐禅院、唐招提寺制作豆腐，供养四方僧众，还将制作方法传至民间。至今日本的豆制品业都将鉴真奉为祖师爷。

🔊 鉴真东渡时带去了大量药材，并向当地人传授药品的收藏、炮制、配用之法，留下不少医学验方，被弟子整理为《鉴上人秘方》（原书已佚，部分内容见载于日本的医药古籍）。另外，他还十分擅长鉴别药品的真伪优劣。据日本的官修史书《续日本纪》记载，鉴真赴日后虽已失明，但仍能通过手摸、鼻嗅、口嚼等方式准确分辨药品的材质。

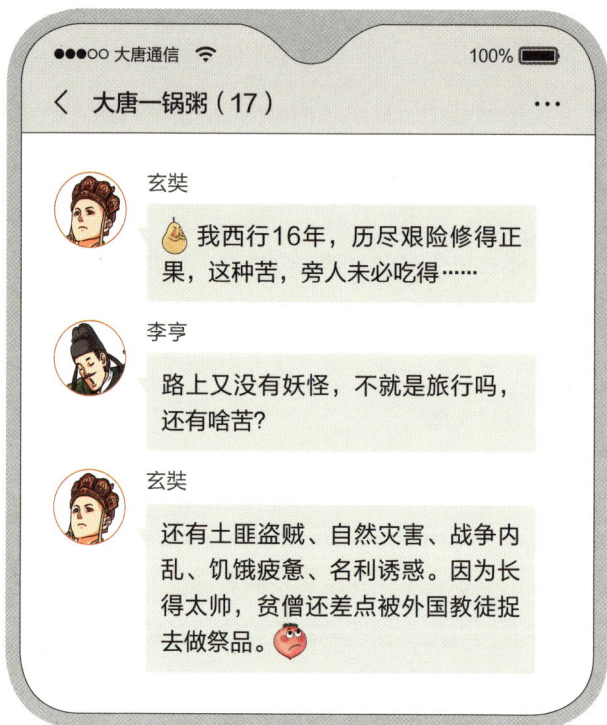

●●●○○ 大唐通信 📶　　　　　　　100% 🔋

‹ 　大唐一锅粥（17）　　　　　　···

玄奘
我西行 16 年，历尽艰险修得正果，这种苦，旁人未必吃得……

李亨
路上又没有妖怪，不就是旅行吗，还有啥苦？

玄奘
还有土匪盗贼、自然灾害、战争内乱、饥饿疲惫、名利诱惑。因为长得太帅，贫僧还差点被外国教徒捉去做祭品。

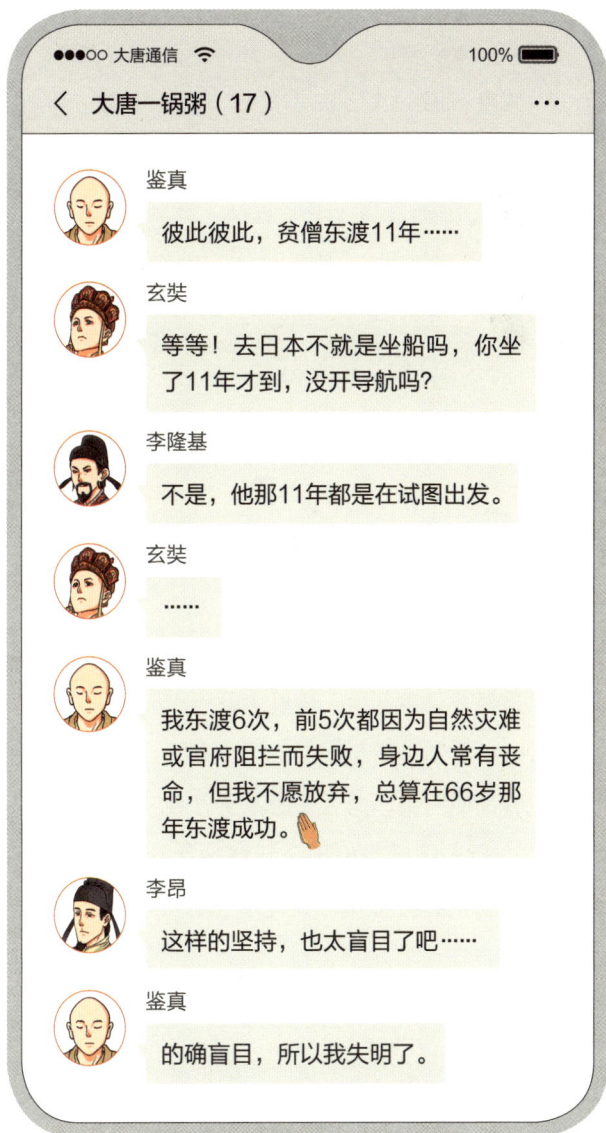

●●●○○ 大唐通信 📶　　　　　　100% 🔋

‹　大唐一锅粥（17）　　　　···

鉴真
彼此彼此，贫僧东渡11年……

玄奘
等等！去日本不就是坐船吗，你坐了11年才到，没开导航吗？

李隆基
不是，他那11年都是在试图出发。

玄奘
……

鉴真
我东渡6次，前5次都因为自然灾难或官府阻拦而失败，身边人常有丧命，但我不愿放弃，总算在66岁那年东渡成功。🙏

李昂
这样的坚持，也太盲目了吧……

鉴真
的确盲目，所以我失明了。

●●●○○ 大唐通信 📶　　　　　　　　100% 🔋

〈　大唐一锅粥（17）　　　　…

太平
……

太平

你看不见啊？ 😠 那还夸我们好
看!

敲黑板

🔊 玄奘的取经之路从长安起，先往西北方向走，穿越河
西走廊，途经吐鲁番盆地、塔里木盆地，登帕米尔高原，
行至今天的乌兹别克斯坦一带，再往南行。途中既有盆地
沙漠，也有高原雪山。据《大唐大慈恩寺三藏法师传》记
载，玄奘一行人翻越凌山（今新疆乌什县西北别迭里山
口）时曾遇雪崩，干粮尽失，花了7天才出山，同行30多
人死伤近半。

🔊 据《大唐大慈恩寺三藏法师传》记载，玄奘曾在恒河
被一伙强盗包围。他们是突伽天神的信徒，见玄奘容貌端
正，就准备把他杀了，当作秋祭的供品，以求天神赐福。

可就在动手之际，突然黑风四起、折树飞沙，最终强盗们
被吓退。

🔊　据日本真人元开所写的传记《唐大和上东征传》记
载，742年，遣唐使中的日僧荣睿和普照在扬州大明寺拜
谒鉴真，劝他同去日本，帮助当地人建立正规的授戒制
度，并传授经法。时年54岁的鉴真答允了东渡之邀，其
座下21位弟子亦愿随同。此后从743年开始，鉴真率弟子
先后5次东渡，因自然灾害或政府阻拦均告失败，日僧荣
睿和弟子祥彦先后逝世，鉴真也因眼疾而双目失明。753
年，鉴真与弟子们进行第6次东渡，终于搭上了遣唐使的
船，在754年抵达日本奈良，那时他已66岁高龄。

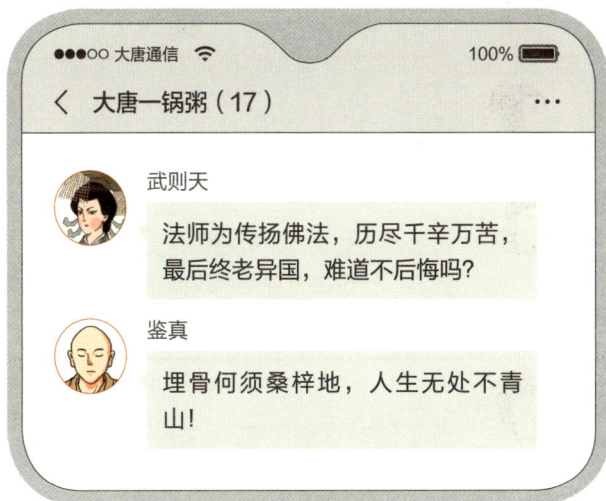

●●●○○ 大唐通信 📶　　　　　　　　100% 🔋

< 　大唐一锅粥（17）　　　　　　···

👤 武则天

> 法师为传扬佛法，历尽千辛万苦，
> 最后终老异国，难道不后悔吗？

👤 鉴真

> 埋骨何须桑梓地，人生无处不青
> 山！

●●●○○ 大唐通信 🛜 100% 🔋

〈 大唐一锅粥（17） ⋯

玄奘

🍅

玄奘

为了心中的理想，吃千般苦，行万里路！我懂你。🤝🤝

太平

曲高和寡，知音难逢。真羡慕他们哦！

婉儿

羡慕什么？你还有我呀！🐢

太平

🍑

李世民

可惜两位高僧，一位被现代人渐渐遗忘，一位被各种作品改编得几乎面目全非。

玄奘

各位不也承受着同样的压力吗？

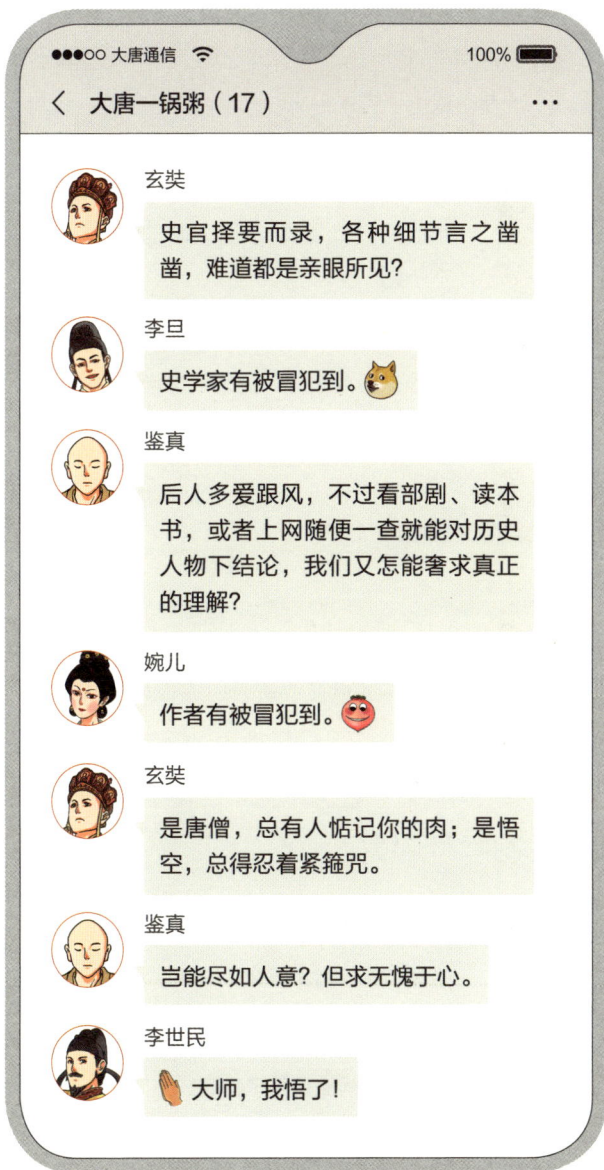

●●●○○ 大唐通信 📶　　　　　　100% 🔋

〈　大唐一锅粥（17）　　···

玄奘
史官择要而录，各种细节言之凿凿，难道都是亲眼所见？

李旦
史学家有被冒犯到。🐶

鉴真
后人多爱跟风，不过看部剧、读本书，或者上网随便一查就能对历史人物下结论，我们又怎能奢求真正的理解？

婉儿
作者有被冒犯到。😳

玄奘
是唐僧，总有人惦记你的肉；是悟空，总得忍着紧箍咒。

鉴真
岂能尽如人意？但求无愧于心。

李世民
🙏 大师，我悟了！

●●●○○ 大唐通信 📶　　　　100% 🔋

‹ 大唐一锅粥（17）　　　　···

玄奘
那就好。@鉴真 小鉴，咱们饮茶去! ☕

武则天
等等! 鉴真法师，我单独加您了，等会私聊。

鉴真
遵命。

* 武则天的话让群成员一齐陷入了沉默……

●●●○○ 大唐通信 📶　　　　100% 🔋

‹ 大唐一锅粥（17）　　　　···

李渊
@李治 你就不说点啥?

李治
说什么? 阿武是为了我啊!

📍
436

●●●○○ 大唐通信 📶　　　　　　　100% 🔋

< 　大唐一锅粥（17）　　　　　　···

武则天

🤓 孙思邈这个失踪狂，根本就不在终南山！陛下的风疾还没全好，我看这鉴真有两下子，想让他先帮陛下治治。

李旦

原来你们上次重阳节去终南山，是为了找药王孙思邈啊。妈妈对爸爸可真好。🐕

李治

毕竟是我的阿武！

李治

四海列国，千秋万代，就只有这一个阿武。🌹

李世民

🐵 经典台词不要乱抄！

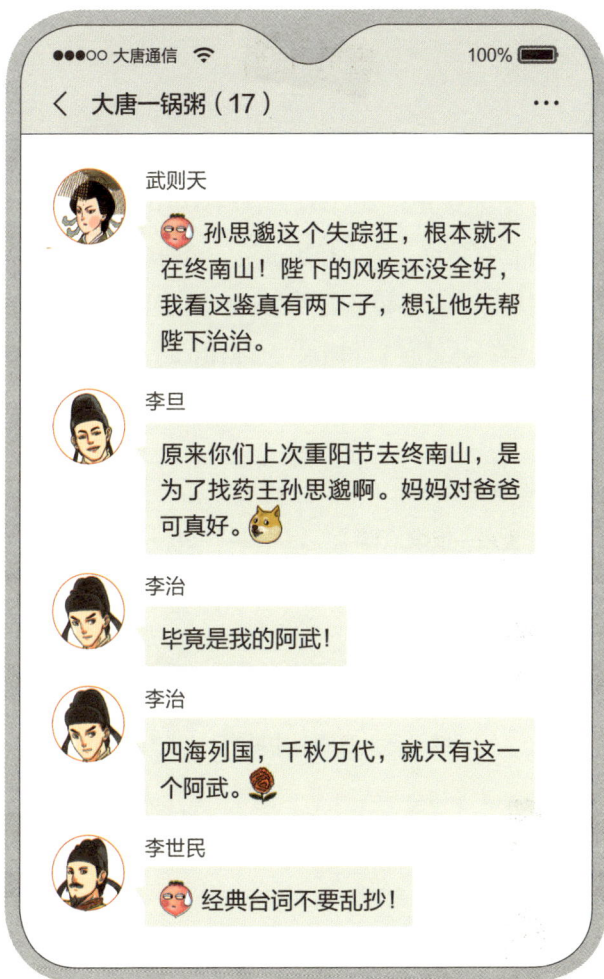

＊李治的话改编自金庸经典武侠作品《天龙八部》。

敲黑板

🔊 孙思邈是唐朝著名的医学家、道士，代表作有《千金要方》《千金翼方》等，被后人尊称为"药王"。他的出生年份存在争议，至少经历过隋、唐两朝，卒于682年（李治一朝）。在各种笔记小说（如唐朝杜光庭的《仙传拾遗》）中，孙思邈常年隐居于终南山。

●●●○○ 大唐通信 📶　　　　　　100% 🔋

‹ 大唐一锅粥（17）　　　　　···

李渊
好了，都聊了这么多了，鉴于晚唐的皇帝没到齐，大家用一个词来总结一下大唐的前中期吧！

李世民
竞聘上岗。👌

李治
率性自由。🌞

武则天
打破常规！🍺

〈　大唐一锅粥（17）　　　　···

李昂

> 不甘人后！👊

李忱

> 一往无前。👊

李儇

> 特别能打······ 🎪

李渊

> 说得好！🤝

李渊

> 积极进取，朝气蓬勃，这就是咱们唐人的精气神！

李隆基

> 所以文学界有李白、杜甫这样的歌者，写下恣肆汪洋、绚丽多彩的诗篇。🎁

李治

> 佛学界有玄奘、鉴真这样的勇士，为求真理而舍生忘死。❤️

●●●○○ 大唐通信 📶　　　　　100% 🔋

〈　大唐一锅粥（17）　　　　···

武则天

朝堂内外人才辈出，文能提笔安天下，武能上马定乾坤。🍑

李世民

要论风华绝代，引领风骚，且看我盛世大唐。🎆🎆🎆

小剧场　上元诗会

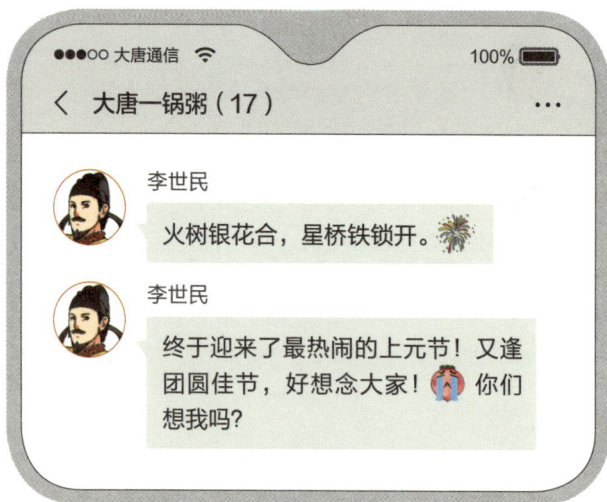

●●●○○ 大唐通信 📶　　　　　　　100% 🔋

〈　大唐一锅粥（17）　　　　　　…

李世民
火树银花合，星桥铁锁开。🎆

李世民
终于迎来了最热闹的上元节！又逢团圆佳节，好想念大家！🧑 你们想我吗？

* 半个小时过去了……

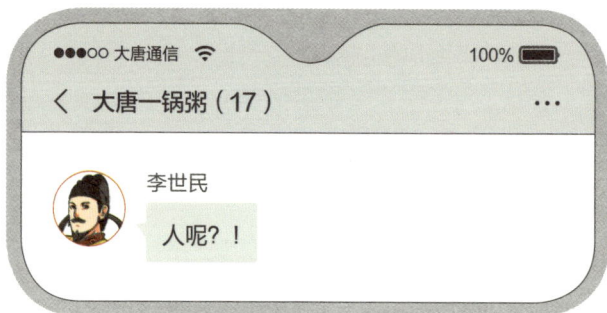

●●●○○ 大唐通信 📶　　　　　　　100% 🔋

〈　大唐一锅粥（17）　　　　　　…

李世民
人呢？！

📍

442

●●●○○ 大唐通信 📶　　　　　　100% 🔋

‹　大唐一锅粥（17）　　　　⋯

李世民
这个群是废掉了吗？

太平
爷爷，看我的！

太平
🧧 恭喜发财，大吉大利
红包

群红包提醒："太平"刚刚发了一个价值888贯开元通宝的红包！（点击可前往设置取消该提醒）

太平
😡 李隆基，你那么有钱还抢我的红包！

李隆基
什么叫抢啊？

李隆基
我可是第一个把上元节定为国家法定假日的皇帝，特许百姓放灯，彻夜庆祝。难道不该奖励一下？

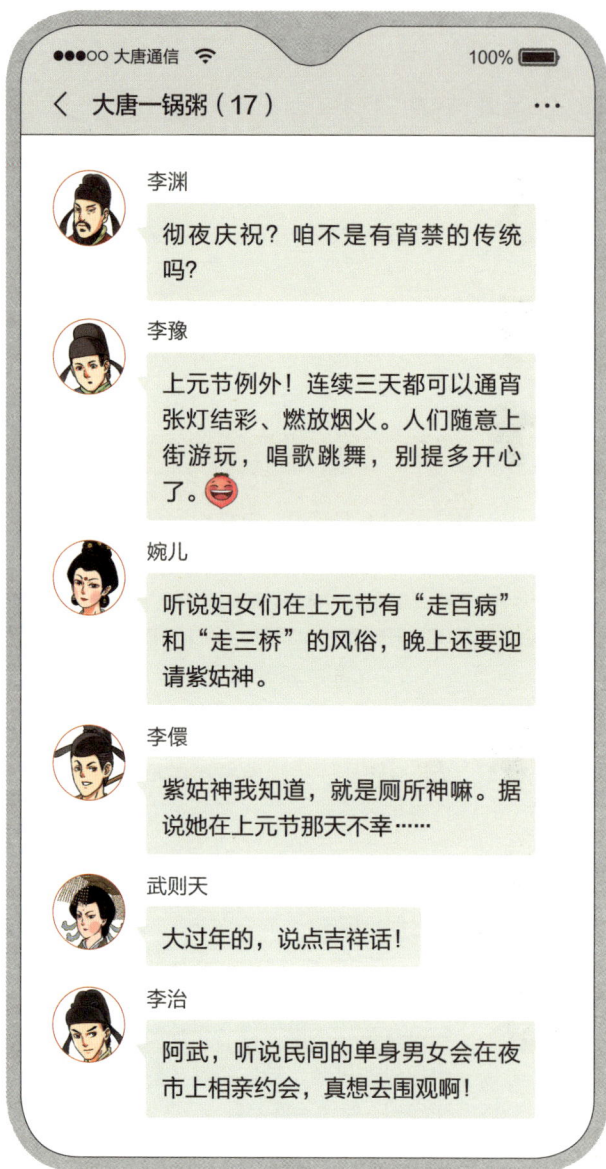

●●●○○ 大唐通信 📶　　　　　　　100% 🔋

〈　大唐一锅粥（17）　　　　⋯

李渊

彻夜庆祝？咱不是有宵禁的传统吗？

李豫

上元节例外！连续三天都可以通宵张灯结彩、燃放烟火。人们随意上街游玩，唱歌跳舞，别提多开心了。😆

婉儿

听说妇女们在上元节有"走百病"和"走三桥"的风俗，晚上还要迎请紫姑神。

李儇

紫姑神我知道，就是厕所神嘛。据说她在上元节那天不幸……

武则天

大过年的，说点吉祥话！

李治

阿武，听说民间的单身男女会在夜市上相亲约会，真想去围观啊！

●●●○○ 大唐通信 📶 100% 🔋

‹ 大唐一锅粥（17） ⋯

李治
😳可惜皇帝只能在宫里赐宴观灯，听那些老掉牙的贺词。

太平
哎，不当皇帝真好啊！

太平
爸爸妈妈，三哥四哥，你们就待在宫里自个儿玩吧。婉儿，今晚陪我出门看帅哥！😍

婉儿
⋯⋯⋯

李显
婉儿，你去吧！我没事，我可以。🍙

李旦
🐕唐朝群都建立这么久了，却没有人记得上官是我哥@李显 的妃嫔。

婉儿
……

李显
……

太平
只是去看看嘛，杨贵妃也一起去呗！欸，她人呢？

李隆基
咱唐朝的上元节都会举行拔河比赛嘛。环环今天闲着没事，就跑去参加了，还连赢了好几场。😎

李昂
哇，力气那么大！😊 果然平时没白吃。

李忱
你忘了上次她在音乐会上差点把羯鼓给打穿，连琵琶都弹断两把！

●●●○○ 大唐通信 📶　　　　　　100% 🔋

< 大唐一锅粥（17）　　　　　　**⋯**

李儇
> 对，而且杨贵妃最后弹的那支曲子太感人了。😭 妈呀，可以用一句诗来形容！

我爱荔枝
> ᕦ(ˆ▾ˆ)ᕤ

我爱荔枝
> 哪句呀？

李儇
> 凄凄不似向前声，满座重闻皆咽气！

我爱荔枝
> ……

李渊
> 😡 是"皆掩泣"！今天要是吟诗，铁定会被李儇破坏气氛。

李世民
> 那就简单点，这次吟诗的主题就定为"开心"吧！

📍
447

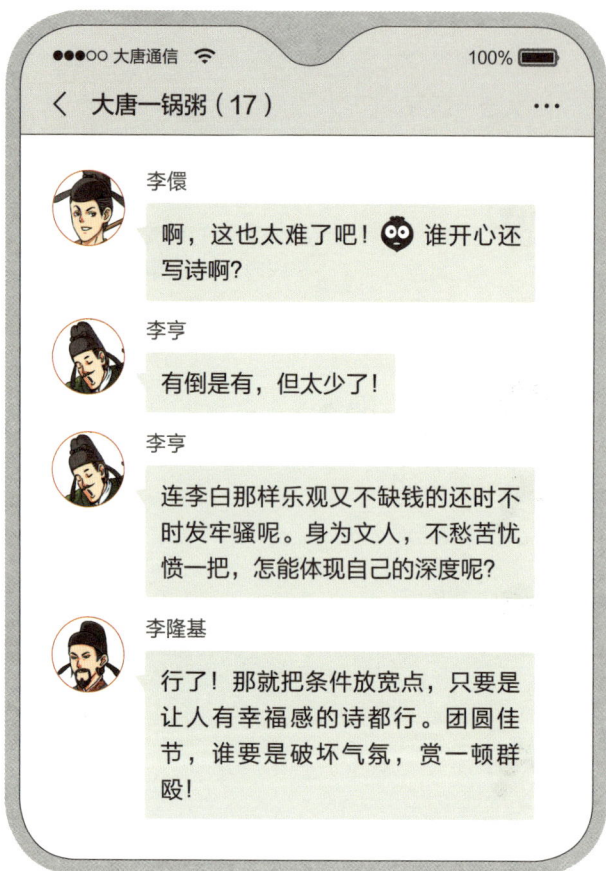

敲黑板

🔊　唐朝施行严格的宵禁制度，夜晚非特殊情况不能在街上走动，否则就是"犯夜"，据唐朝官修的刑事法典《唐律疏议》规定，犯夜者要受到"笞二十"的惩罚。

🔊　上元的节俗，最迟在魏晋南北朝时产生，在唐朝得到了进一步发展。据《旧唐书》记载，744年，李隆基诏令全国在每年的正月十五及其前后各一天，开坊市门燃灯，以法律形式确保了上元灯会习俗的延续。

（天宝三年）癸丑，每载依旧取正月十四日、十五日、十六日开坊市门燃灯，永以为常式。

——《旧唐书》

🔊　"走百病"和"走三桥"是指上元之夜，妇女们一同外出行走，经过三座桥才能停下，这样就能够祛除疾病，是一种祈求健康的活动。这种风俗盛于明清，但在唐朝已具雏形。据唐朝张鷟的笔记小说《朝野佥载》记载，713年正月十五、十六日，官府挑选了宫女和民间少女在灯轮下踏歌三日，欢乐无比。

🔊　唐朝民间有上元夜迎请紫姑神的风俗，妇女们在纪念她的同时，也会进行占卜活动以预测诸事吉凶。据唐朝的笔记小说《显异录》记载，紫姑原名何媚，是寿阳人李景的小妾。李景的正妻妒恨她，在正月十五那天将她杀死在厕所中。玉帝同情何媚的遭遇，于是任命她为厕神。

🔊 拔河又称牵钩，据说起源于春秋时期，在唐朝盛极一时，是上元节、清明节的重要节俗。唐朝封演的笔记小说《封氏闻见记》就记载过上元节的民间拔河赛。拔河在当时还有祈求丰年、对外展示国力的作用，所以人越多越好，李隆基就举办过千人拔河比赛。另外，唐朝也有女子拔河活动，据《新唐书》记载，709年，李显和韦皇后曾一同观看宫女拔河。

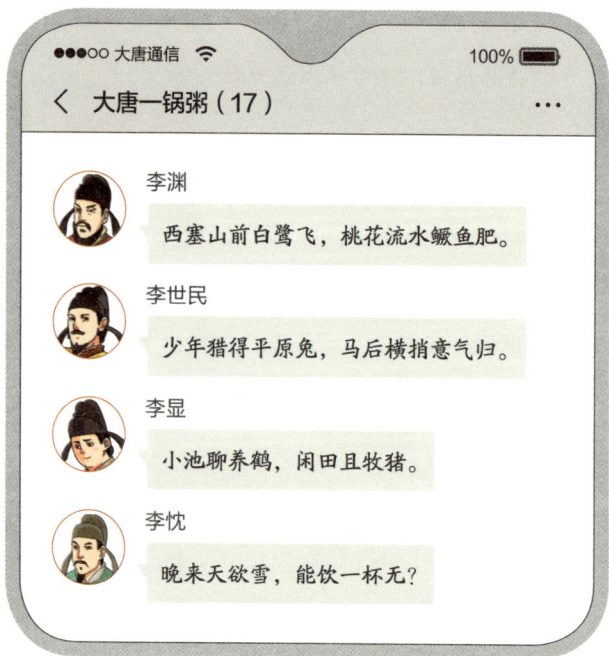

●●●○○ 大唐通信 📶　　　　　　　　100% 🔋

< 大唐一锅粥（17）　　　　　　···

李渊
> 西塞山前白鹭飞，桃花流水鳜鱼肥。

李世民
> 少年猎得平原兔，马后横捎意气归。

李显
> 小池聊养鹤，闲田且牧猪。

李忱
> 晚来天欲雪，能饮一杯无？

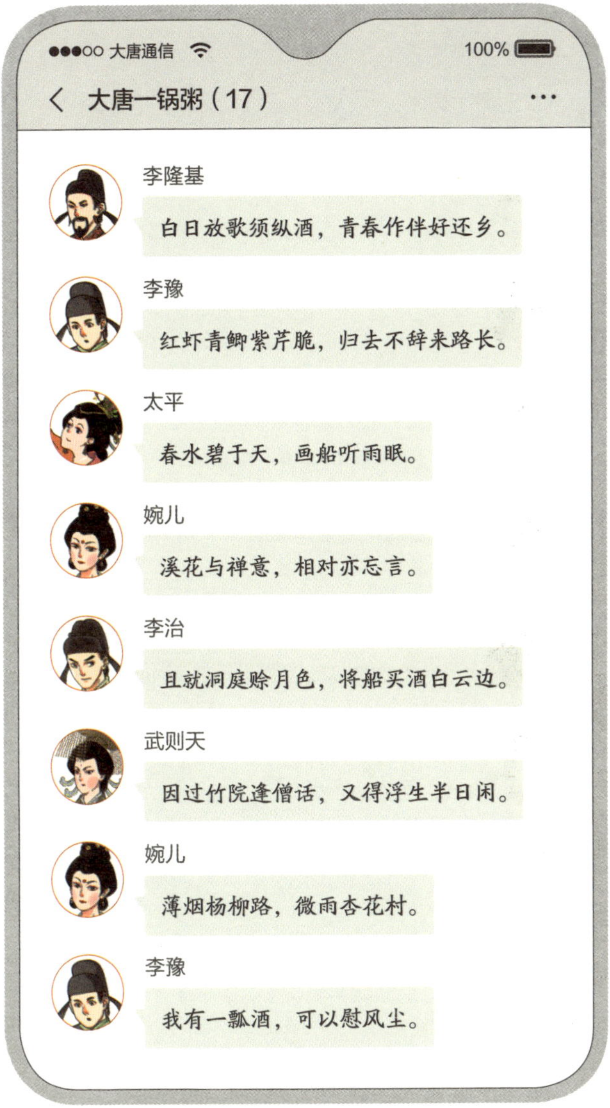

●●●○○ 大唐通信 📶　　　　　　　　100% 🔋

< 　大唐一锅粥（17）　　　　　　···

李隆基

> 白日放歌须纵酒，青春作伴好还乡。

李豫

> 红虾青鲫紫芹脆，归去不辞来路长。

太平

> 春水碧于天，画船听雨眠。

婉儿

> 溪花与禅意，相对亦忘言。

李治

> 且就洞庭赊月色，将船买酒白云边。

武则天

> 因过竹院逢僧话，又得浮生半日闲。

婉儿

> 薄烟杨柳路，微雨杏花村。

李豫

> 我有一瓢酒，可以慰风尘。

●●●○○ 大唐通信 📶　　　　100% 🔋

〈　大唐一锅粥（17）　　　⋯⋯

李昂
> 厌听秋猿催下泪，喜闻春鸟劝提壶。

我爱荔枝
> 妆罢低声问夫婿，画眉深浅入时无。

李隆基
> 逐舞飘轻袖，传歌共绕梁。

李旦
> 故溪黄稻熟，一夜梦中香。

太平
> 留连戏蝶时时舞，自在娇莺恰恰啼。

李世民
> 人生如此自可乐，岂必局束为人靰？

李亨
> 今日听君歌一曲……

李儇
> 路上行人欲断魂！

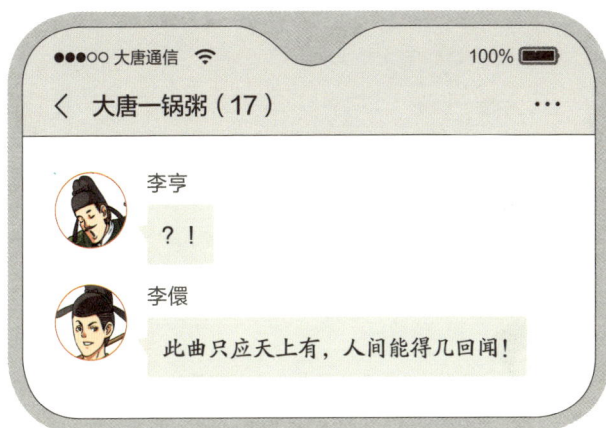

●●●○○ 大唐通信 🛜　　　　　100% 🔋

〈　大唐一锅粥（17）　　　⋯

李亨
？！

李儇
此曲只应天上有，人间能得几回闻！

* 群成员纷纷为李儇的"急中生智"热烈鼓掌。

●●●○○ 大唐通信 🛜　　　　　100% 🔋

〈　大唐一锅粥（17）　　　⋯

李隆基
这也能给你圆上！🍑

李儇
🍑🍑🍑

李治
难得这么和谐，今晚咱们一家人别再分开了，一起吃顿团圆饭吧。❤️

●●●○○ 大唐通信 📶   100% 🔋

〈　大唐一锅粥（17）　　　···

武则天
> 陛下不是想出门吗？吃完饭，大家一起去看花灯！

武则天
> 不行就乔装打扮，微服出游！反正这事儿李显也干过。

李显
> ······

李世民
> @李渊 爸爸，您觉得怎样？

李渊
> 🍑 不愧是武氏，真是胆大包天！

李渊
> 不过……倒也不是不行！

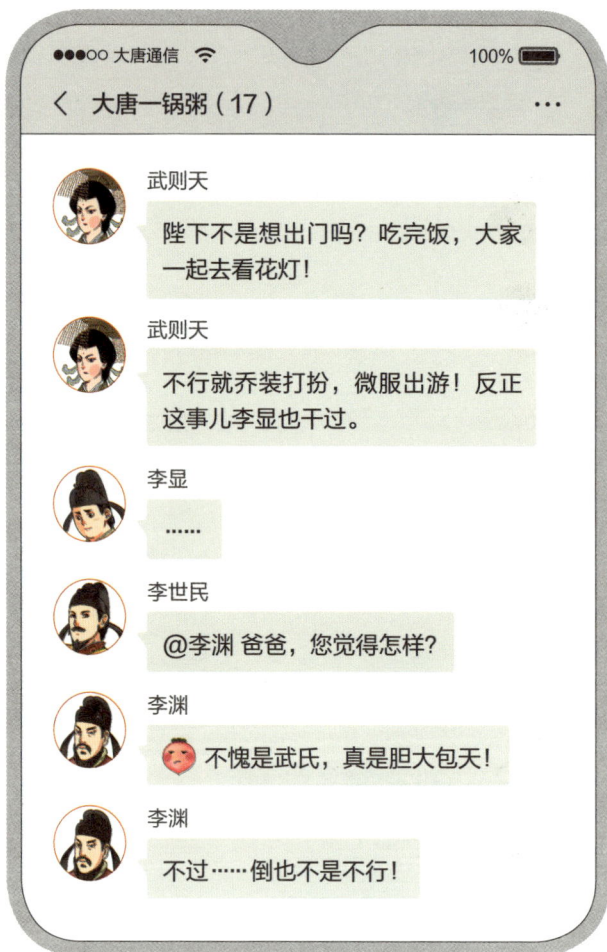

* 得到李渊的批准，群成员纷纷激动又兴奋。

●●●○○ 大唐通信 🛜　　　　　　100% 🔋

< 大唐一锅粥（17）　　　　　⋯

我爱荔枝
太好啦！三郎，今晚我要吃好多的面茧和焦圈！

我爱荔枝
🎵✨🎵

李隆基
好好好，我让小高去买……

李亨
你们先去吃饭吧，@李儇 留下！

李儇

李亨
你刚才对的诗，是在夸我唱歌好听吗？

李儇
我……

●●●○○ 大唐通信 🛜   100% 🔋

〈 大唐一锅粥（17）   ···

李亨
> 那我就大发慈悲，为你单独开一场
> 演唱会！不听完不准走哦！

李亨
> 3″

> 咳咳，我开始了啊！

李俨
> ……

敲黑板

🔊   李渊所吟，出自张志和的词。这首词寥寥数笔，描绘出一幅色彩明艳、生动活泼的江南水乡渔歌图，寄托了作者对大自然的热爱和对归隐江湖的向往，充满了质朴清新的生活气息。

渔歌子

西塞山前白鹭飞，桃花流水鳜鱼肥。

青箬笠，绿蓑衣，斜风细雨不须归。

◀） 李忱所吟，出自白居易之手。这是一首招呼友人冬日共饮的小诗，浅白通俗而情谊深长。红绿相映，有色彩差，炉暖天冷，有温度差。读来如临其境，充满了亲切温馨之意。

问刘十九

绿蚁新醅酒，红泥小火炉。

晚来天欲雪，能饮一杯无？

* 绿蚁：新酿的米酒未滤清时，酒面会浮起酒渣，其色微绿、细如蚁，所以被称作"绿蚁"。醅：没有过滤的酒。

◀） 李隆基第一次所吟，出自杜甫的诗。

闻官军收河南河北

剑外忽传收蓟北，初闻涕泪满衣裳。

却看妻子愁何在，漫卷诗书喜欲狂。

白日放歌须纵酒，青春作伴好还乡。

即从巴峡穿巫峡，便下襄阳向洛阳。

763年，唐军大败安史叛军，收复河南。史思明之子史朝义败走河北，兵败自杀，安史之乱终于结束。流落他乡的杜甫乍闻此讯，欣喜若狂，一挥而就，完成了这首"生平第一快诗"。

🔊 李豫第二次所吟，出自韦应物的诗。

简卢陟

可怜白雪曲，未遇知音人。

恓惶戎旅下，蹉跎淮海滨。

涧树含朝雨，山鸟哢馀春。

我有一瓢酒，可以慰风尘。

这是韦应物写给外甥卢陟的诗，抒写舅甥二人寂寞漂泊的感伤之情。结尾两句表达了失意潦倒中的一丝希望和寄托，"风尘"指行旅的艰辛劳顿，也有人认为包含了国家动荡、战乱频仍之意。这两句近年曾被改为"我有一壶酒，足以慰风尘"，风靡网络，引发人们的争相接续。

🔊 太平公主第二次所吟，出自杜甫的诗。

江畔独步寻花

黄四娘家花满蹊，千朵万朵压枝低。

留连戏蝶时时舞，自在娇莺恰恰啼。

　　这是杜甫饱经离乱后，寓居成都草堂时期的作品。全诗色彩浓丽，无一字直抒胸臆，而是通过繁花满枝与蝶舞莺歌的美景衬托诗人愉悦明快的心情，极富感染力。

◀» 　李亨所吟，出自刘禹锡的诗。826年，被贬多年的刘禹锡和白居易在扬州初次相逢，席间，白居易作诗相赠，这首是刘禹锡的回赠之作。诗中虽有恍如隔世、自叹衰沦的感伤，但也寄寓了新陈代谢、时代进步的辩证观点，结尾处呼友举杯、重新振奋，更体现了诗人坚韧不拔、乐观豁达的意志与襟怀。

酬乐天扬州初逢席上见赠

巴山楚水凄凉地，二十三年弃置身。

怀旧空吟闻笛赋，到乡翻似烂柯人。

沉舟侧畔千帆过，病树前头万木春。

今日听君歌一曲，暂凭杯酒长精神。

◀» 　上元联诗中其他诗句出处：

诗句	出处	作者
少年猎得平原兔，马后横捎意气归。	《观猎》	王昌龄
小池聊养鹤，闲田且牧猪。	《田家》	王绩

续表

诗句	出处	作者
红虾青鲫紫芹脆， 归去不辞来路长。	《沧浪峡》	许浑
春水碧于天， 画船听雨眠。	《菩萨蛮》	韦庄
溪花与禅意， 相对亦忘言。	《寻南溪常山道人隐居》	刘长卿
且就洞庭赊月色， 将船买酒白云边。	《游洞庭湖》	李白
因过竹院逢僧话， 又得浮生半日闲。	《题鹤林寺僧舍》	李涉
薄烟杨柳路， 微雨杏花村。	《下第归蒲城墅居》	许浑
厌听秋猿催下泪， 喜闻春鸟劝提壶。	《早春闻提壶鸟因题邻家》	白居易
妆罢低声问夫婿， 画眉深浅入时无。	《近试上张籍水部》	朱庆馀
逐舞飘轻袖， 传歌共绕梁。	《奉和咏风应魏王教》	虞世南
故溪黄稻熟， 一夜梦中香。	《江行无题》	钱珝
人生如此自可乐， 岂必局束为人靰？	《山石》	韩愈
路上行人欲断魂。	《清明》	杜牧
此曲只应天上有， 人间能得几回闻？	《赠花卿》	杜甫

◀» 　据《旧唐书》记载，710年的上元节夜，李显和韦皇后微服出巡，偷偷在街上逛灯会。同时，李显还放了数千名宫女出门观灯，结果有些人趁机与情郎私奔出逃，不再回宫。

◀» 　面茧是一种带馅的馒头，据唐朝王仁裕的笔记小说《开元天宝遗事》记载，每到上元节，官员们都会造面茧，并在里面包入写上官职的竹木签，看谁能吃到，以测官场运气。焦圈是一种油炸的带馅圆面点，是唐朝上元节的常见食物。

附　唐朝趣味知识测试

全国统一卷

1 以下哪个不是唐朝人对父亲的称呼？

A.哥哥　　　　　B.耶耶　　　　　C.大人　　　　　D.翁翁

2 历史上第一位太上皇是谁？

A.秦始皇　　　　　　　　　B.秦始皇的爸爸

C.秦始皇的爷爷　　　　　　D.秦始皇的哥哥

3 以下哪两位有"傀儡皇帝"之名？

A.李昂和李儇　　　　　　　B.李昂和李显

C.李治和李显　　　　　　　D.李显和李旦

4 下列哪个盛世出现在唐朝？

A.开皇之治　　　　　　　　B.开元盛世

C.永乐盛世　　　　　　　　D.仁宣之治

5 书中提到的"唐朝最早的皇族内部自相残杀"指的是_____。

A.唐隆政变　　　　　　　　B.安史之乱

C.玄武门之变　　　　　　　D.神龙政变

6 下列四位女子中，谁被称为"巾帼宰相"？

A.杨玉环　　　　B.上官婉儿　　　　C.李裹儿　　　　D.沈珍珠

7 外号"小杜甫"的是以下哪一位？

    A.杜审言   B.杜牧   C.杜如晦   D.杜默

8 以下哪一位战将不是胡人？

    A.高仙芝   B.哥舒翰   C.李光弼   D.王玄策

9 与成语"雀屏中选"相关的活动是下列哪个？

    A.吟诗   B.绘画   C.射箭   D.奏乐

10 凌烟阁二十四功臣的画像是下列哪位唐朝画家画的？

    A.周昉   B.韩干   C.阎立本   D.吴道子

11 名句"笔落惊风雨，诗成泣鬼神"形容的是哪位诗人？

    A.杜甫   B.李白   C.王维   D.李贺

12 _____，春风拂槛露华浓。横线处应该填哪句？

    A.马嵬坡下泥土中   B.云雨巫山枉断肠

    C.云想衣裳花想容   D.后宫佳丽三千人

13 下列四句，哪句出自《春江花月夜》？

    A.海上生明月，天涯共此时。

    B.春江潮水连海平，海上明月共潮生。

    C.人生得意须尽欢，莫使金樽空对月。

    D.明月几时有？把酒问青天。

14 "初唐四杰"是哪四位诗人？

A.王勃、杨炯、卢照邻、宋之问

B.王勃、杨炯、卢照邻、骆宾王

C.王勃、杨炯、卢照邻、狄仁杰

D.王勃、杨炯、卢照邻、陈子昂

15 开元通宝是谁最早下令铸造的？

A.李渊　　　　B.李世民　　　　C.武则天　　　　D.李隆基

16 "营州之乱"的参战方不包括？

A.武周　　　　B.回纥　　　　C.契丹　　　　D.突厥

17 与唐文宗李昂同一时期的宦官是以下哪位？

A.高力士　　　　B.李辅国　　　　C.鱼朝恩　　　　D.仇士良

18 入选《唐诗三百首》的诗人不包括以下哪位？

A.上官婉儿　　　　B.李隆基　　　　C.寒山　　　　D.骆宾王

19 明堂最终被谁彻底烧毁了？

A.薛怀义　　　　B.回纥人　　　　C.朱温　　　　D.安史叛军

20 以下哪位皇帝不是嫡子出身？

A.李世民　　　　B.李治　　　　C.李旦　　　　D.李豫

正确答案及评分

11~20：BCBBABDABD
1~10：DBDBCBBDCC

计分规则：每题5分，满分100分。

0—55分

获得称号：走马观花
触发任务：
黄巢大军即将攻入长安，你却只能
和唐僖宗李儇在大明宫打马球。

60—70分

获得称号：差强人意
触发任务：
听一场唐肃宗李亨单独为你开的演唱会，
放松心情。

75—85分

获得称号：才华横溢
触发任务：
婉儿带你来到了太平公主组织的宫廷宴会，
认识各位诗坛名人。

90-100分

获得称号：一枝独秀
触发状态：
唐太宗李世民邀请你加入他的智囊团，
共同缔造贞观治世。

致 谢

　　肎渡吧"古代帝王群聊"系列能够出圈，被无数观众喜爱，离不开每一位小伙伴的献声与出力。值此新书出版之际，我代表肎渡吧团队感谢大家的付出与支持。

配音组：

石泰铭	肎渡	张子牙	许鹏	仙仙
小蝶	魏奇玉	胡东方	不懂	刘天赐
大熊	王度	益达	薛屹楠	康振文
菲儿	明烛天	五月龙	刘小芸	王志鹏
张三丰	孟宪	小俏妞	小林	大亮
颖东	明儿	周强	覃勤	恩戴米恩

编制组：

肎渡	仙仙	孟天骄	韩子晨	刘天赐

图书在版编目（CIP）数据

历史太好玩了！：古代帝王群聊. 唐朝篇：全2册 /
仙仙著；姜东星绘. -- 北京：中国致公出版社，2022
　　ISBN 978-7-5145-1814-6

　　Ⅰ.①历… Ⅱ.①仙… ②姜… Ⅲ.①中国历史 - 唐
代 - 通俗读物②帝王 - 生平事迹 - 中国 - 唐代 Ⅳ.
①K209②K827=2

　　中国版本图书馆 CIP 数据核字 (2022) 第 007788 号

历史太好玩了！——古代帝王群聊. 唐朝篇：全2册 / 仙仙著；姜东星绘
LISHI TAI HAOWAN LE!——GUDAI DIWANG QUNLIAO. TANGCHAO PIAN: QUAN 2 CE

出　　版	中国致公出版社
	（北京市朝阳区八里庄西里 100 号住邦 2000 大厦 1 号楼西区 21 层）
发　　行	中国致公出版社（010-66121708）
责任编辑	黄雅芸　邓　苗
策划编辑	赵荣颖　唐品蓝
责任校对	邓新蓉
封面设计	主语设计
责任印制	龚君民
印　　刷	嘉业印刷（天津）有限公司
版　　次	2022 年 3 月第 1 版
印　　次	2022 年 3 月第 1 次印刷
开　　本	880 mm × 1230 mm　1 / 32
印　　张	15.5
字　　数	308 千字
书　　号	ISBN 978-7-5145-1814-6
定　　价	110.00 元（全2册）